福建江夏学院资助

马克思产权理论视域下的数据产权研究

林 丹◎著

中国财经出版传媒集团

经济科学出版社

Economic Science Press

·北 京·

图书在版编目（CIP）数据

马克思产权理论视域下的数据产权研究／林丹著．
北京 ： 经济科学出版社，2025.1. -- ISBN 978 - 7 - 5218 -
6688 - 9

Ⅰ. D912. 174

中国国家版本馆 CIP 数据核字第 2025D88J01 号

责任编辑：戴婷婷
责任校对：郑淑艳
责任印制：范 艳

马克思产权理论视域下的数据产权研究

林 丹 著

经济科学出版社出版、发行 新华书店经销
社址：北京市海淀区阜成路甲 28 号 邮编：100142
总编部电话：010 - 88191217 发行部电话：010 - 88191522
网址：www. esp. com. cn
电子邮箱：esp@ esp. com. cn
天猫网店：经济科学出版社旗舰店
网址：http：//jjkxcbs. tmall. com
北京季蜂印刷有限公司印装
710 × 1000 16 开 19. 25 印张 310000 字
2025 年 1 月第 1 版 2025 年 1 月第 1 次印刷
ISBN 978 - 7 - 5218 - 6688 - 9 定价：78. 00 元
（图书出现印装问题，本社负责调换。电话：010 - 88191545）
（版权所有 侵权必究 打击盗版 举报热线：010 - 88191661
QQ：2242791300 营销中心电话：010 - 88191537
电子邮箱：dbts@ esp. com. cn）

序

　　随着数字经济的发展，数据的大规模生产、分享、应用正在广泛影响着人类社会生产和生活方式。在数据要素驱动数字经济迅猛发展的同时，也出现了数据供给不足、数据要素市场不健全、数据流通不畅、数据垄断和增值收益分配不合理等问题，极大影响着实体经济和数字经济深度融合和可持续发展，引发了各界的广泛关注和深入思考。党的二十届三中全会明确提出："建设和运营国家数据基础设施，促进数据共享。加快建立数据产权归属认定、市场交易、权益分配、利益保护制度，提升数据安全治理监管能力，建立高效便利安全的数据跨境流动机制"①，为加快构建促进数字经济发展体制机制和完善数据要素市场制度规则指明了方向。

　　数据要素不同于土地、资本、管理、技术等传统生产要素，作为一个新生的非物质的生产要素，面临是否需要设置产权、如何设置产权、如何推进数据的高效生产、流通共享、深度应用和合理分配收益等问题，这些问题对于数据要素的市场化、价值化和社会化至关重要，但目前尚未得到有效解决。林丹博士长期致力于生产要素产权配置研究，在其博士论文中就详细论证了土地这一传统生产要素的产权配置及其增值收益分配对城乡协调发展的影响。他在 2023 年获得的福建省社科基金马工程重点项目"马克思产权理论视域下的数据生产要素产权分置研究"（项目编号：FJ2023MGCA026，结项等级为"优秀"）中，延续了对生产要素产权配置及其增值收益分配对经

---

① 《中共中央关于进一步全面深化改革　推进中国式现代化的决定》，载于《人民日报》2024 年 7 月 22 日。

济可持续发展影响的研究，直接关注数据产权、数据要素增值收益分配问题。目前呈现在读者面前的《马克思产权理论视域下的数据产权研究》一书，是在其博士论文和承担的福建社科基金项目基础上的进一步拓展和深化。本书面对数据生产、流通、应用与收益分配过程中的结构性矛盾和现实困境，运用马克思主义产权理论，系统分析了数据产权和数据要素增值收益分配等问题，从制度和技术层面对数据产权作了深入研究。作为他的导师，深知其研究过程的辛苦和不易，应作者的邀请，我欣然答应为本书作序。该书从我国数字经济发展的现实出发，在马克思主义政治经济学的框架下，从数据形态、数据生产与分工、数据价值、数据产权、数据收益分配以及支撑数据要素化和价值化的技术等六个维度进行了较为深入的分析，并对构建和完善数据产权制度提出建设性意见。其研究特色和价值在于：

第一，分别从经济形态和法权形态来分析数据产权是该书的一大亮点。作者较系统地梳理了西方经济学的产权理论和马克思的产权理论，并分析了二者的差异，在论证马克思产权理论的科学内涵与外延的基础上，依据马克思的产权理论构建了数据产权的研究框架。根据马克思产权理论中先有经济关系后有法权关系的原理，分别从经济形态和法权形态的不同视角来分析数据产权。该书第三、四、五章侧重从形成数据产权经济形态出发，分析数据生产的分工、数据的不同形态及其权属，进而揭示数据生产、再生产以及价值增值的过程，同时比较了数据与其他生产要素的不同以及协同关系；第六章分析了在数据产权安排缺失的情况下，数据产权经济形态自发运行引发的矛盾；接下来的第七、八、九章开始探讨数据产权法权形态，探索数据产权制度的建构，作者不仅关注数据财产规则，还关注数据利用的责任规则，合理界定数据产权的边界和限度；不仅剖析数据产权分置管理制度，探索数据要素增值收益分配的分级管理，而且探讨数据共享与数据产权社会化的实践形态，探索驱动数据产权变革与数据产权制度不断完善的技术路径，从而初步构建了数据产权的研究框架。

第二，该书不仅辨析了数据要素市场化交换收益与数据要素垄断分配收益的不同，而且提出实现数据要素增值收益分配的管理模式与运作机制。作者在区分数据与数据要素的基础上，运用马克思关于两种商品产权的原理，厘清作为一般商品的数据与作为资本的数据的差异，探究两种数据商品生产、流通以及扩大再生产的规律。作者认为，只有从马克思关于两种商品与两种商品产权的原理出发，才能更好地理解数据与数据要素及其权属的区别，才能更好地理解数据市场化交换与数据要素增值收益分配的区别。数据只有通过市场流通，交换数据的使用价值才能获得收益。数据只有与活劳动结合，才能成为数据要素，也才能转化为数据资本。数据的商品化是数字经济发展的前提，数据资本反过来又极大地驱动了数据商品的生产和流通。数据资本的增值收益虽受市场机制的影响，但其分配直接受垄断数据资本形成的数据权力左右。为了构建数据生产要素的市场评价机制、实现数据要素增值收益分配的合理化，作者根据党的二十届三中全会提出的"健全劳动、资本、土地、知识、技术、管理、数据等生产要素由市场评价贡献、按贡献决定报酬的机制"①精神，提出数据要素增值收益分配分级管理的构想，避免数据垄断带来的不合理分配。作者提出，中国特色的数据产权制度不仅仅限于促进数据流通和数据市场化的数据产权结构化分置制度，还包括避免数据垄断和公平分配数据要素增值收益的数据要素增值收益分配分级管理制度，这些探索和构想对构建中国特色的数据产权制度具有积极意义。

第三，该书对数据确权与数据产权社会化进行了有益的探索。数据要素比传统生产要素更具有整体性、不可分割性和外部性，只有数据大规模集中，才能更好地驱动更大规模的社会化大生产。数据要素权属既具有排他性，又具有社会化属性。只有通过数据产权社会化发展，才能克服社会化大生产与数据被私人垄断的矛盾。在数据被广泛应用的条件下，不仅要将数据产权看作基于市场的权利交换，还必须关注在不同所有制背景下权力的作用，侧重以"看得见的手"调节不公平，调节超级平台数据要素垄断性收益，加强国家的数据主权及个人数据权益保护。马克思产权理论不仅是历史的，还是发展的，马克思前瞻性地分析了产权关系的发展趋势，认为资本本身是"积极扬弃"私有制的力量，资本驱动越大规模的社会化大生产，就

---

① 《中共中央关于进一步全面深化改革　推进中国式现代化的决定》，载于《人民日报》2024年7月22日。

会越发促进产权社会化。作者从马克思产权社会化原理出发，探讨数据共享与数据要素社会化的实现路径，其中包括公共数据开放的实施路径、企业数据共享的实施路径、平台数据分级管理的实施路径、数据共享与数据要素社会化技术实现路径以及数据主权保护与数据开放合作的实施路径等，从而为促进数据产权社会化提供了有价值的参考。

第四，该书从技术发展层面上对数据产权制度进行了深入思考。作者运用马克思关于产权变革的原理，深入研究如何通过技术创新、制度创新不断完善数据产权制度。数据的生产、流通、应用，均需要通过数据加工技术、数据存储技术、数据交换技术、数据利用技术，而这一切都建立在越来越强大的算力技术基础上，人工智能又将数据利用发展到了新的阶段。不仅如此，源于信息技术的数据产权还必须依赖产权登记、确权、保护技术的发展。与传统有形的物质资料不同，数据往往难以直接流通，尤其难以直接交易，数据市场化流通不仅需要建章立制，还必须从数据源到数据需求方、从数据加工到数据流通全环节互联互通，搭建可信度高的数据价值网络，才能落实数据产权结构性分置的技术路径，提供构建数据流通体系的技术保障。随着这些技术的发展，数据产权才能不断完善，才能合理地分配数据要素的增值收益，为数据要素社会化的发展提供技术支撑，从而有效解决数据要素社会化与数据要素私人垄断占有之间的矛盾。

"当代中国正经历着我国历史上最为广泛而深刻的社会变革，也正在进行着人类历史上最为宏大而独特的实践创新。"[1] 改革发展的实践为理论工作者提出了许多新情况、新问题，理论工作者必须顺应"国内外形势新变化和实践新要求"，坚持"把马克思主义基本原理同中国具体实际相结合、同中华优秀传统文化相结合，坚持运用辩证唯物主义和历史唯物主义，才能正确回答时代和实践提出的重大问题，才能始终保持马克思主义的蓬勃生机和旺盛活力"[2]。该书运用马克思主义方法论，提出了一个分析数据产权的

---

[1] 习近平：《在哲学社会科学工作座谈会上的讲话》，人民出版社 2016 年版，第 8 页。
[2] 《高举中国特色社会主义伟大旗帜 为全面建设社会主义现代化国家而团结奋斗》，载于《人民日报》2022 年 10 月 26 日。

理论框架，对数据开发、流通与应用进行了比较深入系统的分析，为构建中国特色数据产权制度作了积极探索，值得肯定和鼓励。随着数字经济对社会和经济影响的不断扩大，必然引发新问题和矛盾，希望作者不断跟踪实践的发展，对其进行更加深入和系统的研究，期待有更多高质量的成果问世。

　　是为序。

李建平

2024 年 12 月 28 日

前　言

在数字经济快速发展的今天，数据已成为关键生产要素。然而，数据与数据要素有何不同？数据与数据要素权属如何界定与管理？如何促进数据供给、流通并扩大数据要素的可持续再生产？数据要素驱动社会化协作分工而产生的增值收益该如何分配？如何促进数据共享和数据要素社会化？如何维护数据主权并加强国际合作？这些问题已成为中国特色社会主义政治经济学研究的新课题，亟待进一步深入研究。数据要素作为数字经济时代一种新的生产要素，具有非实体性、非竞争性、使用的非排他性和价值不确定性，这些特征使得传统生产要素的制度体系无法满足促进数据流通、交易和数据要素收益合理分配的要求，需要探索新的与数据特征相适应的数据产权制度、数据交易市场体系以及数据要素收益分配方案。本书运用马克思产权理论，研究数据形态、数据生产与分工、数据要素价值再生产、数据产权、数据要素收益分配以及支撑数据产权制度运行和实现数据要素社会化的技术支持手段等方面的问题，揭示数据的技术结构、数据生产流通和再生产过程、所有制结构与数据产权结构的互动关系，是对马克思产权理论当代发展的一次创新尝试。

本书分为四个部分，共十章。

第一部分包括绪论、第一、二章，综述数据产权研究的背景、意义和动态，为数据产权分析确立理论基础和研究框架。第一章分别回顾西方经济学中的产权理论和马克思的产权理论，并对两者进行比较，在系统梳理马克思产权理论的基础上，拓展马克思产权理论的外延，为建构数据产权理论奠定理论基础。第二章基于马克思产权理论，从八个角度构建数据产权理论的研究框架。具体包括：从产权形成看数据与数据要素及其权属；从两种商品产权的可持续再生产看数据产品与数据要素；从劳动产权看数据与其他要素的结合及其矛盾；从产权的实质看数据权力与数据权利的本质；从经济关系决定法权关系看数据要素配置中的矛盾；从产权统一与分离原理看数据产权分置管理制度的构建；从产权社会化原理看数据要素增值收益分配的分级管理；从产权的变革看数据产权制度的完善。

第二部分包括第三、四、五、六章，主要从分析数据的全生命周期出发，厘清数据的不同形态，剖析数据与数据要素生产和再生产的循环过程，以及数据产权错配所导致的各个环节的矛盾，为数据产权制度建构提供现实基础。第三章为了厘清数据与数据要素，从数据的自然属性入手，概述什么是数据、数据的分类、数据的社会经济属性以及数据的四种主要经济形态，并进一步剖析了从数据资源、数据产品、数据商品（资产）到数据要素（资本）的整个数据生命周期。第四章分析了数据生产力、数据要素的价值及其再生产。认为数据生产力一方面可以理解为数据＋算法＋算力，另一方面也可以理解为数据资产转化为数据要素所产生的数据要素价值。数据要素价值的生产包括数字产业化和产业数字化两个方面：数字产业化是数据商品的生产和流通过程，产业数字化是数据要素参与的生产过程。数据要素价值生产的本质是数据资本的生产，是实现价值增值的新的生产过程。第五章对数据要素与劳动力、土地、资本、技术等其他生产要素之间的关系进行比较分析，探析数据要素与其他生产要素结合的过程和机制，阐明数据要素在生产过程中的作用和重要性，以及数据要素与其他要素之间的不对称关系。第六章揭示数据产权缺失所导致的经济后果及引发的矛盾。认为个人信息安全保护并不能代替数据资源持有人权益的认定，忽视数据资源持有人权益将抑制数据要素价值生产周期循环的启动；数据产品生产者、数据商品经营者、数据要素投入者事实上已经形成了分工，各自享有不同的权益，它们之间的冲突，一方面不利于数据的流通，另一方面也导致数据被一方垄断而损害了其他各方的积极性；数据要素投入者与数据要素驱动的社会分工生产者的分离，形成了两者权益的对立。归根到底，数据产权不清晰，数据资源供给不足、流通受阻，导致市场发育不全；产权错配，形成垄断，形成劳动与数据资本的对立；产权的社会属性被忽视，宏观上导致数据要素扩大再生产不可持续。

第三部分包括第七、八、九章，提出完善数据产权分置制度的建议、数据要素增值收益分级制度的构想和数据要素社会化的制度与技术路径。第七章提出完善数据产权分置制度的建议。从马克思关于产权统一与分离的原理出发，认为数据生产的分工要求生产资料更好地与劳动相结合，数据产权结构性分置可以促进数据生产资料与劳动直接结合；将数据流通、数据市场化与数据产权结构性分置结合在一起进行研究，认为数据流通是数据要素转化的必由途径，数据产权结构性分置是数据市场化的制度保障。强调数据与传统有形的物质资料的差异，认为技术是数据确权分置的重要手段。第八章提出数据要素收益分配分级管理制度的构想。认为数据商品可以分为作为数据产品的商品和作为数据要素的商品，因此，数据收益的来源也主要可以分为两种类型：一种是在数据产权分置基础上促进数据产品生产，促进数据商品交易，各参与主体从数据流通中获得收益；另一种是采购数据商品，计入数据资产，将其作为生产资料，驱动社会化分工协作，获得更大的增值收益，也就是数据转为资本获得增值价值的过程。本章重点分析作为生产资料的数据商品即数据要素的收益分配。首先应当根据市场经济条件下"谁投资谁收益"原则确立数据商品交易各参与主体从中获得的收益，同时，如果数据商品计入数据资产，将其作为生产资料，就形成了数据作为生产资料的投资结构，也就形成了以此为基础的分配结构。考虑到数据要素的社会化属性，提出数据要素收益分配分级管理制度的思路，避免数据要素收益控制权人完全占有由社会化分工所形成的增值收益。第九章提出数据共享与数据要素社会化的实现路径。根据马克思的产权理论，不同的所有制对应不同的产权关系，数据权力规定数据权利。归根到底，社会主义数据生产资料产权制度的实践是由社会主义制度属性决定的，在促进数据交易与流通、促进数据市场机制形成的同时，阐述数据要素社会化的必要性，并探讨数据共享与数据要素社会化的实现路径。其中包括公共数据开放的实施路径、企业数据共享的实施路径、平台数据分级管理的实施路径、数据共享与数据要素社会化技术的实现路径以及数据主权保护与数据开放合作的实施路径。

　　第四部分为第十章的结论与展望。在概括全书研究结论的基础上，笔者认为在后续研究中应进一步深入数据专项立法的研究、深入数据税收和财政问题的研究，深入人工智能引发的新的产权问题的研究，并应研究作为新质生产力的重要生产要素的数据所面对的新问题新挑战，进一步加强对数据产权制度与时俱进的变迁趋势的研究。

目　　录

绪　　论

人类的生产方式分别经历了以土地、劳动和资本为起点的不同发展阶段，目前正向着以数据为起点的阶段发展。2017 年，习近平总书记在中共中央政治局就实施国家大数据战略进行第二次集体学习时指出，要构建以数据为关键要素的数字经济。[①] 2020 年，中共中央、国务院发布《关于构建更加完善的要素市场化配置体制机制的意见》，明确提出构建土地要素、劳动力要素、资本要素、技术要素、数据要素等五大要素市场，数据要素市场正式被列为五大要素市场之一，并提出了"研究根据数据性质完善产权性质"的任务。随着数字经济的发展，数据成为关键生产要素已成共识。然而，数据在什么条件转化为生产要素并成为代表这个时代的重要生产要素？数据有哪些权属？如何确权？如何管理使用？如何流通交易？数据要素的增值收益如何分配？这一系列问题越来越引起关注。2022 年，中央全面深化改革委员会第二十六次会议审议通过了《关于构建数据基础制度更好发挥数据要素作用的意见》，提出"建立数据资源持有权、数据加工使用权、数据产品经营权等分置的产权运行机制"。该意见未涉及"数据是否具有所有权""数据什么情况下具有所有权""数据资源持有权与数据要素所有权有什么不同""数据要素所有权归谁所有"等问题。关于数据权属的规则，仍有许多问题值得研究。此外，数据要素产生的增值收益越来越大，应用场景越多、生产链条越长、参与者越复杂，数据要素增值收益分配就越困难。是鼓

[①] 《习近平主持中共中央政治局第二次集体学习并讲话》，中国政府网，https://www.gov.cn/xinwen/2017 - 12/09/content_5245520. htm。

励生产、鼓励"谁投资，谁收益"，还是兼顾参与者的贡献？是关注数据资本属性，还是关注数据的社会化属性？数据要素增值收益分配也存在诸多问题需要研究。数据产权制度是数字经济可持续发展的基础性体制机制，在此基础上探索数据共享与数据要素社会化实现路径并构建具有中国特色的数据产权制度，是亟待研究的理论和现实课题。

一、研究背景

数据产权制度的研究是在数字经济发展不断催生更多数据、数据不断转化成生产要素的背景下展开的；是在数据要素市场规模不断扩大、生产和利用数据要素的产业链越来越细分、越来越完整的背景下展开的；是在社会生产生活中围绕数据的各种矛盾不断凸显的背景下展开的；是在数据及数据要素相关政策法规陆续出台的背景下同步展开的。我国数字经济发展迅速，成就显著，数字经济规模已经连续多年位居世界第二。①

（一）数据不断转化成生产要素

数据不断转化成生产要素是以数据生产规模快速增长为前提的，数据不断转化成生产要素必须通过数据要素市场规模迅速扩大来加速实现。

1. 数据生产规模快速增长

随着互联网、5G 通信、大数据、人工智能、区块链、云计算等信息技术的快速发展，数据要素已融入了生产、消费、分配和交换等社会生产、服务各个环节，深刻改变着人们的生产生活方式和社会治理方式，成为助推经济发展的新引擎。作为一种核心的新生产要素，数据构筑了社会生产生活数字化、网络化和智能化的基础。近年来，我国数据资源体系加快建设，数据产量不断增长。据 Statista 预测，2020～2025 年间全球数据总量将从 47ZB②增长到 175ZB，年均增速高达 30% 以上。《2022—2027 年中国数字经济市场

---

① 时业伟：《发展数字经济意义重大》，载于《人民日报》2024 年 9 月 18 日。
② ZB：计算机术语，英文 ZETTABYTE 的缩写，中文译作"泽字节"。1ZB = 1 万亿 GB。

需求预测及发展趋势前瞻报告》① 显示，2022 年我国数据产量达 8.1ZB，同比增长 22.7%，全球占比 10.5%，居世界第二位②。该报告预测 2024 年我国数据产量将增至 9.5 ZB（见图 0 - 1）。根据《全国数据资源调查报告（2023 年）》，2023 年全国数据生产总量达 32.85 ZB，同比增长 22.44%。两机构发布的数据差距巨大，可见数据统计口径和标准并未统一，尽管如此，这些数据都反映了我国数据生产规模的快速增长。另外，我国数据生产增长快、总量大，但有效供给却不足，导致大量数据价值被低估、难以挖掘复用。

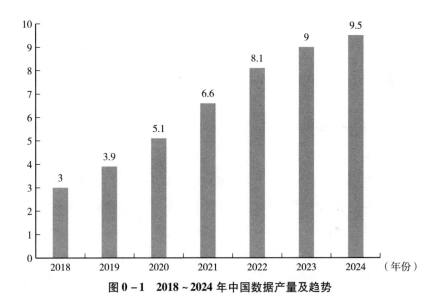

图 0 - 1　2018 ~ 2024 年中国数据产量及趋势

资料来源：中国信息通信研究院、中国网络空间研究院；中商产业研究院整理。

2. 数据要素市场规模迅速扩大

数据要素是数字经济的重要组成部分，在经济中发挥着越来越大的作用。《中国数据要素市场发展报告（2021—2022）》显示，2021 年数据要素

---

① 中商产业研究院：《2022—2027 年中国数字经济市场需求预测及发展趋势前瞻报告》，2023 年 8 月 29 日。

② 王云杉：《充分释放数据要素价值》，载于《人民日报》2023 年 11 月 24 日。

对 GDP 增长的贡献率和贡献度分别为 14.7% 和 0.83 个百分点①，数据要素对 GDP 增长的贡献率逐年提升，数据交易将迎来新一轮发展浪潮，据《数据要素交易指数研究报告（2023）》预测，2025 年我国数据交易市场规模将超过 2200 亿元。②

《2022—2027 年中国数字经济市场需求预测及发展趋势前瞻报告》显示，2022 年我国数字经济市场规模达 50.2 万亿元，占 GDP 比重提升至 41.5%，总量稳居世界第二。随着数字要素和数字经济发展动能加速释放，2024 年数字经济市场规模将有望超过 60 万亿元。③

（二）数据要素的产业链持续延伸

数据要素的产业链持续延伸发展不仅体现在数据要素市场越来越细分、主要数据交易平台层出不穷，还反映在数据要素市场的问题凸显，相关法规政策陆续出台。

1. 数据要素市场越来越细分

数据要素市场主要分为数据采集、数据存储、数据加工、数据交易、数据分析、数据服务和生态保障等多个板块。《2024—2029 年中国数据要素市场前景及投资机会研究报告》显示，我国数据存储市场规模达 180 亿元，数据要素市场占比 22%；数据分析市场规模达 175 亿元，占比 21%；数据加工市场规模达 160 亿元，占比 20%（见图 0 - 2）。目前我国高价值数据中 80% 由政府直接或间接控制，主要包括政务数据和国有企业、事业单位合法拥有的数据。此外，该报告预计 2025 年我国数据要素产量的 70%～80% 为国有数据。

---

① 国家工业信息安全发展研究中心、北京大学光华管理学院、苏州工业园区管理委员会、上海数据交易所：《中国数据要素市场发展报告（2021—2022）》，http：//www. 360doc. com/content/22/1209/12/170868_1059580539. shtml，2022 年 11 月 25 日。

② 中国信息通信研究院和贵州大学·公共大数据国家重点实验室、贵州财经大学：《数据要素交易指数研究报告（2023）》，https：//www. 163. com/dy/article/I6563AUT05346KF7. html，2023 年 5 月 26 日。

③ 中商产业研究院：《2022—2027 年中国数字经济市场需求预测及发展趋势前瞻报告》，https：//www. askci. com/reports/20220920/0840569749925194. shtml，2023 年 8 月 29 日。

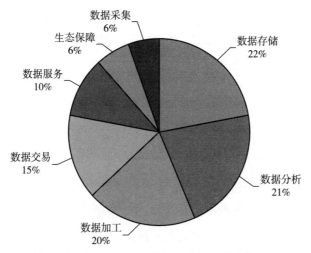

图 0 – 2　中国数据要素各环节市场规模占比情况

资料来源：国家工信安全发展研究中心，中商产业研究院整理。

2. 主要数据交易平台层出不穷

自 2008 年，国外各种数据交易平台开始逐步发展起来，其中有综合性数据交易中心，例如，美国的 RapidAP、BDEX、Mashape、IIfochimps 等；有专注于细分领域的数据交易平台，例如，Factual 专注于位置数据领域，Qlik Data market、Quandl 等专注于金融领域，美国通用电气公司（General Electric，简称 GE）的 GE Predix 开放平台、德国弗劳恩霍夫协会的工业数据空间 IDS 项目等专注于工业数据领域，Personal、DataCoup 等专注于个人数据领域；更有不少其他的专业数据交易平台。近年来，为打造数据要素流通生态，许多 IT 头部企业依托其强大的数据资源和云服务体系，把构建自身的数据交易平台作为核心抓手，积极打造各自的数据交易平台，例如，谷歌云、亚马逊 AWS Data Exchange、微软 Azure Marketplace、Twitter Gnip 平台、LinkedIn Fliptop 平台、Oracle Data Cloud、富士通 Data Plaza，等等。目前，国外数据交易机构采取市场化模式运行，数据交易产品主要集中在消费者位置动态、人口健康信息、医保理赔记录、商业财务信息、消费者行为趋势等领域。

2020 年，中共中央、国务院颁布《关于构建更加完善的要素市场化配置体制机制的意见》，提出"引导培育大数据交易市场，依法合规开展数据交易"。自此，我国各地陆续颁布地方政策，积极建设数据交易机构，加速数据要素价值释放，促进数据交易流通，加快数据交易场所及配套机构建设。据国家数据局的资料，全国已有数十个省市上线公共数据运营平台，有二十多个省市成立了专门的数据交易机构，其中，广东、山东、江苏、浙江的数据交易机构数量位居全国前列。[①] 数据要素市场日趋活跃，数据产量持续快速增长。2023 年，全国数据生产总量达 32.85 ZB，同比增长 22.44%。截至 2023 年年底，全国数据存储总量为 1.73ZB。在数据交易市场中，以场外数据交易为主，场内数据交易规模呈现快速增长态势。从不同领域来看，互联网、通信、金融、制造业等领域数据需求较大、交易量增长也较快。数据流量规模持续增长。2023 年移动互联网接入总流量为 0.27ZB，同比增长 15.2%；月户均移动互联网接入流量达 16.85GB/户·月，同比增长 10.9%。[②] 从企业来看，中国科学院《互联网周刊》、德本咨询、eNet 研究院联调发布了"2023 数据要素服务商 TOP30"榜单，联通数科、华为、阿里云、腾讯云、中兴通讯等企业入选榜单前列。[③]

（三）数据要素市场的问题凸显

随着数据要素市场规模不断扩大，在发展中出现的问题日益突出，主要表现在数据要素市场场内交易发育不充分、场外交易乱象频发。数据要素市场部门壁垒、区域壁垒和产业壁垒依然突出。数据垄断问题凸显，体现在以下方面：第一，数据越来越集中到少数头部垄断企业中；第二，出现算法合谋、数据封锁和杀熟、平台"二选一"等各种新的垄断现象；第三，数据垄断挤压了传统经济的发展空间，造成数字经济与实体经济发展失衡。随着数据垄断问题的不断加深，对数字经济的监管已从宽松、审慎到从严，数据反垄断研究已迫在眉睫。此外，支撑数据要素流通的交易体系尚未有效建立，

---

①② 国家数据局：《数字中国发展报告（2023 年）》，数字中国建设峰会官网，2023 年 6 月 30 日。

③ 中国科学院《互联网周刊》、德本咨询、eNet 研究院，"2023 数据要素服务商 TOP30"，2023 年 6 月 25 日。

在数据确权、定价、流通等环节都存在不少难点，数据产权制度的研究和建设，已经滞后于数据生产、流通和利用，滞后于数据要素市场自发的发展。

（四）相关法规政策陆续出台

近年来，与数据相关的政策、法律和法规陆续出台。首先是三部数字经济领域的"基本法"：《中华人民共和国网络安全法》（以下简称《网络安全法》）、《中华人民共和国数据安全法》（以下简称《数据安全法》）和《中华人民共和国个人信息保护法》（以下简称《个人信息保护法》）。这三部法主要聚焦于维护网络安全、数据安全，聚焦于维护国家利益和社会公共利益，明确了相关的监管主体和监管职责，是数据产权运行的基础。国家还出台了针对各行业特点的数据安全分类分级标准。与数据及数据要素相关的法律还包括《中华人民共和国民法典》（以下简称《民法典》）、《中华人民共和国电子商务法》（以下简称《电子商务法》）、《中华人民共和国消费者权益保护法》（以下简称《消费者权益保护法》）、《中华人民共和国反不正当竞争法》（以下简称《反不正当竞争法》）和《中华人民共和国反垄断法》（以下简称《反垄断法》）。其中《消费者权益保护法》《反不正当竞争法》和《反垄断法》三部法与数据经济权益保护的关系极为密切，目前，在数据产权制度尚未完善之前，它们与《网络安全法》《数据安全法》和《个人信息保护法》共同构成了保护数据及数据要素市场公平竞争和消费者权益的法律体系。

从2016年到2023年底，国家出台的数据及数据要素相关政策法规文件多达24项，其中，2022年12月19日颁布的《中共中央 国务院关于构建数据基础制度更好发挥数据要素作用的意见》（以下简称"数据二十条"）是关于构建数据产权的纲领性文件。因此，要探索建立数据资源持有权、数据加工使用权、数据产品经营权等分置的产权运行机制，形成具有中国特色的数据资源持有权、数据加工使用权、数据产品经营权"三权分置"的数据产权制度。"数据二十条"提出的"建立保障权益、合规使用的数据产权制度"有望在近期推出。不仅如此，还有一些法律法规具有标志性意义，例如，2019年5月15日修订的《中华人民共和国政府信息公开条例》，2023 年 9 月 8 日推出的《数据资产评估指导意见》，2023 年 12 月 31 日推出的《"数据要素 X"三年行动计划（2024—2026 年）》，以及各地陆续出台的鼓励和支持公共数据开放的政策与法规等。这些政策制度的出台将促进数据合规高效流通交易，搭建起数据资源开发利用的基础框架，逐步推进建立公共数据资源登记管理、授权运营和产品定价机制，奠定数据要素市场化配置改革中包括数据产权制度、流通交易制度、收益分配制度和安全治理制度的四梁八柱，加快建立数据要素收益分配与治理机制。

数据要素类型多，主张数据权力的主体多，数据要素应用场景实时多变，数据要素具有公共资源的特点。目前，还没有针对数据产权的直接立法，数据产权理论研究将有利于促进数据产权立法研究。数据确权有多重目标，既要兼顾保护个人隐私，又要打破平台企业数据垄断，还要维护国家数据安全等，这些因素决定了数据产权问题研究的复杂性和长期性，相关研究不但不会因为数据及数据要素相关政策、法律法规陆续出台而结束，还会因为数据应用进入深水区而更需要持续性的研究。

二、研究目的和意义

（一）研究目的

1. 厘清数据与数据要素的区别和联系

数据存在不同的形态，包括数据资源、被加工的数据、数据产品、数据资产、数据资本、数据要素等。数据是这一系列形态的统称。厘清数据与数据形态的区别和联系，才能分析这一系列形态转化的过程，看清数据生产和数据要素循环的全过程。厘清数据与各种数据形态的区别和联系，才能与其生产分工的具体情况相结合，分析不同数据形态的价值发生与构成，以及参与其中的各相关主体。厘清数据与各种数据形态的区别和联系，才能理解数据产权的结构分置，以及不同数据形态下的产权安排，才能完善数据产权结构分置制度。厘清数据与各种数据形态的区别和联系，才能区别数据产品和数据要素，才能区别数据市场交换所产生的收益和数据要素的增值收益，进一步明确数据要素权属，合理分配数据要素增值收益。

2. 完善数据产权分置制度，促进数据交易、流通和共享

数据资源采集、数据加工、数据产品生产以及数据资产化是数据资本化和数据要素化的基础，数据资本化和数据要素化产生增值收益，又进一步驱动了数据资源采集、数据加工和数据产品生产。而数据资源持有权、数据加工使用权、数据产品经营权的确权和市场化交换所形成的价格是数据入账的依据，是数据资产化的基础，数据资产化又是数据资本化和数据要素化的基础。数据资产是数据要素的静态价值，数据资本是数据要素的动态价值。因此，必须完善数据产权分置制度，在明确数据资源持有权、数据加工使用权、数据产品经营权的同时，还要明确数据要素增值收益的分配权，并合理分配数据要素的增值收益，才能激励数据资源采集、数据加工、数据产品生产，才能促进数据交易、流通和共享，才能获得数据要素生产良性循环的发展动力。

3. 释放数据要素潜能，揭示数据要素引发的矛盾

从实证观察已发现，数据要素的集中既可以促进经济发展，又可以抑制创新和经济增长。因此，有必要进一步揭示数据要素释放的潜能以及引发的矛盾。数据要素只有集中才能释放其潜在的能量，将数据要素完全交给市场支配会带来垄断，数据要素过度集中而产生垄断，必然会对经济造成负面影响。只有研究数据要素释放的潜能以及引发的矛盾，才能理解数据要素的社会化属性。数据反映人的生产生活，数据要素驱动人的生产生活，数据价值来源于社会，应回归于社会。只有研究数据要素释放的潜能以及引发的矛盾，才会给出合理的数据要素权属安排，才能理解数据要素收益分配分级管理的必要性，才能既发挥数据要素所释放的潜能，又避免在市场自由支配下形成数据要素垄断。

4. 构建数据要素增值收益分配制度，探索数据要素社会化的实现路径

构建数据要素增值收益分配的分级管理制度，落实"谁投入、谁贡献、谁受益"原则，既可以激励企业开发数据资源，又可以促进数据流通，发

现数据价值，促进数据要素化。在马克思看来，生产要素不仅仅是物，生产要素的归属更反映了人与人的关系。即便是传统生产资料，马克思也注意到并研究了"社会的生产资料""生产资料的社会化形式""生产资料的社会性""社会化的生产资料""社会资本""社会企业"等。[①] 在数字经济背景下，数据要素只有在驱动社会化分工协作的基础上才能产生增值收益，数据要素比传统生产要素更具有社会属性。在完善数据要素产权、确定数据要素增值收益分配时，更应关注数据要素的社会化属性，从数字经济的生产力—生产关系、数据生产社会化—数据产权社会化的辩证关系和分析框架入手，探索数据要素社会化的实现路径。

（二）研究意义

从马克思产权理论的角度研究数据产权制度，其价值体现为以下几个方面：

第一，运用马克思产权理论分析数据要素，有助于充分理解数据与数据要素的本质差别，厘清作为数据产品的商品与作为数据要素的商品，揭示两种商品生产、流通以及扩大再生产的规律。完善数据产权结构化分置安排，促进数据资源供给，促进数据产品的生产和流通，促进数据向数据要素的转化。

第二，运用马克思产权理论研究数据要素增值收益分配的分级管理制度，有助于在落实"谁投入、谁贡献、谁受益"原则的同时，研究以平台为中心支配数据要素增值收益的形成机理，揭示数据要素权属错配引发的问题，揭示线下协作分工的进一步社会化与线上决定分配交换的数据要素垄断之间的矛盾，为建立数据要素收益再分配调节机制提供理论依据。

第三，运用马克思产权理论探索数字经济发展背景下生产资料新的社会化实现形式。社会主义数据产权制度的实践是由社会主义制度属性决定的，探讨数据要素社会化的必要性，研究数据共享与数据要素社会化的实现路径，是对马克思主义产权理论当代发展的一次创新尝试。

---

① 陈建兵：《马克思产权社会化思想研究及启示》，载于《当代财经》2013 年第 6 期。

三、相关研究动态

国内外学者对数据以及数据产权的相关研究成果主要体现在以下四个方面：关于数据与数据要素的生成研究、关于数据产权的研究、关于数据要素对经济增长影响的研究、关于数据要素增值收益及其分配的研究。

（一）关于数据与数据要素的生成

目前的研究已意识到数据在其生产与流通中呈现出不同的形态，数据流通与数据市场是数据向数据要素转化的基础。

1. 数据、数据产品、数据资产、数据要素

数据是指数字化记录的、可存储、传输或处理的信息或知识，经过一定的分析能够为决策提供支持。[①] 数据具有可复制性、非竞争性（Moody & Walsh，1999）、边际成本接近于零（Lerner et al.，2006）、非实体、虚拟性、价值不确定性（Kerber，2016）、网络外部性（Glazer，1993，Tomak & Keskin，2008）、价值高度情景相关性[②]等特点。欧阳日辉、杜青青指出，数据价值的影响因素主要包括数据要素的完整性、准确性、层次性、协调性和异质性等。[③] Pei 认为，经过加工的数据主要分为数字产品和数据产品两类，即电子书和在线音乐等是数字产品；数据采集和数据报告等是数据产品。其中，数字产品作为最终商品直接用于消费，它不是生产要素。[④] 黄阳华认为，数据资产形成于过去数据的积累，符合资产所具有的明确的经济控制权归属、未来收益性且能够在一定期限内（如一年）被重复使用等的一般特征。数据资产进入数字企业生产后即转化为数据要素。换言之，数据

---

① 许宪春、张钟文、胡亚茹：《数据资产统计与核算问题研究》，载于《管理世界》2022 年第 2 期。

② Short, J. E., S. Todd. What's Your Data Worth? MIT Sloan Management Review, 2017（3）：17 – 19.

③ 欧阳日辉、杜青青：《数据要素定价机制研究进展》，载于《经济学动态》2022 年第 2 期。

④ Pei, J. A Survey on Data Pricing：from Economics to Data Science. IEEE Transactions on Knowledge & Data Engineering, arXiv Working Paper, 2020.

资产是一个会计记账和统计核算的概念，而数据要素具有数字资产的属性，但比数据资产更为强调生产属性。[①] 可见，不少学者已经意识到数据、数据产品、数据资产以及数据要素的不同，尤其关注数据要素与数据其他形态的不同。

2. 数据流通与数据市场

数据流通和交易是促进数据资源供给和生产的重要环节。目前，数据流通交易普遍面临确权难、定价难、互信难、入场难、监管难等问题，如何破局数据流通交易中的"互信"难题是学者们研究的一个热点。朱宝丽认为数据权属问题应适应数字经济下的商业模式，需要赋之数据以便利其流通使用的权利。[②] 赵鑫指出，培育数据要素市场要以数据确权为起点，数据要素的权属问题是数据要素市场培育的关键。[③] 孔艳芳等认为，对于数据这种新的生产要素，市场化配置是充分挖掘要素潜能的内在要求与必然选择，其叠加了"生产要素化"与"配置市场化"双重内涵，以推动数据商品在不同利益主体间的开放式流通。[④] 中国信息通信研究院将价值化定义为数据资源化、数据资产化、数据资本化三个依次发展的阶段，而数据要素市场正是基于数据价值化过程中的交易关系和场所而建立。[⑤] 国家工业信息安全发展研究中心将我国数据要素市场分为数据采集、数据存储、数据加工、数据流通、数据分析、生态保障、数据应用七大模块[⑥]，覆盖数据要素从产生到发生要素作用的全过程，市场化配置主要意味着动态调整数据产权、交易、定价、分配、监管等保障制度。胡锴等认为，为满足数据资本化的要求，应建立包括数据金融交易的多层次数据交易市场体系。[⑦] 可见，数据要素生成离

---

① 黄阳华：《基于多场景的数字经济微观理论及其应用》，载于《中国社会科学》2023年第2期。

② 朱宝丽：《数据产权界定：多维视角与体系建构》，载于《法学论坛》2019年第5期。

③ 赵鑫：《数据要素市场面临的数据确权困境及其解决方案》，载于《上海金融》2022年第4期。

④ 孔艳芳、刘建旭、赵忠秀：《数据要素市场化配置研究：内涵解构、运行机理与实践路径》，载于《经济学家》2021年第11期。

⑤ 《数据价值化与数据要素市场发展报告（2021）》，中国信息通信研究院，2021年。

⑥ 《中国数据要素市场发展报告（2020—2021）》，国家工业信息安全发展研究中心，2021年。

⑦ 胡锴、熊焰、梁玲玲、邵志清、汤奇峰：《数据知识产权交易市场的理论源起、概念内涵与设计借鉴》，载于《电子政务》2023年第1期。

不开数据确权与数据要素市场的催化。

3. 数据要素生成

宋冬林等总结了数据在生产环节、分配环节、交换环节、消费环节所起的作用。[①] 白永秀等认为，数据要素是数据被用于再生产的基本投入因素之一，是产品和服务实现过程中所必备的基本因素。[②] 李勇坚认为，数据要素是规模收益不确定且需要与其他资源进行协同的生产要素。[③] 李海舰和赵丽认为，数据要素形成过程也是数据形态从数据资源——数据资产——数据商品——数据资本的演进过程。张昕蔚和蒋长流指出，数据要素的形成过程涉及政府、企业、个人开发者等多元主体的参与，从数据资源到数据要素的形成是一个复杂的价值增殖过程。[④] 可见，并不是所有数据都能走完这一复杂的过程并转化成为数据要素、与其他要素结合形成新质生产力的。

(二) 关于数据的产权

关于数据的产权研究，包括对数据产权特征的分析和总结、对数据产权安排及其绩效的设计与考察。

1. 数据产权的特征

数据产权与其他产权相比有其自身的特征。王春晖认为，数据产权的属性主要有四大特征：一是数据产权具有经济特性；二是数据产权具有可分离性；三是数据产权流动具有独立性；四是数据的财产属性具有可复制性。[⑤] 刘涛雄等认为，数据是一种生成品，而非天然存在的禀赋。基于数据要素的

---

① 宋冬林、孙尚斌、范欣：《数据成为现代生产要素的政治经济学分析》，载于《经济学家》2021 年第 7 期。
② 白永秀、李嘉雯、王泽润：《数据要素：特征、作用机理与高质量发展》，载于《电子政务》2022 年第 6 期。
③ 李勇坚：《数据要素的经济学含义及相关政策建议》，载于《江西社会科学》2022 年第 3 期。
④ 张昕蔚、蒋长流：《数据的要素化过程及其与传统产业数字化的融合机制研究》，载于《上海经济研究》2021 年第 3 期。
⑤ 王春晖：《解析"数据二十条"中的数据产权制度》，https://www.thepaper.cn/newsDetail_forward_21266322。

经济特性，从数据生成的具体场景出发，从生成品确权的"按贡献分配"以及"事前确权"的原则出发，对数据的生成过程进行分析，把数据生成参与方区分为信息提供者和数据采集者，提出数据的初始产权应该在参与数据创造的各方之间分配。① 黄丽华等指出现有的数据产权是被动而为之的制度回应，回避数据所有权的复杂问题，将"所有权"替换为争议较小的"持有权"，而将关注重点放在通过产权制度所欲达到的效果上，特别是降低成本、提升效率的经济效果上。② 俞风雷等抓住数据的知识产权的特征，认为数据既非物又非行为的性质，决定了其不属于物权、债权而属于知识产权的保护客体，物权或债权的民法保护都无法适应数据保护所期望达到的流通和分享的要求。③ 王建冬等则有不同看法，认为"与知识产权相比，数据采集汇聚存储不包含明显的智慧加工"④。可见，数据形态及其特征是复杂的，因而数据产权的结构及其特征也是复杂的，对数据产权的认识更是一个不断深入的过程。

2. 数据产权的安排

传统物质生产要素交易多为所有权的转移，与传统物质生产要素相比较，数据要素更多是使用权的交易。⑤ "数据是否应该设置所有权？""所有权应赋予谁？"等问题已引起了不少争论。当前，数据交易在权利内容、权利归属等方面存在着诸多法律制度空白。⑥ 学者们就数据产权安排提出了不同构想。互联网的发明者 Tim Berners - Lee 发起了 Solid 计划，主张赋予个人数据所有者更大的权利，但这样的产权安排可能会使得产权碎片化、资源

---

① 刘涛雄、李若菲、戎珂：《基于生成场景的数据确权理论与分级授权》，载于《管理世界》2023 年第 2 期。

② 黄丽华、杜万里、吴蔽余：《基于数据要素流通价值链的数据产权结构性分置》，载于《大数据》2023 年第 2 期。

③ 俞风雷、张阁：《大数据知识产权法保护路径研究——以商业秘密为视角》，载于《广西社会科学》2020 年第 1 期。

④ 王建冬、于施洋、黄倩倩：《数据要素基础理论与制度体系总体设计探究》，载于《电子政务》2022 年第 2 期。

⑤ Pei, J. A Survey on Data Pricing: from Economics to Data Science. IEEE Transactions on Knowledge & Data Engineering, arXiv Working Paper, 2020.

⑥ 龙荣远、杨官华：《数权、数权制度与数权法研究》，载于《科技与法律》2018 年第 5 期。

利用不足。Josef Drexl[①] 和 Reto M. Hilty[②] 认为，数据所有权会形成壁垒而阻碍数据的可获得性。Peter K. Yu 建议单独创设一项有限制的数据财产权——数据生产者权。[③] 龙卫球主张创设新型财产权，如为数据经营者赋予数据经营权、数据资产权。[④] 崔国斌主张创设新型知识产权，如在数据上设立有限排他权。[⑤] 唐要家认为，消费者或企业中的任何一方都不应拥有绝对的排他性数据产权，不管哪一方拥有绝对的排他性数据产权，都不会带来有效的隐私保护和数据要素开发利用，应采取"情景依存的有限产权"。[⑥] 申卫星根据不同主体对数据形成所做贡献的来源和程度，提出设置数据二元权利结构，即数据原发者拥有数据所有权、数据处理者拥有数据用益权的二元权利结构，以实现数据财产权益分配的均衡。他指出：数据用益权包括控制、开发、许可、转让四项积极权能和相应的消极防御权能，在公平、合理、非歧视原则下行使各项权能可以平衡数据财产权保护与数据充分利用，推动数据要素市场快速健康发展。[⑦] 王利明和许可认为，数据不仅是二元权利结构，可以抽绎出更加复杂的权利结构，如建构"权利束"[⑧] 和"权利块"[⑨] 模型等。可见，不少学者已经意识到，数据所有权是有条件、有限制的，不同的应用场景中，数据权属安排应该是不同的，数据的不同权能可能是分置的。

3. 数据产权安排的绩效

Jones 和 Tonetti 认为数据产权的不同安排方式会对消费者剩余与总社会福利造成影响。[⑩] 杜振华认为，数据在不同所有者或控制者之间的流动将引

---

① Josef Drexl. Designing Competitive Markets for Industrial Data：between Propertisation and Access. Information Technology and Electronic Commerce Law，2017（4）：257－292.

② Reto M. Hilty. Big data：Ownership and Use in the Digital Age. Max Planck Institute，2018：33.

③ Peter K. Yu. Data Producer's Right and the Protection of Machine－Generated Data. Tulane Law Review，2019（4）：859－929.

④ 龙卫球：《数据新型财产权构建及其体系研究》，载于《政法论坛》2017 年第 4 期。

⑤ 崔国斌：《大数据有限排他权的基础理论》，载于《法学研究》2019 年第 5 期。

⑥ 唐要家：《数据产权的经济分析》，载于《社会科学辑刊》2021 年第 1 期。

⑦ 申卫星：《论数据用益权》，载于《中国社会科学》2020 年第 11 期。

⑧ 王利明：《论数据权益：以"权利束"为视角》，载于《政治与法律》2022 年第 7 期。

⑨ 许可：《数据权利：范式统合与规范分殊》，载于《政法论坛》2021 年第 4 期。

⑩ Jones，C. I.，C. Tonetti. Nonrivalry and the Economics of Data. American Economic Review，2020（9）：2819－2858.

发数据权利的让渡。数据的确权关系到数据市场的发展和数据价值的开发利
用问题。① 林彬、马恩斯认为，没有数据产权制度的支撑，将导致公地悲
剧、数据鸿沟、市场垄断和逆向选择等负外部性的出现。② Frischman 指出，
在资产或产品具有非竞争性时，仅仅将资产的排他性使用赋予价值最大的那
个人，并不会带来社会总福利最大化的结果。③ 唐要家由此引申认为，赋予
数据排他性权利的安排并不能带来社会福利最大化。④ 比较不同司法辖区之
间的数据产权安排，美国不注重数据确权，而注重数据交易商制度。欧盟通
过密集立法构建数据权利，注重保护个人权益。我国则采取"顶层设计—
地方探索—全面推广"的渐进式模式，不断强化数据规则供给。可见，不
同数据产权安排将导致不同的制度绩效，如何配置数据产权以期获得更大的
制度是值得深入研究的课题。

4. 技术对数据确权的作用

相较于传统的生产要素，更需要新的技术来支撑数据确权。杨东认为，
数据具有无形性和非排他性，无形性导致传统的产权证明方式无法继续适
用，非排他性导致数据的原本和副本难以区分，同一数据产权也将被多次登
记。对此，可以运用区块链技术，基于该技术分布式记账、可信存证、不可
篡改、可追溯等特征，来实现更为科学的数据产权登记。⑤ 清华大学金融科
技研究院在《数据要素化 100 问：可控可计量与流通交易》中，为落实数
据确权，聚焦数据流通中的使用可控难题，提出了"数据可用不可见，使
用可控可计量"的应对思路，并针对性地介绍了隐私保护计算、计算合约
等最新技术实现路径，以推动数据要素安全可控、合规高效、有序流通。⑥

---

① 杜振华：《大数据应用中数据确权问题探究》，载于《移动通信》2015 年第 13 期。
② 林彬、马恩斯：《大数据确权的法律经济学分析》，载于《东北师范大学学报》2018 年第
2 期。
③ Brret Frischmann. Infrastructure：The Social Value of Shared Resources. Oxford University Press，
2012：31.
④ 唐要家：《数据产权的经济分析》，载于《社会科学辑刊》2021 年第 1 期。
⑤ 杨东：《构建数据产权、突出收益分配、强化安全治理 助力数字经济和实体经济深度融
合》，载于《经营管理者》2023 年第 4 期。
⑥ 清华大学金融科技研究院：《数据要素化 100 问：可控可计量与流通交易》，人民日报出版
社 2023 年版。

可见，不仅数据产权的产生起源于技术的发展，数据产权的完善与运行也离不开技术的进步。

（三）关于数据要素对经济增长的影响

已有研究不仅表明数据要素成为驱动经济增长的新要素，也关注到数据要素的生成和发展对经济增长呈现出更为复杂的关系。

1. 数据要素驱动经济增长

刘鹤指出，随着经济活动数字化转型加快，数据对提高生产效率的乘数作用凸现，成为最具时代特征新生产要素的重要变化。[①] 蔡跃洲和马文君指出数据要素作为重要的生产要素，其低成本、大规模可获得、非竞争性等特征可以提升经济的微观运行效率，进而促进经济增长。[②] 王谦和付晓东认为数据要素可以凭借其经济技术特征，通过要素驱动、协同提升、促进结构优化等推动生产、组织、交易效率提升，赋能经济实现增长。[③] 从知识生产的角度，Agrawal 等、Aghion 等指出，大数据分析技术的进步提升了企业预测有用知识组合的精度，迭代了创新效率，进而提升社会生产效率，促进经济增长。[④] Jones 和 Tonetti 建立了一个数据经济学的理论框架，认为想法和数据都是信息，想法是生产商品的指令，而数据则是企业生产或创造想法中的投入要素，其作用是提升想法的质量，因而提高了生产效率。[⑤] 黄阳华从电商这一典型的数字经济应用场景入手，分析数据转化为数据要素的机制，提炼数据要素参与数字企业生产的一般性微观经济学特征，并进一步推导数字企业最优决策、数据交易治理和数字基础设施供给等若干理论命题，[⑥] 以此

[①] 刘鹤：《坚持和完善社会主义基本经济制度》，载于《人民日报》2019 年 11 月 22 日。

[②] 蔡跃洲、马文君：《数据要素对高质量发展影响与数据流动制约》，载于《数量经济技术经济研究》2021 年第 3 期。

[③] 王谦、付晓东：《数据要素赋能经济增长机制探究》，载于《上海经济研究》2021 年第 4 期。

[④] Agrawal, A., J. Gans, A. Goldfarb. Prediction Machines: The Simple Economics of Artificial Intelligence. Cambridge US: Harvard Business Press, 2018.

[⑤] Jones C I, Tonetti C. Nonrivalry and the Economics of Data. American Economic Review, 2020, 110 (9): 2819 - 2825.

[⑥] 黄阳华：《基于多场景的数字经济微观理论及其应用》，载于《中国社会科学》2023 年第 2 期。

研究数据要素对经济增长的驱动效应。

2. 数据要素对经济增长存在负面影响

数据要素对经济增长的影响不总是正面的，也存在着负面影响。杨艳等（2023）发现，1999～2018 年数据要素的产出弹性呈倒"U"型演化趋势。数据要素的产出弹性随时间呈现出明显的倒"U"型演化趋势，在维持了1999～2012 年近 13 年的持续增长后，自 2013 年开始，数据要素的产出弹性开始逐年降低。[①] 他们认为，数据要素的产出弹性下降的原因是：大数据技术、数据基础设施以及不完善的数据要素市场体系不能有效支撑大数据元年后数据要素体量的爆炸式增长。数据要素对不同企业创新和增长的影响是不同的，数据要素对经济增长呈现非线性和复杂性。Aghion 等[②]指出 ICT（Information and Communications Technology，信息与通信技术）与大数据分析的运用使得流程效率更高的企业能够更迅速地扩张生产线，不断进入新的市场，占据有利地位，并取得更大利润，而中小企业则不具备这样的条件。久而久之，强者更强，弱者愈弱，企业创新活力衰退，"创造性破坏"基本消失，对经济增长产生负面影响。徐翔等发现在数字经济环境中，企业的研发创新活动将可能面临数据要素"陷阱"：行业数字化水平越高，对于数据要素的使用越充分，数据要素充足的大型企业越倾向于进行改良性的迭代式创新，进行突破性创新的激励反而不足。这将使得资源较少、能力较弱的小企业成为突破性创新的主体，创新活动呈现"逆向选择"的特征。[③]

（四）关于数据要素的增值收益及其分配

已有研究表明在数据向数据要素转化的过程中会产生增值收益，但在不同阶段其增值收益分配方式是不同的。

---

① 杨艳、王理、李雨佳、廖祖君：《中国经济增长：数据要素的"双维驱动"》，载于《统计研究》2023 年第 4 期。

② Aghion, P., A. Bergeaud, T. Boppart, P. J. Klenow, & H. Li. A Theory of Falling Growth and Rising Rents. NBER Working Paper, 2019, No. w26448.

③ 徐翔、赵墨非、李涛、李帅臻：《数据要素与企业创新：基于研发竞争的视角》，载于《经济研究》2023 年第 2 期。

1. 数据要素增值收益与分配机制

李政、周希禛区分了数据不同形态的收益和作为数据要素的收益，认为作为一种生产要素的数据，在参与社会化大生产之前，首先表现为一种劳动产品或商品，随后才表现为一种生产要素。数据要素增值收益分配需要市场机制，要"充分发挥市场在资源配置中的决定性作用，扩大数据要素市场化配置范围和按价值贡献参与分配渠道"①。只有让数据充分流动、共享、进行加工处理，才能创造价值。公正的数据利益分配机制可充分调动各方主体的积极性，最大程度地发挥数据价值。② 但市场机制又可能导致数据要素增值收益分配不公。数据要素所有权缺失将带来平台垄断，会导致数据要素增值收益垄断。M. L. Katz 和 C. Shapiro 将垄断归因于网络效应，又称为网络外部性。A. László Barabási 发现互联网的幂律分布，认为公路网更接近于随机网络，互联网则是具有幂率分布的网络，这导致运行在互联网上的数字经济比运行在公路网上的传统经济更容易形成"富者越富"的垄断局面。因此，王春晖、方兴东认为，解决数据要素增值收益分配存在的问题，必须协调和处理与数据生产力发展相适应的数字化生产关系，必须先行构建完备的数据要素基础制度体系，统筹推进数据产权、数据要素流通与交易、数据要素收益与分配、数据要素治理等基础制度体系的建设，激发数据生产力乘数效应的发挥，逐步推动数字经济走向高级阶段。③

2. 数据要素增值收益的不同分配方式

数据的生产是一个劳动过程，与之相关的分配首先属于按劳分配的范围；而数据作为一种生产要素服务于生产过程并因此而获得回报则属于按要素参与分配的范围。④ 持有类似观点的有刘震、张立榕，他们认为不同类型

---

① 《中共中央 国务院关于构建数据基础制度更好发挥数据要素作用的意见》，中国政府网，https：//www.gov.cn/zhengce/2022 - 12/19/content_5732695.htm，2022 年 12 月 19 日。
② 杨东：《构建数据产权、突出收益分配、强化安全治理 助力数字经济和实体经济深度融合》，载于《经营管理者》2023 年第 4 期。
③ 王春晖、方兴东：《构建数据产权制度的核心要义》，载于《南京邮电大学学报（社会科学版）》2023 年第 2 期。
④ 李政、周希禛：《数据作为生产要素参与分配的政治经济学分析》，载于《学习与探索》2020 年第 1 期。

的数据要素具有不同的权属，不同的权属决定着不同的收益分配。① 王建冬等则从数据要素生产过程中考察收益分配，认为从资源转化为产品的过程中主要以成本分配为主；在数据资产化过程中，主要以数据驱动应用成效来确定收益分配；当数据资本真正实现数据要素化后，数据要素参与者可按贡献折算资本份额并分配剩余价值。② 他们还将一次分配、二次分配、三次分配的思路引入数据要素分配中。数据要素的一次分配以市场为主，二次分配路径以数据财税政策为核心，三次分配路径主要着眼于促进共同富裕。持有类似观点的还有王颂吉等学者，王颂吉等从初次分配和再分配的角度探讨数据要素参与收入分配的机制，认为初次分配时由市场对数据要素贡献进行评价，并加强政府对数据要素市场的监管；再分配时要以税收方式进行调节，促进数据要素分配的相对公平。③ 范卫红等关注到数据要素中的劳动者角色，认为规范数据要素参与分配的体制机制，需要在稳步推进数据要素参与社会分配的同时，最大限度地保护数字劳动者的权益，建立"统一开放、竞争有序"的数据要素流通市场环境。④

（五）研究动态评述

在 2023 年 5 月 27 日举行的中国国际大数据产业博览会"数据要素流通与价值化"论坛上，中国科学院院士、中国计算机学会理事长梅宏就数据要素化提出了"十问"，较全面地总结了目前数据、数据要素及其产权安排的研究范畴和存在的问题，主要包括如下：能否以及如何将数据列为资产？如何理解数据权属性质，如何确权？如何度量或评估数据价值？什么是数据要素的基本度量单位？如何构建高效数据流通交易体系？如何合理分配数据

---

① 刘震、张立榕：《大数据技术会带来资本主义的终结吗?》，载于《经济纵横》2024 年第 6 期。

② 王建冬、于施洋、黄倩倩：《数据要素基础理论与制度体系总体设计探究》，载于《电子政务》2022 年第 2 期。

③ 王颂吉、李怡璇、高伊凡：《数据要素的产权界定与收入分配机制》，载于《福建论坛（人文社会科学版）》2020 年第 12 期。

④ 范卫红、郑国涛：《数字经济时代下劳动者数据参与分配研究》，载于《重庆大学学报（社会科学版）》2023 年第 2 期。

收益？如何实现公共数据的真正开放？如何平衡发展与安全？如何为数据要素化提供技术支撑？数据要素如何加入生产函数？针对上文学术界的研究成果，笔者做如下评述：

1. 尚缺乏对数据全生命周期及其演进动力的研究

学者们已经意识到从数据原始资源转变到数据要素过程中数据的不同形态，并对其中不同形态的转化进行了初步的研究，认为数据要素生成离不开数据确权与数据要素市场的催化。因研究的范畴或侧重点不同、所应用的术语存在交叉，尚未有研究者给出从数据到数据资本的数据要素全周期循环过程的分析，也没有给出其动力分析。笔者不仅将区分数据与数据要素，数据资源、数据加工中间产品、数据产品、数据资产、数据资本的不同形态及其转化过程，还关注推动其转化的动力和循环过程，并将数据、数据资源、数据加工中间产品、数据产品、数据资产、数据资本、数据要素等不同术语的使用，与数据全周期的数据生产、数据消费、数据要素化、数据收益分配、数据再生产和扩大再生产联系起来，同时，结合马克思两种商品产权的原理，厘清作为数据产品的商品与作为数据资本的商品的不同，更好地了解作为数据资本的商品价值的来源，从而更好地理解作为数据产品的商品生产的目的，揭示追逐数据要素增值收益是资本的本质，以期给出数据全生命周期以及数据要素再生产与扩大再生产的研究。

2. 尚需完善数据要素权属的研究

现有研究已关注数据与作为生产要素的数据的差异，提出数据产权分置的主张；认识到数据生产、流通、使用以及转化为数据要素过程中各参与方不同的贡献及其合法权利，意识到数据要素的社会属性。虽然数据具有可复制、可重复使用和非排他性的特征，但数据要素所产生的价值却具有排他性。现有的数据资源持有权、数据加工使用权、数据产品经营权等分置的产权运行机制，聚焦促进数据向数据要素转化过程中的产权安排，但尚未确定作为生产要素的数据的权属问题，产生增值收益的数据要素权属得不到明确，也使得数据要素收益分配的产权依据模糊不清，这些问题都有待深入研究。从短期来看，淡化所有权之争、仅关注持有权、使用权和经营权，将有利于数据流通和数据利用，但从长期来看，数据产权结构是不完整的。缺少对数据要素权属的定位，不利于更好地发挥数据要素作用，不利于数据要素可持续的再生产。

3. 尚缺乏对数据产权分置的学理性研究

学者们已经意识到数据产权与其他生产要素的不同特征，数据产权不同于物权、债权，其某一种形态比如数据产品权属有类似于知识产权之处，但数据的其他形态权属显然不能归为知识产权。所以，不少学者认为，数据产权与数据的形态有关，与数据要素的生产有关，与数据的使用场景有关，学者们更意识到数据产权的归属是一个复杂而尚未有定论的问题，有人强调保护个人权益，有人关注数据生产者和使用者的积极性，有人因数据的使用场景不同而提出产权分置主张。笔者运用马克思产权理论中关于分工与产权的原理来理解数据产权，认为不同的技术运用决定了分工方式，分工方式又决定了人与物的关系，包括劳动与生产资料的结合方式，决定着所有制，所有制决定着产权。因此，不同的分工形态决定着产权的分置，不同产权分置安排决定着劳动与生产资料结合的效果，数据产权分置的安排就是让劳动与数据生产资料更好地结合。

4. 尚缺乏从再生产角度分析数据要素增值收益分配的研究

学者们已发现数据产权不清晰、数据增值收益分配不公将导致数据垄断；数据的不同形态有着不同的收益和收益分配。有的学者考察不同主体在数据要素生成过程的贡献来确定分配，有的学者认为市场机制对各种形态数据的收益分配具有重要作用，有的学者则认为应该与其他生产要素一样以一次、二次、三次分配原则来管理数据要素增值收益的分配。笔者从马克思生产要素的生产循环角度理解数据要素增值收益的分配，认为数据要素增值收益主要来源于数据转化为生产要素并驱动社会化劳动，这种扩大的社会化劳动所产生的价值是数据要素增值收益的来源。如果数据要素增值收益的分配不合理，将导致数据要素再生产和扩大再生产的中断。因此，只有对数据要素增值收益进行合理分配，才能维持数据要素生产的循环。

5. 尚缺乏数据要素收益分配分级管理的研究

学者们已认识到，只有当数据驱动了经济增长，数据才成为生产要素，因此，数据要素对经济增长的影响成为近几年的研究热点之一。学者们不仅关注到数据要素直接驱动经济增长，还注意到数据要素通过促进技术进步间接地驱动经济增长。学者们发现了数据要素的生成和集中对技术创新与经济增长存在复杂的、正反两方面的影响。数据要素既可能促进发展，也可能抑制发展。另外，数据要素对不同类型的企业也有不同的影响。笔者将这样的影响与数据要素垄断对企业技术创新和经济增长的影响联系起来，运用马克思生产要素垄断理论来分析这一现象，尤其在数据产权安排不确定、所有权缺位的条件下，对数据要素的生成和集中带来负效应的必然性进行剖析，揭示数据要素的社会化属性，为提出数据要素收益分配分级管理、为提出数据要素社会化的产权安排提供理论依据。

四、研究内容与创新之处

（一）研究内容

本书主要从以下六个维度研究数据和数据产权：数据形态、数据生产与分工、数据价值、数据产权、数据收益分配以及支撑数据要素化和价值化的技术（见表 0 - 1）。

表 0 - 1　　　　　　　　　不同数据形态的比较

数据形态	数据资源	被加工的数据	数据产品	数据资产	数据资本	数据要素
数据生产与分工	采集	整理、过滤	标准化	入账	驱动生产	参与生产
数据价值	潜在价值	挖掘价值	使用价值	账面价值	增值收益	可能产生增值收益
数据产权	持有权	使用权	经营权		增值收益分配权	
数据交换与分配	数据共享、数据交换、数据市场交易				分级分配	
技术支撑	数据资源登记		数据产品登记	数据资产凭证		数据要素分级认定

第一个维度：数据形态。

从数据自身的特征出发，考察数据从资源、收集、加工、使用、驱动社会化大生产、产生增值收益的全过程中的各种形态。数据实际上是数据资源、被加工的数据、数据产品、数据资产、数据资本的统称。数据资源、被加工的数据、数据产品是数字化过程中的数据形态，可以直接作为消费产品，也可以在此基础上，继续转化为数据资产、数据资本，这是数字产业化过程中数据呈现出的生产要素的形态。数据作为资源进行加工、数据作为产品用于消费以及数据作为要素驱动生产所产生的收益是不同的，参与生产和分工的主体也是不同的，因此，不同数据形态的权属是不同的。数字经济的发展，包括人工智能的发展，引发了新问题，不同的数据形态相互驱动，各种数据形态的权属、收益和分配问题相互交叉，情况变得更加复杂。因此，不能笼统地讨论数据产权与分配问题，而必须结合具体的数据形态来研究数据产权与分配问题。

第二个维度：数据生产与分工。

数据形态转变，不仅反映了人的生产过程，也是人的分工生产的结果。生产数据产品的过程和数据作为要素驱动生产的过程就是截然不同的。数据生产与分工由生产过程、分配过程、交换过程、消费过程共同构成。其中，从"数据资源"到"数据产品"，到"数据资产"，再到"数据资本"，数据形态在数据要素生产循环过程中转化，四种形态都有其各自的权属和分配。只有合理的数据权属安排和收益分配，才能驱动数据要素化过程和数据要素生产循环。从数据要素生产过程的分工入手研究数据产权是马克思产权理论的特征之一，只有深入考察数据生产和分工情况，才能理解数据不同形态的价值发生的机理，才能正确把握数据不同形态的权属安排和分配。

第三个维度：数据的价值。

数据价值的创造不是来自数据本身，而是来源于两个方面：其一，来源于记录自然、人的活动以及人与物、人与人之间的活动，也就是数据产品的价值，数据产品价值是凝结在商品中无差别的数据化劳动。其二，来源于数据驱动了的、人的社会化更大规模更有效率的生产，也就是作为数据要素的价值。数据要素创造价值有三种模式：资源优化（优化传统要素资源配置效率)、投入替代(替代传统要素的投入和功能)、价值倍增(提升传统单一要素生产效率)。[①] 无论哪一种模式,都意味着数据要素的价值在于:在数据要素的驱动下,相同的劳动时间里,能够比传统劳动创造出更大的价值。区分数据产品价值与数据要素价值这两种不同的价值生成机制,才能有针对性地采取相应的收益分配机制。本书不仅考虑数据产品价值所对应的产权安排,还重点考察数据要素的增值价值所对应的收益权,并以数据要素增值价值的真正来源来理解数据要素产权社会化的属性。

第四个维度:数据的产权。

数据产品价值与数据要素价值的不同发生机制决定着数据的用益权与数据要素收益权的分离。数据生产和分工劳动的情况决定了数据的用益权分置为数据资源持有权、数据加工使用权和数据产品经营权。数据资产和数据资本在多大程度上能驱动社会化分工生产、产生多大价值,决定了数据要素的价值和收益权。而对数据要素的产权安排尚未确定,即数据资产和数据资本的收益权归谁所有的问题未得到解决,数据资产和数据资本的增值收益分配也就无规可循。与传统生产要素不同,数据要素参与某一企业的生产和分工时,可以驱动全社会的生产和分工,因此,数据要素产权具有社会性。笔者更侧重研究数据要素的产权,以完善数据产权体系。

第五个维度:数据的交换与分配。

商品价值只有在市场交换中才能得以实现,所以,作为产品的数据价值一样也必须在数据的市场交换中才能实现。数据交换反映了不同类型数据产品的稀缺性和供求状况,同时也形成了作为产品形态的数据商品,由此也能确定未经加工的数据资源的交换价格。然而,作为要素的数据价值是由驱动更有效率的生产和经营所产生的增值收益得以实现的。数据要素在企业内部实现的收益只能由企业内部加以分配,数据要素驱动企业以外的社会分工所产生的收益应由企业与相关各方协商分配。具体如何在企业内外进行分配,是在与类似企业在市场竞争的不断调整中形成的。除此之外,从社会整体

---

① 安筱鹏:《数据要素创造价值有三个模式》,http://finance.people.com.cn/GB/n1/2020/0522/c1004 – 31720064.html。

看，数据要素与土地要素的增值收益一样，都是由全社会产生的，土地涨价归公，数据涨价也应归公。因此，数据要素社会化的权属决定了数据要素增值收益的分配。

第六个维度：数据产权登记、确权、保护的技术支持。

群体内部的信息流动和信号效应是早期人类社会的显著特征，对产权的起源起着重要的作用。数据的生产、流通、使用，需要数据加工技术、数据存储技术、数据交换技术、数据利用技术，而这一切都建立在越来越强大的算力技术基础上，人工智能又将数据利用发展到了新的阶段。不仅如此，源起于信息技术的数据产权依赖于数据产权登记、确权、保护技术的发展，随着这些技术的发展，数据产权才能不断完善，才能合理地分配数据要素的增值收益，为数据要素社会化的发展提供技术支撑，从而有效解决数据要素社会化与数据要素私人垄断占有之间的矛盾。

（二）创新之处

本书的创新之处主要体现在以下三个方面。

第一，运用马克思产权理论，厘清作为数据产品的商品与作为数据要素的商品之间的权属和收益分配的差别，把数据产品流通与数据要素收益分配联系起来，将它们一起纳入数据要素再生产的循环中来研究。从数据要素再生产的可持续性角度进行分析，完善包括数据要素权属在内的数据产权结构性分置制度。

第二，运用马克思产权理论，厘清数据资源来源人与数据资产投入者的区别，明确数据要素收益权人，提出数据要素收益分配分级管理制度的思路，避免数据要素收益权人垄断由数据要素驱动的社会化大生产劳动创造的增值收益。

第三，运用马克思产权理论，通过技术创新与制度创新，更好地确定参与数据要素转化的各经济主体的贡献和权益，寻求反映数据要素权属社会化属性的实现路径，在保障数据产权制度运行的技术基础上，探索支持数据要素产权社会化转型的技术手段。

五、研究方法与技术路线

(一) 研究方法

1. 马克思辩证唯物主义和历史唯物主义方法论

马克思产权理论以生产为基础,把产权的起源与分工的发展联系起来,按分工、所有制到所有权的逻辑来研究产权的形成。从数据生产力发生出发研究人与数据的关系(生产力)、人与人的关系(生产关系),进而聚焦于数据产权安排和数据收益分配方式,反过来,数据产权安排和数据收益分配方式则必须反映并促进数据生产力的循环和发展。

2. 理论逻辑、历史逻辑和实践逻辑相结合的分析方法

理论逻辑、历史逻辑和实践逻辑相结合的分析方法既从理论逻辑出发,运用马克思产权理论分析数据产权的产生、特征和发展规律,又从历史角度考察生产力和生产关系的变迁,理解技术发展与数据产权完善的耦合性,理解数据要素社会化发展的趋势,再从实践逻辑出发分析数据要素生产、流通、分配和交换中产生的突出矛盾,为完善数据产权提供决策依据。

3. 比较分析法

本书运用比较分析法,在比较马克思主义产权理论与西方产权理论的基础上展开研究,还比较数据的不同形态,比较不同的生产要素,尤其是将数据要素与其他生产要素进行比较,比较土地与数据,比较土地产权分置与数据产权分置,比较土地涨价归公与数据要素的社会化路径,比较不同社会制度下的数据产权安排。

(二) 技术路线

笔者在区别数据与数据要素基础上,完善数据产权分置制度,将数据产品流通与数据要素收益分配联系起来进行研究,将数据的财产规则和责任规则联系起来研究,提出构建数据要素增值收益分配的分级管理制度,提出实

现数据要素社会化的技术路径和制度安排，平衡数据确权与数据利用的关系，合理界定数据产权的边界与限度。基于马克思产权理论，揭示数据的技术结构、数据生产、流通和再生产过程、所有制结构与产权结构的互动关系（见图0-3）。

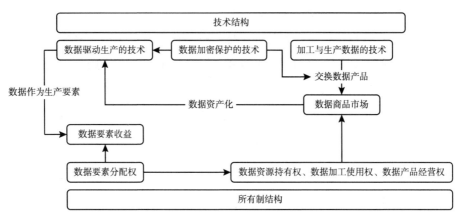

图0-3　数据的技术结构、数据生产、流通和再生产过程、所有制结构与产权结构

本书共分为四个部分，共十章（见图0-4）。

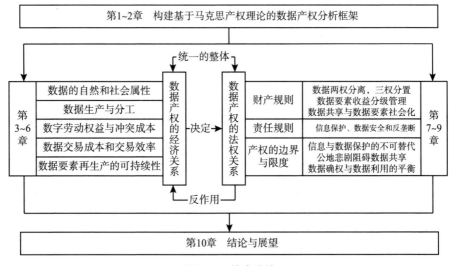

图0-4　技术路线

第一部分包括绪论、第一、二章，主要为数据产权分析确立理论基础和研究框架。第一章分别回顾西方经济学中的产权理论和马克思的产权理论，并对两者进行比较，在系统梳理马克思产权理论的基础上，拓展马克思产权理论的外延，为建构数据产权理论奠定理论基础。第二章基于马克思产权理论，从八个角度构建数据产权理论的研究框架。具体包括：从产权形成看数据与数据要素及其权属；从两种商品产权的可持续再生产看数据产品与数据要素；从劳动产权看数据与其他要素的结合及其矛盾；从产权的实质看数据权力与数据权利的本质；从经济关系决定法权关系看数据要素配置中的矛盾；从产权统一与分离原理看数据产权分置管理制度的构建；从产权社会化原理看数据要素增值收益分配的分级管理；从产权的变革看数据产权制度的完善。

第二部分包括第三、四、五、六章，主要从分析数据的全生命周期出发，厘清数据的不同形态，剖析数据与数据要素生产与再生产的循环过程，以及数据错配所导致的各个环节的矛盾，为数据产权制度建构提供产权的经济形态和现实基础。第三章为了厘清数据与数据要素，从数据的自然属性入手，概述什么是数据、数据的分类、数据的社会经济属性以及数据的四种主要经济形态，并进一步剖析从数据资源、数据产品、数据商品（资产）到数据要素（资本）的生产与分工过程。第四章分析数据生产力、数据要素的价值及其再生产。认为数据生产力一方面可以理解为数据 + 算法 + 算力，另一方面也可以理解为数据资产转化为数据要素所产生的数据要素价值。数据要素价值的生产包括数字产业化和产业数字化两个方面：数字产业化是数据商品的生产和流通过程，产业数字化是数据要素参与的生产过程。数据要素价值生产的本质是数据资本的生产，是实现价值增值的新的生产过程。第五章对数据要素与劳动力、土地、资本、技术等其他生产要素之间的关系进行比较分析，探析数据要素与其他生产要素结合的过程和机制，阐明数据要素在生产过程中的作用和重要性，以及数据要素与其他要素之间的不对称关系。第六章揭示数据产权缺失所导致的经济后果及引发的矛盾。认为个人信息安全保护并不能代替数据资源持有人权益的认定，忽视数据资源持有人权益将抑制数据要素价值生产周期循环的启动；数据产品生产者、数据商品经营者、数据要素投入者事实上已经形成了分工，各自享有不同的权益，它们之间的冲突，一方面不利于数据的流通，另一方面也导致数据被一方垄断而损害了其他各方的积极性；数据要素投入者与数据要素驱动的社会分工生产者的分离，形成了两者权益的对立。归根到底，数据产权不清晰，交易成本高且交易效率低，数据资源供给不足、流通受阻，导致市场发育不全；产权错配，形成垄断，形成劳动与数据资本的对立，宏观上导致数据要素扩大再生产不可持续。应关注劳动权益，减少冲突成本；合理界定数据产权的边界与限度，避免产权的社会属性被忽视。

第三部分包括第七、八、九章，从"两权分离、三权分置"，提出完善数据产权结构性分置制度的建议、数据要素增值收益分级制度的构想和数据要素社会化的制度与技术路径，探索数据产权的法权形态。第七章提出完善数据产权结构性分置制度的建议。从马克思关于产权统一与分离的原理出发，认为数据生产的分工要求生产资料更好地与劳动相结合，数据产权结构性分置可以促进数据生产资料与数字劳动直接结合；将数据流通、数据市场化与数据产权结构性分置结合在一起进行研究，认为数据流通是数据要素转化的必由途径，数据产权结构性分置是数据市场化的制度保障，认为信息与数据保护不可替代，强调数据与传统有形的物质资料的差异，指出技术是数据确权分置的重要手段。第八章提出数据要素收益分配分级管理制度的构想。认为数据商品可以分为作为数据产品的商品和作为数据要素的商品，因此，数据收益的来源也主要可以分为两种类型：一种是在数据产权分置基础上促进数据产品生产，促进数据商品交易，各参与主体从数据流通中获得收益；另一种是采购数据商品，计入数据资产，将其作为生产资料，驱动社会化分工协作，获得更大的增值收益，也就是数据转为资本获得增值价值的过程。本章重点分析作为生产资料的商品，即数据要素收益的分配。首先应当根据市场经济条件下"谁投资谁收益"原则，确立数据商品交易各参与主体从中获得的收益，同时，如果数据商品计入数据资产，将其作为生产资料，就形成数据作为生产资料的投资结构，也就形成了以此为基础的分配结构。考虑到数据要素的社会化属性，提出数据要素收益分配分级管理制度的思路，避免数据要素收益控制权人完全占有由社会化分工所形成的剩余收益。第九章提出数据共享与数据要素社会化的实现路径。根据马克思的产权理论，不同的所有制对应不同的产权关系，数据权力规定数据权利。归根到底，社会主义数据生产资料产权制度的实践是由社会主义制度属性决定的，应保护信息，保障数据安全，反对数据垄断。在促进数据交易与流通、促进数据市场机制形成的同时，阐述数据要素社会化的必要性，避免公地悲剧阻碍数据共享，探讨数据共享与数据要素社会化的实现路径，平衡数据确权与数据利用的关系，其中包括公共数据开放的实施路径、企业数据共享的实施路径、平台数据分级管理的实施路径、数据共享与数据要素社会化技术实现路径以及数据主权保护与数据开放合作的实施路径。

第四部分为第十章的结论与展望。在概括全书研究结论的基础上，笔者提出在后续研究中应当进一步深入研究数据专项立法、深入研究数据税收和财政问题，并且根据数据作为新质生产力的重要生产要素所面对的新问题新挑战，进一步与时俱进地加强对数据产权制度变迁趋势的研究。

第一章

产权理论概述

产权是一种通过社会强制而实现的对某种经济物品的多种用途进行选择的权利。[①] 我国经济理论界认为产权理论有两个基本范式：一是马克思的产权理论；一是西方的产权理论。[②] 马克思主义产权理论的特征是强调产权的整体性、生产性、历史性和经济性。运用马克思主义产权理论研究数据产权与数据要素收益分配制度，不仅凸显了马克思主义产权理论的当代价值，还凸显了与强调个体性、交易性、自然性和法权性的西方产权理论的差异。以下分别回顾西方经济学中的产权理论和马克思的产权理论，并对两者进行比较，同时拓展马克思产权理论的外延，更好地面对数据产权与数据要素收益分配中的新问题和新挑战，为运用马克思产权理论分析数据产权和数据要素收益分配问题打下基础，进而探索平衡数据利用与保护的路径，探索数据共享与数据社会化产权的实现形态。

第一节　西方经济学中的产权理论

西方经济学中产权理论的主要代表理论包括古典经济学和新古典经济学。制度学派的康芒斯（John R. Commons，1862～1945）在其经典名著《制度经济学》中，在继承亚当·斯密（Adam Smith，1723～1790）古典经济学中"交换"这一概念的基础，提出了更为一般化的"交易"概念，并为"交易

---

① ［英］伊特韦尔：《新帕尔格雷夫经济学大词典》，经济科学出版社 1996 年版。
② 林岗、张宇：《产权分析的两种范式》，载于《中国社会科学》2000 年第 1 期。

费用"被引入产权理论提供了基础。科斯（Ronald Henry Coase，1910～2013）等的交易费用理论是现代西方产权理论的主要渊源之一。科斯于1937 年在英国《经济学》杂志上发表的《企业的性质》成为现代西方产权理论产生的重要标志。1960 年科斯的《社会成本问题》则是西方经济学中的产权理论发展并逐步成熟的标志。之后，亚伦·戴雷科特在芝加哥大学创办了《法律经济学期刊》（*Journal of Law and Economics*），发展出法经济学。以科斯、威廉姆森、哈特等为代表的经济学家将产权理论延伸到企业契约结构的分析中，揭示企业的本质是法律结构。总之，现代西方产权理论是西方经济学的重要理论之一，产权不仅是经济学中的一个基础概念，产权理论也是现代企业制度和市场经济运行的基础。杨继国、黄义文（2017）归纳哈德罗·德姆塞茨对产权的界定，认为产权是一种社会工具，有助于一个人在与他人交易时形成合理预期。清晰的产权界定就是划定人们如何受益或者受损，因而在交易发生时能够明确谁必须向谁提供补偿，以使它修正人们的行动。① 以下重点梳理科斯、威廉姆森、哈特、诺思等代表人物的主要观点。

一、科斯定理与产权的产生

（一）科斯产权理论

亚当·斯密认为："分工起因于交换能力，分工的程度，因此总要受交换能力大小的限制，换言之，要受市场广狭的限制。"② 制度经济学的代表人物康芒斯将古典经济学中的"交换"拓展为"交易"，与"交换"不同，"交易"不以实物为对象，而是以财产权利为对象。科斯将交换能力拓展为交易费用，认为产权的界定是由交易成本和合同成本等因素共同决定的，解释了产权分配和资源配置的经济效率问题，从而对产权制度的研究提出了新

---

① 杨继国、黄义文：《"产权"新论：基于"马克思定理"的分析》，载于《当代经济研究》2017 年第 12 期。

② ［英］亚当·斯密：《国民财富的性质和原因的研究》上卷，商务印书馆 1972 年版，第16 页。

的思路。科斯产权理论强调了交易成本在资源配置中的重要性，当交易成本较高时，资源配置的效率会受到影响。在此基础上，科斯分析企业的形成和边界。为了降低交易成本，市场参与者可能会选择组建企业或其他组织形式。企业作为一种参与交易的组织单位，其经济作用正在于把若干要素所有者组织成一个单位参加市场交换，从而减少市场当事者的数目，减轻交易摩擦，降低交易成本。① 是通过市场交易还是通过企业形式配置资源？就是比较这两种分工方式的交易费用。两个企业通过市场交易的方式，其交易费用设为 Cm；两个企业通过合并变为一个企业，增加的协调成本为 C12。当 Cm≥C12，两个企业通过合并变为一个企业的效率高，企业可能扩张，相反，则选择通过市场交易。Cm=C12 就是企业的边界条件。

（二）科斯定理

科斯定理是从科斯产权理论中演化而来的一个理论，主要涉及外部性问题。科斯定理有多个版本，常被称为三个定理。科斯第一定理告诉我们：在交易费用为零的情况下，无论产权如何安排，市场中主体均可以通过市场交换达到资源的最优配置。科斯第二定理告诉我们：在现实生活中，交易费用往往无法完全消除，当交易费用大于零时，明晰界定产权将有利于降低交易费用而提高效率。科斯第三定理可以看作第二定理的推论，即，通过政府介入提供明晰的产权安排，将优于私人之间通过交易来纠正权利的初始配置。科斯产权理论与科斯定理的精髓在于局限条件下的合约选择。科斯并未主张以法律取代市场，而揭示法律构成市场、企业和政府机制的基础和依托，法律通过明晰产权边界，作出合理适当的制度安排，节约交易成本包括界权成本。②

（三）科斯产权理论和科斯定理的启示

按照交易成本理论，数据产权规范的目的是设立"法律权利"，以促进

---

① 刘伟、平新乔：《现代西方产权理论与企业行为分析》，中国人民大学政治经济学论坛，2023 年 8 月 5 日。

② 吴建斌：《科斯理论中的界权成本及其现实意义》，载于《南大法学》2020 年第 2 期。

数据要素的市场化配置，其构成要件应根据交易成本分析予以确定。^① 科斯产权理论和科斯定理为理解数据产权提供了有益的启示，可以从以下几个方面运用科斯产权理论和科斯定理来分析数据产权：根据科斯产权理论，产权的明确性对于资源配置的有效性至关重要。在数据领域，明确的数据产权有助于激励数据的生产、使用和交换。例如，当数据的拥有者和使用者权利清晰时，他们更有可能进行自愿交换以实现资源的最优配置。因此，建立明确的数据产权制度对于数据经济的繁荣至关重要。科斯产权理论强调了交易成本在资源配置中的重要性。在数据产权背景下，交易成本可能包括数据交换的谈判成本、合同制定与执行成本、数据保护和隐私政策遵守成本等。合理的数据产权安排有助于降低这些交易成本，提高数据市场的效率，从而实现更好的资源配置。科斯定理关注外部性问题及其对资源配置的影响。在数据产权背景下，外部性可能表现为数据共享和使用所带来的正面或负面影响。例如，公共数据的开放共享可能为社会带来巨大价值，但在某些情况下，数据共享和使用可能导致隐私侵犯和信息泄露等问题。在没有交易成本的理想情况下，科斯定理认为市场机制可以解决这些外部性问题。然而，现实生活中交易成本无法完全消除，因此，政府和其他制度可能需要介入，以解决数据产权中的外部性问题。科斯产权理论和科斯定理为制定有效的数据产权制度提供了指导。为了实现数据资源的最优配置，政策制定者需要确保产权明确、可交易，并尽量降低交易成本。此外，政府和其他组织在解决数据产权中的外部性问题方面发挥着重要作用，例如制定数据保护法、隐私保护政策以及鼓励数据开放共享等措施。

综上，科斯产权理论和科斯定理为理解数据与数据要素产权提供了有益的框架，有助于分析和解决数据产权领域的问题，以实现资源的最优配置。

二、威廉姆森的交易费用理论与产权安排的效率

威廉姆森（Oliver E. Williamson，1932~2020）在20世纪70年代和80

---

① 申晨：《论数据产权的构成要件——基于交易成本理论》，载于《中外法学》2024年第2期。

年代发展了交易费用经济学，这一理论强调交易成本对经济活动和组织结构的影响。

（一）威廉姆森的交易费用理论

在科斯产权理论的基础上，威廉姆森进一步强调了交易成本对经济活动的重要性，从而对产权制度的演进和优化提出了新的见解。他认为，交易成本是组织结构和市场运行中的关键因素，不同的交易特征会导致不同的交易成本，从而影响经济活动的组织方式。威廉姆森指出影响市场交易费用的因素可分成两组：第一组为"交易因素"，尤其指市场的不确定性和潜在交易对手的数量及交易的技术结构——指交易物品的技术特性，包括资产专用性程度、交易频率等。第二组为"人的因素"，指有限理性和机会主义。他指出，由于机会主义行为、市场不确定性、小数目谈判及资产专用性的存在，都会使市场交易费用提高，交换或交易能力下降。[①]

（二）产权安排的效率

威廉姆森将交易特征和产权安排联系起来进行研究，他指出，交易的特征如资产特定性、不确定性和频率等因素影响着交易成本和产权安排。例如，高度特定资产的交易可能会导致高昂的交易成本，使得市场交易效率较低，从而促使企业采取内部化策略。这种对交易特征的关注为产权理论带来了新的视角，有助于解释不同产权安排的产生及其对经济效率的影响，并在此基础上发展出契约理论。契约理论关注合同在产权安排和资源配置中的作用，强调合同的不完全性和信息不对称对经济活动的影响。在这一框架下，产权被视为一种契约安排，契约的设计和执行成本对资源配置具有重要影响。

（三）威廉姆森交易费用和产权理论的启示

威廉姆森强调交易特征，如资产特定性、不确定性和频率等对交易成本

---

① ［美］奥利弗·威廉姆森：《资本主义经济制度》，段毅才、王伟译，商务印书馆 2010 年版，第 113 页。

和产权安排的影响。在数据产权背景下,不同类型的数据可能具有不同的交易特征。例如,一些数据可能具有高度特定性,如医疗数据、专有技术数据等。这种高度特定性可能导致较高的交易成本,从而影响数据的流动和使用。因此,政策制定者需要针对不同数据类型的交易特征制定相应的产权安排。威廉姆森的契约理论有助于我们理解合同在数据产权安排和资源配置中所发挥的重要作用。在数据产权领域,合同(如数据许可协议、数据服务协议等)是规范数据使用和共享的重要工具。政策制定者和市场参与者需要关注合同的设计和执行成本,以降低交易成本,提高数据市场的效率。

总之,威廉姆森的交易费用和产权理论为理解数据与数据要素产权提供了有益的启示。关注交易成本、交易特征、契约安排和制度环境等因素,有助于更好地理解和解决数据产权领域的问题,以实现资源的有效配置。

三、哈特的不完全合同理论与产权的结构

不完全合同理论是由格罗斯曼和哈特(Grossman & Hart,1986)、哈特和莫尔(Hart & Moore,1990)等共同创立的,其代表人物是哈特(Oliver Hart,1948~),因此又称为哈特不完全合同理论。哈特不完全合同理论揭示了合同在现实世界中的局限性,即合同往往无法预见和解决所有可能出现的问题和情况。这种不完全性往往导致了产权分配和企业内部治理等问题,须研究财产权或(剩余)控制权的最佳配置方案。

(一)哈特不完全合同理论

根据哈特的理论,由于合同的不完全性,当未来状况发生变化时,合同无法明确规定各方应如何进行调整。哈特关注剩余控制权和事后的控制决策权分配,认为没有被合同详细规定的那部分权利(剩余权利)的控制权应当交给投资决策更为重要的一方,即资产的所有者。[①] 在明晰剩余控制权配

---

① [美]奥利弗·哈特等:《不完全合同、产权和企业理论》,费方域、蒋士成译,格致出版社2016年版。

置的情况下，当未来状况发生变化时，各方权益和责任明确，有利于合同的继续履行，各方可以在存在不确定性的情况下更好地进行决策和合作。因此，剩余控制权分配会对合同执行和企业治理产生重要影响。确定剩余控制权实质上是一种产权结构的安排，一般将剩余控制权赋予企业资本所有权一方。拥有剩余控制权一方不仅拥有在不确定状况下的控制权和决定权，还享有不确定性产生剩余利润的索取权，也包括承担不确定性产生的损失。在不完全合同理论中，产权安排是一种解决不确定性和合同不完全性的重要手段。通过明确产权结构，可以影响合同执行、资源配置和企业治理。

（二）哈特不完全合同理论的启示

哈特不完全合同理论对于数据产权安排提供了有益的启示。在当前信息化社会中，数据已经成为一种重要的资源和资产，对数据产权的合理安排至关重要。以下是不完全合同理论对数据产权安排的一些启示。

第一，强调明确数据归属的重要性。在数据产权的安排中，应该明确数据的归属，为各方提供清晰的权益保障。尽量减少剩余控制权，这有助于在数据共享、使用和保护过程中避免纠纷和风险。第二，确保控制权的透明度。数据产权的控制权是指对数据的访问、使用、修改和删除等方面的权力。在数据产权安排中，应确保控制权的透明度，使各方能够清楚地了解其对数据的控制权范围，这有助于平衡各方利益并提高数据资源的有效利用。第三，强化合同条款的可执行性。数据产权安排中的合同条款应具备一定的可执行性，以降低契约成本和风险。例如，可以通过技术手段实现合同条款的自动执行，或者采用第三方监管机构来确保合同的履行。第四，灵活应对不确定性。由于数据产权安排涉及到许多不确定因素，如技术变革、政策法规调整等，合同应具备一定的灵活性来应对这些不确定性。可以通过设置适当的调整机制、争议解决机制等来实现。第五，适应不同类型数据特点的数据产权安排。数据产权安排需要针对不同类型的数据进行差异化处理。例如，公共数据、个人数据和企业数据等具有不同的特点和敏感性，因此在产权安排上可能需要采取不同的策略和方法。

总之，哈特的不完全合同理论为数据产权安排提供了有益的启示。通过综合考虑产权归属、控制权透明度、合同可执行性、对不确定性的灵活应对以及适应不同类型数据的特点，我们可以更好地安排数据产权，以实现对数据资源的高效利用和有效保护。

四、诺思的制度变迁理论与产权的变革

美国制度经济学家道格拉斯·诺思（Douglass North，1920～2015）关注制度变迁、经济史和经济发展等领域，尤其强调制度对经济活动和产权安排的影响。诺思通过经济史的研究，深入分析了制度、产权安排和经济发展之间的关系。他指出，不同历史时期的制度环境和产权安排对经济发展产生了深远的影响。

（一）诺思的制度变迁理论

诺思是受马克思产权理论影响最深的一位西方学者之一，在他看来，专业化和劳动分工导致了新的意识形态的形成，马克思"人的意识取决于他的生产关系"的观点依然是具有洞见性的。诺思认为制度是影响经济活动和产权安排的关键因素。他将制度定义为"规范人类行为的约束"，包括正式制度（如法律、政策等）和非正式制度（如习俗、信仰等）。诺思从西方世界经济发展史角度分析制度的变迁，并将产权作为重要的制度安排加以研究。他指出，制度变迁是经济发展的关键驱动力，因为它影响着产权的分配和交易成本。诺思认为，制度变迁是一个演化过程，其中政治、文化和历史等因素对制度和产权安排产生重要影响。在现有技术和未来不确定性因素的制约下，必须对产权进行明确的界定，不断降低交易费用。有效率的产权是竞争和排他性的，如果产权安排使从事社会生产性活动是合算的，有效率的组织形式将会取代无效率的组织形式，经济增长便会出现。他认为产权作为制度是由国家来安排并加以实施的，政府承担起对产权安排的保护和实施的代价要比私人团体自愿付出的成本来得低。诺思认为国家决定产权结构，因此国家要对造成经济增长、衰退或停滞的产权结构的效率负责。

（二）诺思产权理论的启示

诺思产权理论为理解数据产权提供了有益的启示。在数据产权领域，随着科技进步和社会变革，制度环境也在不断演变。这些变迁对数据产权的保护和实施具有重要的影响。政策制定者需要关注制度变迁，以适应不断发展的数字经济，制定更加合适的数据产权政策。在制定数据产权政策时，政策制定者可以从经济史的角度分析不同制度环境和产权安排对数据产权的影响，以便更好地理解数据产权演变的规律和未来发展的趋势。

第二节　马克思的产权理论

马克思产权理论是从所有制理论引申出来的，"马克思是第一位有产权理论的社会科学家"。[1] 诺思承认"在详细描述长期变迁的各种现存理论中，马克思的分析框架是最有说服力的，这恰恰是因为它包括了新古典分析框架所遗漏的所有因素：制度、产权、国家和意识形态"。[2] 笔者从马克思关于产权形成的原理、马克思关于劳动产权的原理、马克思关于两种商品产权的原理、马克思关于产权是人与人关系的原理、马克思关于经济关系决定法权关系的原理、马克思关于产权统一与分离的原理、马克思关于产权变革的原理、马克思关于产权的社会化的原理等八个方面梳理马克思产权理论，为研究数据产权提供理论基础。

一、产权的形成及其发展

产权是历史的产物，是以生产为基础的，在不同的历史阶段，尤其在不

---

① S. Pejovich, Karl Marx. Property Rights School and the Process of Social Change, in "Karl Marx's Economics：Critical Assessments", ed. by J. C. Wood, London：C room Helm Ltd, 1988（Ⅵ）：240.

② ［美］道格拉斯·C. 诺思：《经济史中的结构与变迁》，上海人民出版社2003年版，第68页。

同的生产和分工条件下，必然有不同的所有制，不同的所有制对应着不同的产权关系。

（一）产权是历史的产物

西方产权理论往往把财产制度当作某种先验的、超历史的自然权利，不是从客观历史条件中产生出来的，而是自然的人类本性造成的。[①] 马克思产权理论反对用鲁宾逊式的孤立个人之间的自由契约来解释社会制度的起源的。[②] 马克思产权理论对于社会制度和产权关系的认识是与这种超历史的观点完全相反的。马克思认为，"一定所有制关系有所特有的法的观念"[③]，"民法不过是所有制发展的一定阶段……的表现"[④]。生产是人类创造物质财富的过程，生产模式和生产力水平在很大程度上影响着产权的形成。在原始社会中，生产力水平很低，人们的主要生产方式是狩猎和采集。由于资源匮乏和生产力有限，产权的概念并不明确。随着农业和手工业的出现，生产力水平逐渐提高，资源的产出和分配问题变得更加复杂，产权概念逐渐产生了。在资本主义社会中，工业化和技术进步使生产力迅速发展，产权制度也相应地得到发展和完善。产权是历史的产物，随着历史发展而不断演进。

（二）产权起源于分工的发展

马克思产权理论以生产为基础，把产权的起源与分工的发展联系起来，按分工、所有制到所有权的逻辑来研究产权的形成。科学技术发展引发不同的分工形态，引入了新的生产资料或生产要素，同时，分工也产生了生产资料或生产要素新的分配关系。马克思明确地指出："分工的每一个阶段还根据个人与劳动的材料、工具和产品的关系决定他们相互之间的关系。"[⑤] "工

---

① 林岗、张宇：《产权分析的两种范式》，载于《中国社会科学》2000 年第 1 期。

② 林岗、刘元春：《诺斯与马克思：关于制度的起源和本质的两种解释的比较》，载于《经济研究》2000 年第 6 期。

③ 《马克思恩格斯全集》第 30 卷，人民出版社 1974 年版，第 608 页。

④ 《马克思恩格斯全集》第 4 卷，人民出版社 1958 年版，第 87 页。

⑤ 《马克思恩格斯选集》第 1 卷，人民出版社 1972 年版，第 26 页。

具积聚发展了，分工也随之发展，并且反过来也一样。"① 马克思说："与这种分工同时出现的还有分配，而且是劳动及其产品的不平等的分配（无论在数量上或质量上）；因而也产生了所有制。"② 分工是生产过程中劳动者根据自身技能和资源进行的职责划分。分工能够提高生产效率，推动生产力的发展。在原始社会，分工相对简单，主要表现为性别和年龄的分工。随着生产力的提高和社会的发展，分工的细化不仅出现越来越多的产业和职业，分工的细化还导致了生产过程中资源和劳动成果的分配问题，进而促使产权制度形成。"创造资本关系的过程，只能是劳动者和他的劳动条件的所有权分离的过程……所谓原始积累只不过是生产者和生产资料分离的历史过程。"③ 即资本与劳动分离和分工的过程。在资本主义社会中，分工更加明确，市场经济的发展使得劳动力成为一种商品，劳动者和资本家之间的产权关系变得更加复杂。

（三）不同的所有制对应着不同的产权关系

马克思虽然未以产权作为研究重点而主要聚焦于"所有制"，但在《马克思恩格斯全集》中，财产关系、财产权、产权等译名还是多次出现的，其中"财产关系"出现 74 次、"财产权"出现 42 次、"产权"出现 77 次。④ 不同的分工形态又形成了不同的所有制，正如马克思所说："分工发展的各个不同阶段，同时也就是所有制的各种不同形式。"⑤ 马克思还举例说："例如，机器的应用既改变了生产工具的分配，也改变了产品的分配。现代大土地所有制本身既是现代商业和现代工业的结果，也是现代工业在农业上应用的结果。"⑥ 在不同分工产生不同所有制基础上，马克思不仅研究了复数形式的财产权或产权，而且研究并论述了复数形式的财产权或产权中所包含的各单项权利：所有权、占有权、使用权、支配权、经营权、索取权、继承

---

① 《马克思恩格斯选集》第 1 卷，人民出版社 1972 年版，第 132 页。
② 《马克思恩格斯选集》第 1 卷，人民出版社 1972 年版，第 37 页。
③ 《资本论》第 1 卷，人民出版社 2018 年版。
④ 吴易风：《产权理论：马克思和科斯的比较》，载于《中国社会科学》2007 年第 2 期。
⑤ 《马克思恩格斯选集》第 1 卷，人民出版社 1972 年版，第 26 页。
⑥ 《马克思恩格斯选集》第 2 卷，人民出版社 1972 年版，第 100 页。

权、不可侵犯权等一系列法的权利。① 所有制先于产权的存在而存在。只是
在私有制产生和保护私有制的法律出现以后，才出现产权。② 所有制是一种
社会制度，它规定了资源和财富的归属。所有制形式的不同将直接影响产权
的形成。在原始社会中，公有制是主要的所有制形式，资源和财富主要归整
个社群所有。随着生产力的发展，私有制逐渐出现，私人拥有财产和资源的
权利。在封建社会中，土地等资源主要由地主和贵族所有，农民则成为这些
资源的承租者。在资本主义社会中，私有制占主导地位，资产阶级拥有生产
资料，劳动者通过出卖劳动力换取报酬。生产资料所有制的变迁包含着所有
权与其一系列权利的分离与重新组合。生产资料所有制的变迁并非简单地表
现为所有权的变迁，例如，原始社会从公有制到私有制、社会主义国家从私
有制向公有制发展，生产资料所有制的变迁还包括所有权与其一系列权利的
分离与重新组合。

总之，从生产、分工和所有制的角度来考察产权形成，可以看到产权
制度的演变和发展是与社会生产力、分工和所有制形式密切相关的。随着
生产力的提高、分工的细化和所有制形式的变化，产权制度也不断地发展
和演变着。

二、不同商品产权的不对称关系

马克思分析了不同商品产权之间的不对称关系，认为集中起来的要素与
分散的要素之间形成商品产权的不对称，不同历史时期的核心要素与其他要
素形成商品产权的不对称。生产决定消费，消费反作用于生产，马克思还从
社会再生产角度出发，分析生产资料商品与消费资料商品之间产权的辩证关
系，从生产社会化与产权结构的矛盾的角度剖析产权的可持续性。

（一）不同要素之间的不对称

西方产权理论与马克思产权理论都意识到不同要素之间的不对称关系，

---

① ② 吴易风：《产权理论：马克思和科斯的比较》，载于《中国社会科学》2007 年第 2 期。

包括集中的要素与分散的要素之间的不对称、核心要素与其他要素之间的不对称。

1. 集中的要素与分散的要素之间的不对称

哈特不完全合同理论通过剩余控制权的分析说明企业权力的来源问题。哈特不完全合同理论认为，企业中的权力来源于剩余控制权，由于专有物质资产是企业的紧要资源，故拥有物质资产所有权便拥有剩余控制权，从而拥有了企业权力。拉杨（Rajan）和津加莱斯（Zingales）指出关键资源不对称配置引发的"进入权"，即 ACCESS 理论。马克思更早就指出："物的因素集中在一方，劳动力则与物的因素相分离，处在另一方。"[①] 就形成不同要素之间的不对称，谁拥有集中甚至垄断的生产资料，谁更有权力，谁就将决定权利关系。马克思注意到资产阶级"必须到处落户，到处开发，到处建立联系"[②]。马克思对人与人连接的分散与集中程度极为关注，他希望把"工人连结起来"[③]，来对抗垄断集中起来的资本。

2. 核心要素与其他要素之间的不对称

不同历史时期随着劳动工具的改进，有着不同的核心生产要素[④]。在农业经济时代，土地是核心的生产要素；第一次工业革命完成了生产要素的第一次升级，蒸汽动力和机械等是核心生产要素；第二次工业革命中，实现了劳动工具再一次质的升级；电力和化石能源取代蒸汽动力成为新的核心生产要素；第三次工业革命中，出现了"核电动力＋传统电动力"和"计算机＋机器"等机械化、自动化工具；正在展开的第四次工业革命中从劳动工具要素看，实现了智能化的机器生产或创造了智能化的劳动工具，从实体的自然物逐步升级为"自然物＋人造自然物＋虚拟的数字符号物"，不仅解放了人的体力，也解放了人的脑力，甚至可以形成数字孪生[⑤]，数据成为新

---

① 《马克思恩格斯全集》第 24 卷，人民出版社 1972 年版，第 40 页。
② 《马克思恩格斯选集》第 1 卷，人民出版社 2012 年版，第 404 页。
③ 《马克思恩格斯全集》第 30 卷，人民出版社 1995 年版，第 587～590 页。
④ 刘志迎：《论新质生产力的几个基本理论问题》，载于《理论建设》2024 年第 3 期。
⑤ 刘志迎：《新质生产力的理论内涵与实现路径》，载于《中国财经报（理论版）》2023 年 12 月 26 日。

质的非物质生产要素。数据成为生产资料，比起传统生产资料更容易集中并形成不对称的垄断格局，因此，生产资料占有方式呈现出从追求物质生产资料集中转向追求数据生产资料集中的新的产权结构。

（二）生产资料与消费资料商品产权之间的辩证关系

以现代生产资料为基础的产品占有方式主要包括两种：一种由社会直接占有，作为维持和扩大生产的资料；另一种由个人直接占有，作为生活资料和享受资料。① 马克思指出："所谓分配，不是通常意义上的消费资料的分配，而是生产要素本身的分配，其中物的因素集中在一方，劳动力则与物的因素相分离，处在另一方。"② "消费资料的任何一种分配，都不过是生产条件本身分配的结果；而生产条件的分配，则表现生产方式本身的性质。"③ 可见，在马克思看来，生产资料与消费资料商品产权之间存在不对称关系。

与此同时，马克思又从社会再生产角度揭示了生产资料和消费资料之间的辩证关系。马克思将社会总产品中的物质形式分为两大类，一类是生产资料，另一类是消费资料。与此相对应，社会生产也分为两大部类：生产资料生产，称为第一部类（用Ⅰ表示）；消费资料生产，称为第二部类（用Ⅱ表示）。生产不仅为消费提供材料和对象，还决定消费方式，使消费得以完成，并再生产出消费需要和动力。而消费对生产也具有反作用，产品只有在消费中才成为"现实的产品"，消费是生产的前提并创造出生产的动力。为了处理好产品消费和产品价值实现之间的比例关系，马克思提出了简单再生产和扩大再生产的基本实现条件和公式。马克思认为，资本主义生产方式不仅再生产物，而且再生产生产关系，而且再生产出相应的产权关系。马克思不仅阐明了社会化再生产的基本条件和比例关系，还揭示了生产的社会化和生产资料私人占有这一资本主义产权结构的基本矛盾，借此，马克思提出了

---

① 《马克思恩格斯文集》第3卷，人民出版社2009年版，第561页。
② 《马克思恩格斯全集》第24卷，人民出版社1972年版，第40页。
③ 《马克思恩格斯选集》第3卷，人民出版社2012年版，第365页。

与生产社会化相适应的生产关系再生产路径，也就是产权结构的变革必须适应社会可持续再生产的要求。

三、劳动与资本的产权辨析

西方产权理论的界定范畴中，将所有没有生命力的物质资源和具有生命活力的劳动力资源等同分析，都纳入商品权利归属分析框架。[①] 马克思不仅关注不同生产要素产权的不对称关系，同时，也关注到不同商品产权的不同，进一步揭示了劳动力与资本作为商品的不同产权关系。

（一）资本与劳动之间的不对称

马克思产权分析的逻辑起点在于生产要素，并在此基础上构建剩余价值分析框架。马克思在揭示剩余价值的起源时，以要素分析为基础，认为商品不再是产权理论逻辑分析的起点，权利分析要以要素为基础。[②] 在分析剩余价值生产的分析公式 C + V + M 中，明显将代表劳动产权的可变资本 V 与代表生产资料 C 不可变资本区别开来。劳动力商品的买卖被视为一种自由平等的关系，是一种假象。"一方只有符合另一方的意志，就是说每一方只有通过双方共同一致的意志行为，才能让渡自己的商品占有别人的商品。"[③]但"一离开这个简单流通领域或商品交换领域……就会看到我们剧中人的面貌已经起了某些变化。原来货币所有者成为资本家昂首前列；劳动力所有者成了他们的工人尾随于后。一个笑容满面雄心勃勃；一个战战兢兢畏缩不前，像在市场上出卖了自己的皮一样，只有一个前途——让人家来鞣。"[④]生动地呈现了资本与劳动之间的不对称关系。

为什么资本与劳动两种生产要素会有如此不平等关系？正如张维迎在《企业的企业家——契约理论》前言中写道："为什么资本雇佣劳动而不是

①② 李云海：《产权理论的微观基础——西方产权理论与马克思产权理论的差异分析》，载于《生产力研究》2010 年第 11 期。

③ 《马克思恩格斯全集》第 23 卷，人民出版社 1975 年版，第 102 页。

④ 《马克思恩格斯全集》第 23 卷，人民出版社 1975 年版，第 200 页。

劳动雇佣资本？为什么企业家监督工人而不是工人监督资本家？"① 主要有以下两方面原因：第一，劳动的社会生产力只有在资本的指挥下才被发挥出来。马克思指出："工人作为社会工人所发挥的生产力是资本的生产力。只要工人置于一定的条件下劳动的社会生产力就无须支付报酬而发挥出来，而资本正是把工人置于这样的条件之下的，因而劳动的社会生产力不费资本分文。另一方面又因为工人在他们劳动本身属于资本以前不能发挥这种生产力是资本内在的生产力。"② 第二，劳动力的分散使用和资本的集中使用也影响两种产权的强弱关系。程保平（2000）将资本与劳动的不平等关系归纳为"马克思定理"。③ 资本与劳动之间的产权取决于产权背后的阶级力量对比关系。产权背后的阶级力量对比关系又是如何决定的呢？在传统资本主义企业中，由于物质资本是企业的紧要资源，物质资本所有权人拥有剩余控制权，"人力资本产权"服从于"物质资本产权"。④ 马克思的产权分析将由两个部分组成，由拥有完全所有权的物品和不完全所有权的劳动力组成。拥有完全所有权的物品可以实施产权转让，其价值可以通过物质形态改变来实施转移。劳动力要素具有特殊性质，其所有权归于生物个体，不可能实施所有权转让。资本更容易被集中起来而劳动力在资本主义社会必须依靠资本的力量才能驱动协作分工。集中的资本对分散的劳动力形成的权力优势，决定了资本对劳动力的权利分配关系。"由于两大产权主体的非对称性，企业的权威或剩余权利由竞争力强大的一方来行使。"⑤

（二）两种商品的产权

马克思不仅分析生产资料商品与消费资料商品产权的不对称性，还分析

---

① 张维迎：《企业的企业家—契约理论（前言）》，上海三联书店、上海人民出版社 1995 年版，第 210 页。

② 《马克思恩格斯全集》第 23 卷，人民出版社 1975 年版，第 370 页。

③ 程保平：《科斯案例及定理与马克思案例及定理——重读〈资本论〉第一卷的一点体会》，载于《当代经济研究》2000 年第 7 期。

④ 杨继国、黄文义：《"产权"新论：基于"马克思定理"的分析》，载于《当代经济研究》2017 年第 12 期。

⑤ 何宇：《马克思企业理论的产权视角：一个不完全合约框架》，载于《经济学家》2004 年第 4 期。

产品的商品化与劳动力的商品化之间的不对称性。马克思从历史发展的角度来界定两种商品的概念（见表 1 - 1）。一是作为资本关系的前提的商品，二是作为资本主义生产过程的结果的商品。① 一种商品只有最基本形式的交换价值，即产品的商品化；另一种商品只有在资本主义生产过程中才出现的那些具体形式，如剩余价值、劳动力的商品化等，就是马克思的两种商品化的思想或理论，即产品的商品化和劳动力的商品化。② 如果我们只盯住第一种商品概念而忽略了第二种商品概念的丰富内涵，就很容易把马克思的资本批判理论降格为一般性的物化批判理论；反之，如果我们撇开第一种商品概念，即忽略对作为资本生产过程之前提的商品关系的研究，直接进入对第二种商品概念的理解，那事实上是无法把握住作为资本主义生产之结果的商品所包含的内在矛盾关系的。③

表 1 - 1　　　　　　　　　　　　两种商品的比较

第一种商品	第二种商品
作为资本关系的前提的商品	资本主义生产过程的结果的商品
产品的商品化	劳动者的商品化
生活资料	生产资料
交换价值流通	剩余价值生产

马克思产权理论是以生产为基础的，将产权关系看作一种生产关系。马克思产权理论与西方产权理论中财产概念的内涵和外延都存在许多差别。例如，马克思所说的产权主要指的是生产资料的所有权，马克思产权理论的一个贡献就是把生产资料从一般的产品或资源中分离出来，把生产资料的所有制当作决定一个社会经济关系和社会制度的决定性因素。马克思之所以将生产资料及其占有方式看作决定因素，是因为集中占有生产资料的一方，才有

---

①③　唐正东：《马克思的两种商品概念及其哲学启示》，载于《哲学研究》2017 年第 4 期。
②　邢媛：《评吉登斯对马克思的"两种商品化"理论的分析》，载于《现代哲学》2009 年第 3 期。

能力购买劳动力的使用权，才能将劳动力商品化，与集中起来的生产资料结合生产剩余价值，因此，集中占有生产资料转化为了资本，生产资料资本化的过程与劳动力商品化的过程同时发生。西方的产权理论则把财产概念泛化，他们所说的产权不仅包括了人们对一切可交换的稀缺资源和产品的支配权、使用权、收益权等，还包括一切可以产生个人效用的其他权利。① 马克思从不否认交换过程特别是商品交换在资本主义经济关系中的重要地位。生产要素必须是商品，必须以交换价值的形式进入生产过程。马克思指出："分配被规定为社会出发的要素，交换被规定为个人出发的要素。"② 众所周知，马克思对资本主义经济关系的分析就是从商品开始的，商品流通既是资本的逻辑起点，又是资本的历史起点，资本主义经济制度中的所有经济关系都首先表现为一种等价的商品交换关系，交换是资本主义制度存在的基本形式，货币转化为资本必须在商品等价交换的基础上根据商品所有权的内在规律来加以说明。但是，在马克思和恩格斯看来，对于揭示资本主义占有关系的本质来说，交换过程中的这种契约关系只不过是一种表面现象，它不能真实反映生产关系。马克思产权理论不仅包括第一种商品市场化的交换价值流通，还包括生产资料占有方式下的第二种商品的分配关系。

四、产权的本质是人与人的关系

马克思产权理论认为产权是一种社会关系，取决于社会制度和生产关系。产权表面体现人与物的关系，但本质上反映人与人的关系，权力决定权利，权力又受权利的制约。

（一）产权是一种社会关系的产权

产权不是由生产资料的自然属性决定的，而是由生产资料的社会属性决定的。"在交换价值上，人的社会关系转化为物的社会关系；人的能力转化

---

① 林岗、张宇：《产权分析的两种范式》，载于《中国社会科学》2000 年第 1 期。
② 《马克思恩格斯选集》第 2 卷，人民出版社 1972 年版，第 92 页。

为物的能力。"① "经济学研究的不是物，而是人与人之间的关系，归根到底是阶级与阶级之间的关系；可是这些关系总是同物结合着，并且作为物出现。"② 马克思指出，"社会的物质生产力发展到一定阶段，便同它们一直在其中运动的现存生产关系或财产关系（这只是生产关系的法律用语）发生矛盾"③，生产过程不仅包括劳动者与生产资料相结合的技术组织形式，还包括劳动者与生产资料相结合的社会形式。马克思指出："构成资本的生活资料、劳动工具和原料，难道不是在一定的社会条件下，不是在一定的社会关系内生产出来和积累起来的吗？难道这一切不是在一定的社会条件下，在一定的社会关系内被用来进行新生产的吗？"④ 一方面，产权体系作为生产关系的组成部分，发挥着推动或阻碍生产力发展的作用；另一方面，产权主体之间各项财产关系作为生产关系的外在表现形式，体现着作为本质的人与人之间的社会关系。⑤

（二）权力既决定权利又受制于权利

在马克思看来，"资本不是物"反映了人与人的关系，反映了资本与劳动的权力关系。资本作为具有权力属性的感性力量，将工人组织起来进行生产，所有权利的交换都是在这样的权力结构下进行的，决定了资本与劳动的权利关系，而资本与劳动之间冲突的权利关系将反作用于资本权力的行使。权力来源于权利集中垄断，资本的权力是权利集中垄断形成的，权力又受权利关系的制约。马克思产权理论中的产权范畴除"权利"之外还有另一个"权力"范畴。当工人的权利不断被剥夺时，推翻和改变权力的力量就不断积累，最终会改变原有的权力结构。先有经济关系，后有法权关系；所有的权利交易都是基于法权关系所规定的权力结构基础上的，而这样的权利交易所形成的权利关系影响着经济关系，又反过来决定着法权关系，决定着权力

---

① 《马克思恩格斯全集》第 30 卷，人民出版社 1995 年版，第 107 页。
② 《马克思恩格斯全集》第 2 卷，人民出版社 1995 年版，第 44 页。
③ 《马克思恩格斯选集》第 2 卷，人民出版社 2012 年版，第 2 页。
④ 《马克思恩格斯选集》第 1 卷，人民出版社 1995 年版，第 345 页。
⑤ 张琪：《三重维度探析马克思主义的产权理论》，载于《新经济》2023 年第 1 期。

结构（见图1-1）。"完整的产权范畴是权利和权力的矛盾统一体，同一主体的产权中，权力是权利的保障，不同主体产权之间的'侵权'则表现为权力对权利的胜利。因此，产权中的权力应该受到监督和约束，或者提升弱势一方产权主体的'权力'，使权利与权力匹配。"① 权利分布形成一个权利场，权力可以看作是权利场的势能，它影响着权利的走向。

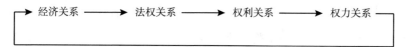

经济关系 ⟶ 法权关系 ⟶ 权利关系 ⟶ 权力关系

图1-1　权力与权利的辩证关系

五、经济关系决定法权关系

西方产权理论主张私有产权是个人自由、繁荣和社会秩序的基础。它强调产权保护对于激励创新和投资、分配资源以及保障个人权益至关重要。西方产权理论认为，通过市场竞争和契约，个人可以自由地交换和转让产权。"与西方新制度经济学不同，所有制或产权问题在马克思那里首先是一个生产关系的概念，而不是交易概念"。② 先有经济关系，后有法权关系，同时，法权关系必须以经济关系为基础。

（一）从林木盗窃法中得到启示：经济关系决定法权关系

马克思于1842年发表了《关于偷盗林木法案的辩论》，维护摩塞尔地区贫苦农民的正当产权，这是他最早对财产权利或产权问题进行分析评述的文章。马克思开始认为论证基础所使用的法律应该建立在"理性"的基础上，也就是利用黑格尔法哲学去论证那些农民的合法产权，但是，让马克思大失所望的是，运用这个法哲学却证明维护林木占有者的利益是"理性"

---

① 杨继国、黄文义：《"产权"新论：基于"马克思定理"的分析》，载于《当代经济研究》2017年第12期。

② 林岗、张宇：《产权分析的两种范式》，载于《中国社会科学》2000年第1期。

的，而不是其他。于是，马克思对黑格尔法哲学产生了深刻的怀疑。他本来相信黑格尔的思想，以为人类社会建立在"理性"的基础上，彼时他发现人类社会的真实基础是以物质利益为基础的。在物质利益领域，马克思看到的不是"理性"的东西，而是斗争，是"非理性"的斗争。① 马克思已清楚地看到林木所有者的物质利益对国家与法以及人们的思想和行动所起的支配作用。残酷的社会现实很快使马克思对黑格尔的法权和理性国家观发生了动摇，马克思进一步在分析国家的起源和本质时明确指出了作为法权的产权实际上是经济关系的法律反映，不存在超然的、凌驾于历史性的经济关系之上的以国家作基础的抽象的产权法律规定。最终，"马克思主义认为不同产权主体由于和生产资料的关系不同阶级地位不同，在他们相互交往的关系中不存在完全平等的关系。"②

（二）从历史发展的历程中阐释：经济关系决定法权关系

在《政治经济学批判》和《资本论》中，马克思进一步从历史发展的历程中阐释了生产力决定生产关系、经济基础决定上层建筑、经济关系决定法权关系。马克思认为，产权的起源可以追溯到人类社会的早期，当时人们在经济交往中形成了习惯或普遍接受的规则和行为方式，这些习惯或规则的受益者为强化和保护由此而来的既得利益，要求以法律形式进行硬性约束，形成法权。马克思指出，"法的关系正像国家的形式一样，既不能从它们本身来理解，也不能从所谓人类精神的一般发展来理解，相反，它们根源于物质的生活关系"③。"要想把所有权作为一种独立的关系、一种特殊的范畴、一种抽象的和永恒的观念来下定义，这只能是形而上学或法学的幻想。"④ 马克思发现了"一定所有制关系所特有的法的观念"⑤。经济关系决定法权

① 杨时革：《马克思二维产权观——一个经济思想史视阈的梳理与评价》，载于《社会科学动态》2018 年第 8 期。

② 吴宣恭等：《产权理论比较——马克思主义与西方现代产权学派》，经济科学出版社2000 年版，第 201 页。

③ 《马克思恩格斯全集》第 13 卷，人民出版社 1962 年版，第 8 页。

④ 《马克思恩格斯选集》第 1 卷，人民出版社 1995 年版，第 177～178 页。

⑤ 《马克思恩格斯全集》第 30 卷，人民出版社 1974 年版，第 608 页。

关系，所有制是产权的经济形态，产权是所有制的法律形态。马克思的上述论断表明，一方面，对应于"私有财产的占有"所形成的产权，这种客观存在的经济关系，并不是由法律创造的，而是独立于法律存在的，属于经济基础的范畴；另一方面，这种客观存在的经济关系获得法律认可与保护时便使得私有财产获得了法权形式，在这个意义上，产权才成为具有法定意义的权利，即是一种法权，它又属于上层建筑的范畴。① 马克思指出，产权的经济属性和法权属性两者缺一不可，但又不是并列的关系，而是在时间上有先后、层次上有主次，先有经济关系，后有法权关系，同时，法权关系必须以经济关系为基础。

六、产权的统一与分离

产权可以统一，也可以分离。马克思考察了不同分工形态和所有制下不同生产要素权利的统一与分离，其中包括劳动力所有权、使用权和支配权的统一与分离、土地所有权和经营权的统一与分离、资本所有权和使用权的统一与分离等，建立了关于产权的统一与分离理论。② 马克思关于产权统一与分离的原理包括两个方面：同一生产要素产权的统一与分离、不同一生产要素产权之间的结合与分离。

（一）同一生产要素产权的统一与分离

以劳动力为例，马克思考察个体小生产者时指出，"在我们所考察的场合，生产者——劳动者——是自己的生产资料的占有者、所有者。"③ 拥有"对劳动条件的所有权或占有权"④。劳动者既是自己的劳动力的所有者，又是自己的劳动力的使用者。此时，劳动所有权属是统一的。生产力发展到一

① 杨时革：《马克思二维产权观——一个经济思想史视阈的梳理与评价》，载于《社会科学动态》2018 年第 8 期。
② 吴易风：《产权理论：马克思和科斯的比较》，载于《中国社会科学》2007 年第 2 期。
③ 《马克思恩格斯全集》第 26 卷 I，人民出版社 1972 年版，第 440 页。
④ 《马克思恩格斯全集》第 25 卷，人民出版社 1974 年版，第 674 页。

定阶段，随着分工和所有制的变化，马克思揭示了资本主义生产方式下劳动力所有权和使用权相分离的情形。农民大规模地失去土地，生产资料与劳动无法结合，劳动者由于失去了劳动力的实现条件就只能到劳动力市场上出售自己"惟一的财产"——劳动力。"让买者在一定期限内暂时支配他的劳动力，使用他的劳动力，就是说，他在让渡自己的劳动力时不放弃自己对它的所有权。"[①] 劳动力所有权和使用权相分离是雇佣劳动的前提，"正是这种劳动力的暂时使用权或暂时支配权的让渡，使资本在使用和支配劳动力的过程中获得了剩余价值。"[②]

另一个例子是我国当代土地制度的变革。我国正在进行的土地制度改革正是基于马克思关于产权统一与分离的原理，农地"三权分置"是我国农村土地制度的重大创新。其中包括将土地所有权和承包经营权分设，所有权归集体，承包经营权归农户，深化农村土地制度改革，顺应农民保留土地承包权、流转土地经营权的意愿，将土地承包经营权分为承包权和经营权，实行所有权、承包权、经营权三权分置的土地制度改革。

（二）不同一生产要素产权之间的结合与分离

马克思产权的统一分离理论不仅包括同一生产要素中的所有权与使用权、经营权的分离与统一，还关注不同一生产要素之间的结合与分离。在《经济学手稿（1857—1858 年）》中，马克思根据劳动者与生产资料的不同关系对资本主义以前的三种历史状态进行了考察。第一种状态是劳动者把土地看作属他所有，以土地所有者的身份从事生产劳动；第二种状态是劳动者不再是作为土地所有者而是作为工具所有者来进行劳动；第三种状态是"劳动者只是生活资料的所有者，生活资料表现为劳动主体的自然条件，而无论是土地还是工具，甚至劳动本身，都不归自己所有。"[③] 资本主义以前的三种历史状态的解体和演进过程反映了劳动者与生产资料由同一走向分离

---

① 《马克思恩格斯全集》第 16 卷，人民出版社 1964 年版，第 652 页。
② 吴易风：《产权理论：马克思和科斯的比较》，载于《中国社会科学》2007 年第 2 期。
③ 《马克思恩格斯全集》第 46 卷，人民出版社 1979 年版，第 502 页。

的历史过程，它们构成资本主义所有制的历史前提。生产力发展引发了劳动条件的变化，为了使生产资料与劳动更好地结合以适应新的劳动条件，就出现了不同的产权分离与结合。

产权统一与分离原理的核心是使得生产资料与劳动更好地结合，生产要素产权如何分离、如何结合，都是为了满足生产资料与劳动更好地结合，以促进生产力的发展。

七、产权变革的决定因素

产权本质上是人与人的关系，产权变革是不同利益主体冲突的结果；不同利益结构随着生产力的发展而改变，技术发展是产权变革的关键力量。

（一）产权变革是不同利益主体冲突的结果

马克思认为，随着人们物质生活关系的变化，产权形态不断地发生变化。产权制度从无到有，从简单到复杂，从私有制到公有制，不断地演进和发展着。产权制度是一个不断变革的历史过程，是一定生产力基础上分工、所有制和所有权相互作用的过程，是不同利益主体冲突的结果。"一个社会中一部分人的意向同另一部分人的意向相抵触，社会生活充满着矛盾……。只有把某一个社会或某几个社会的全体成员的意志的总和加以研究，才能对这些意向的结果作出科学的判断。其所以有各种矛盾的意向，是因为每个社会所分成的各个阶级的生活状况和生活条件不同。"[①]

恩格斯曾经做过深刻、准确而又生动的说明："历史是这样创造的：最终的结果总是从许多单个的意志的相互冲突中产生出来的，而其中的每一个意志，有时由于许多特殊的生产条件，才成为它所成为的那样。这样就有无数互相交错的力量，有无数个力的平行四边形，由此就产生出一个合力，即历史结果，而这个结果又可以看作一个作为整体的、不自觉地和不自主地起着作用的力量的产物。因为任何一个人的愿望都会受到任何另一个人的妨

---

① 《马克思恩格斯选集》第 1 卷，人民出版社 1972 年版，第 12 页。

碍，而最后出现的结果就是谁都没有希望过的事物。所以到目前为止的历史总是像一种自然过程一样地进行，而且实质上也是服从于同一运动规律的。但是，各个人的意志——其中的每一个都希望得到他的体质和外部的、归根到底是经济的情况（或是他个人的，或是一般社会性的）使他向往的东西——虽然都达不到自己的愿望，而是融合为一个总的平均数，一个总的合力，然而从这一事实中决不应作出结论说，这些意志等于零。相反地，每个意志都对合力有所贡献，因而是包括在这个合力里面的。"①

（二）技术发展是产权变革的关键力量

马克思在《政治经济学的形而上学》的"分工和机器"一节中，以英国纺织业的分工发展为例，详细阐述了机器的发明对分工的作用。马克思明确地指出："工具积聚发展了，分工也随之发展，并且反过来也一样。"② 马克思指出："机器从技术上推翻了旧的分工制度。"③ 科学技术是第一生产力，技术发展也是产权变革的关键力量。技术进步不仅影响着生产方式的抉择，影响着资源配置，还将影响着产权演化的进程。④ 随着生产力的发展变化，要求生产资料所有制关系相应地进行变革。技术发展改变工具，改变分工的形态，从而改变了生产资料与劳动的结合方式，因而改变分配和交换关系，形成新的所有制形态，也就形成了新的产权结构（见图1-2）。由于新的产权结构使得生产资料与劳动更好地结合，激发了劳动者的活力，产生了更大的社会生产力。

反过来，当旧的所有制关系不再相适应生产力发展时，马克思指出："社会的物质生产力发展到一定阶段，便同它们一直在其中活动的现存生产关系或财产关系（这只是生产关系的法律用语）发生矛盾。于是这些关系便由生产力的发展形式变成生产力的桎梏。"⑤ 也正如恩格斯所说："社会制

---

① 《马克思恩格斯选集》第4卷，人民出版社1995年版，第697页。
② 《马克思恩格斯选集》第1卷，人民出版社1972年版，第132页。
③ 《马克思恩格斯全集》第23卷，人民出版社1972年版，第462页。
④ 李云海：《产权理论的微观基础——西方产权理论与马克思产权理论的差异分析》，载于《生产力研究》2010年第11期。
⑤ 《马克思恩格斯全集》第13卷，人民出版社1998年版，第8~9页。

度中的任何变化，所有制关系中的每一次变革，都是同旧的所有制关系不再相适应的新生产力发展的必然结果。"① 也就是说，不合理的产权关系导致分配和交换关系产生矛盾，表现了人与人之间的矛盾，最终，会导致旧有产权结构的瓦解。正是从这一原理出发，马克思证明了资本主义生产关系必将被社会主义生产关系所代替，相应地，资本主义财产关系必将被社会主义财产关系所代替。

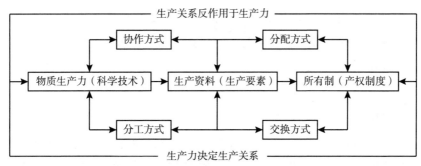

图 1-2　技术发展是产权变革的关键力量

八、经济形态变迁与产权社会化

马克思产权理论不仅是历史的，还是发展的，他前瞻性地分析了产权关系的发展趋势，认为资本本身是"积极扬弃"私有制的力量，资本驱动越大规模的社会化大生产，就越使得产权社会化。同时，马克思从大历史尺度上描述了三大社会经济形态与产权的发展趋势。

（一）"积极扬弃"私有制

在西方产权理论中，市场机制被认为是分配资源的最有效方式。通过自由市场交易，资源可以在私人之间自由流动，从而实现最高效的分配。西方产权理论强调法律对私有产权的保护，以保障个人的财产安全并激励

---

① 《马克思恩格斯全集》第 4 卷，人民出版社 1965 年版，第 365 页。

创新。产权变迁的方向是在私有制和市场作用下不断优化。马克思产权理论认为，私有制是导致社会不平等和剥削的根本原因。马克思主张消除私有制，实现公有制，以达到生产资料的公共所有和公平分配。马克思主义认为，只有消除阶级差异和实现共产主义，人类才能实现真正的自由和解放。马克思主义强调通过公有制和集体分配来实现公平和平等。在这一理论中，资源由政府和集体组织进行分配，意味着政府和社会集体承担了保护公共资源和分配公共财富的责任。马克思产权理论则揭示了从"消极扬弃"到"积极扬弃"的变革方向，把资本主义生产关系及其产权制度将被公有制的经济关系和法权关系所代替这一历史必然性和长期发展趋势清晰地呈现出来。①

（二）产权社会化

"地租来自社会，而不是来自土壤"②。虽然马克思恩格斯在其著作中没有明确使用"产权社会化"概念，但使用了"社会的生产资料""生产资料的社会化形式""生产资料的社会性""社会化的生产资料""社会资本""社会企业"等概念，用以概括资本主义生产关系和产权运动。③ 私人资本是产权社会化发展的低级阶段，私人资本的企业形式有简单协作、手工工场和工厂制度三种形式。从私人资本向社会资本转变是一个历史过程，合伙制和合股制就是过渡性资本形态赖以运行的产权形式和企业形式。社会资本作为产权社会化的高级资本形态，其自身经历了一个不断发展的历史过程，企业组织也随之出现了不同的形式，其中股份公司、垄断组织是产权社会化高度发展的企业形式。"那种本身建立在社会生产方式的基础上并以生产资料和劳动力的社会集中为前提的资本，在这里直接取得了社会资本（即那些直接联合起来的个人的资本）的形式，而与私人资本相对

---

① 吴易风：《产权理论：马克思和科斯的比较》，载于《中国社会科学》2007年第2期。

② 马克思：《政治经济学的形而上学》，见《马克思恩格斯选集》第1卷，人民出版社1972年版，第153页。

③ 陈建兵：《马克思产权社会化思想研究及启示》，载于《当代财经》2013年第6期。

立，并且它的企业也表现为社会企业，而与私人企业相对立。"① 马克思对资本主义产权社会化的发展动力、具体内容、发展趋势进行了深入研究，从而形成马克思产权社会化思想。因此，从生产力——生产关系、生产社会化——产权社会化辩证关系和分析框架入手对资本主义产权社会化进行研究是马克思产权理论的逻辑主线。②

（三）三大社会经济形态与产权发展

"资本主义的私有制，是对个人的、以自己劳动为基础的私有制的第一个否定。但资本主义生产由于自然过程的必然性，造成了对自身的否定。这是否定的否定。这种否定不是重新建立私有制，而是在资本主义时代成就的基础上，也就是说，在协作和对土地及靠劳动本身生产的生产资料的共同占有的基础上，重新建立个人所有制。"③ 马克思的三大社会经济形态生产关系的不同表现形式，分别概括为：人的依赖关系，产权未确立；物的依赖关系，产权出现并发展；自由依赖关系，产权社会化。④"人的依赖关系（起初完全是自然发生的），是最初的社会形态，在这种形态下，人的生产能力只是在狭窄的范围内和孤立的地点上发展着。以物的依赖性为基础的人的独立性，是第二大形态，在这种形态下，才形成普遍的社会物质变换，全面的关系，多方面的需求以及全面的能力的体系。建立在个人全面发展和他们共同的社会生产能力成为他们的社会财富这一基础上的自由个性，是第三个阶段。"⑤ "毫无疑问，这种物的联系比单个人之间没有联系要好，或者比只是以自然血缘关系和统治服从关系为基础的地方性联系要好。同样毫无疑问，在个人创造出他们自己的社会联系之前，他们不可能把这种联系置于自己支配之下。"⑥ 马克思进一步指出：

---

① 《资本论》第 3 卷，人民出版社 2004 年版，第 495 页。
② 陈建兵：《马克思产权社会化思想研究及启示》，载于《当代财经》2013 年第 6 期。
③ 《资本论》第 1 卷，人民出版社 2004 年版，第 874 页。
④ 程启智：《物的依赖关系与马克思主义产权经济学之当代重建》，载于《马克思主义研究》2007 年第 4 期。
⑤ 《马克思恩格斯全集》第 46 卷（上），人民出版社 1979 年版，第 104 页。
⑥ 《马克思恩格斯全集》第 46 卷（上），人民出版社 1979 年版，第 108 页。

"社会化的人，联合起来的生产者，将合理地调节他们和自然之间的物质变换，把它置于他们的共同控制之下，而不让它作为盲目的力量来统治自己，靠消耗最小的力量，在最无愧于和最适合于他们的人类本性的条件下来进行这种物质变换。"①

第三节　西方经济学中的产权理论
与马克思产权理论的比较

在以上对西方经济学中的产权理论与马克思产权理论的梳理中，已对两者的差异做了一些比较，在此小结两者的差异，主要包括三个方面：对产权来源的认识不同，对产权的关注点不同，对产权的研究方法不同（见表 1 - 2）。

表 1 - 2　　　　　　马克思主义产权理论与西方经济学产权理论

理论	产权来源	关注点	研究方法
马克思产权理论	劳动分工	冲突成本	动态发展
西方经济学产权理论	商品交换	交易费用	动态均衡

一、对产权来源的认识不同

产权来源学说分为自然原始占有起源说、生产劳动分工起源说、流通交易起源说以及社会化价值生成起源说。马克思产权理论更侧重从自然原始占有上理解产权的起源，以此延伸认为产权起源于生产劳动分工的成果。马克思并非第一个考察劳动与私有财产之间关系的哲学家。西方产权理论中的"产权"通常被认为源于约翰·洛克等启蒙时代的哲学家。洛

---

① 《马克思恩格斯全集》第 25 卷，人民出版社 1975 年版，第 926~927 页。

克认为，个人拥有自己劳动成果的产权，因为他们通过劳动将自己的时间和精力投入到了这些物品上。亚当·斯密与洛克都认为劳动是财富的源泉，并将私有财产权奠基于劳动之上。西方经济学中的产权理论与马克思产权理论都认为劳动是财富的源泉，但是西方经济学产权理论中劳动是要素之一，劳动力资源在资本主义制度模式下完全丧失其所有权特征，成为可以交易的物权，与土地、资本等劳动要素相同。[①] 这样，产权理论就对应着三位一体的收益分配理论。马克思产权理论是始终以劳动价值论为基础的，马克思的劳动价值论是从人们的劳动贡献入手研究产权关系的。西方产权理论认为产权的产生和存续与交易成本直接相关，而马克思则以资本与劳动的冲突成本来分析产权的可持续性。在资本主义私有制条件下，劳动的对象化表现为对象的丧失和被对象奴役，即异化劳动。主体性被剥夺的工人通过异化劳动不断成为"不生产者"的私有财产，同时"不生产者"为了占据更多的私有财产，维持其政治统治地位，会再次强化工人的异化劳动，使其主体性进一步丧失。马克思认为与剥削相伴随的是劳动的异化，劳动者所生产的产品成为异己的对象，人同自己的劳动产品相互分离。[②] 马克思从资本与劳动的冲突中分析社会化生产与产权私有化之间矛盾，从而揭示产权社会化的起源和发展。马克思主义产权理论坚持以劳动价值论为基础，同时也关注产权对市场发育的作用。根据生产力的发展状况决定产权形态的原理，我国在社会主义初级阶段提出了按劳分配和按生产要素分配相结合的分配制度。

另外，随着技术发展，数据要素驱动的人工智能进入生产环节，降低了人类劳动直接参与社会生产的比例，加剧了新质资本与劳动产权的对立，马克思劳动价值论面临新的挑战。拓展马克思劳动价值论，理解人工智能背景下的马克思产权理论，从而更好地理解数据产权，才能开拓马克思产权理论的新境界。

---

① 李云海：《产权理论的微观基础——西方产权理论与马克思产权理论的差异分析》，载于《生产力研究》2010 年第 11 期。

② 康翟、谢爱民：《自我剥削：数字主体的自由悖论及其出路》，载于《国外社会科学前沿》2024 年第 4 期。

二、对产权的关注点不同

西方产权理论与马克思产权理论都强调产权和制度的重要性，把制度安排当作影响经济绩效的重要因素，都把产权关系看作是人与人之间的一种经济关系，把利益问题当作产权关系的核心问题；都研究了资本的所有权、土地的所有权、股份公司的所有权以及所有权与支配权的分离等产权现象，都研究了商品所有权之间的等价的交易关系，等等。[①] 但对产权的关注点不同，西方产权理论将产权看作权利交换，侧重以"看不得见的手"自发调节市场，注重市场交换的效率；马克思产权理论则将产权看作权力分配，侧重从生产关系入手，以"看得见的手"调节不公平，其核心是社会再生产的可持续性。马克思产权理论从所有制与生产分工的逻辑出发，从劳动与生产资料的相结合中分析产权的配置。西方经济学中的产权理论更侧重从交易环节中考察产权的产生与演进。

西方产权理论是以交易为基础的，将产权关系看作一种交易关系，不管是产品的商品化还是劳动者的商品化，及其派生出来的各种权利，都已从人对物的支配关系转移到人与人的交易关系上来，这些所谓的"交易"，是在脱离历史的鲁宾逊式的个人之间发生的权利交换契约，更不特别强调产品的商品化和劳动者的商品化所产生的产权有什么不同。西方经济学中的产权理论强调利益分配，尤其通过市场交换达致均衡，实现公平。德姆塞茨认为："产权规定了个人如何受益和受害，以及，因而谁应该向谁付钱以调整人们的行为。"[②] 他在《关于产权的理论》一文中以土地财产为例，分析比较了不同共有产权及私有产权与交换效率的关系。他认为，每一个共有权利的所有者都无法排斥其他成员分享他努力的成果，共同体内所有成员要达成一个最优行动的谈判成本相当高，也就是交易费用高。私有产权则由市场交换配置资源，从而提高了经济效率。西方产权理论认为，只有私有产权才能达到

---

① 林岗、张宇：《产权分析的两种范式》，载于《中国社会科学》2000 年第 1 期。

② 盛洪：《现代制度经济学（上卷）》，北京大学出版社 2003 年版，第 82 页。

提高经济效率的目的，因此私有产权制度是唯一有效率的产权制度。

马克思产权理论则不仅仅将产权看作交易的对象和结果，还从生产条件和再生产可持续性角度去考察产权问题。马克思指出，资本主义生产条件下，生产资料被私人垄断占有，生产领域中资本、地租与劳动的分离不仅对工人有害，也造成了有产与无产两种阶层的对立，二者的交换目的也完全不同，有产者意在资本收益与财富增长，而无产者由于无法逃离劳动、资本与土地的分离，不得不为了谋生而出卖自己的劳动，直到堕落为商品一样的存在。无论是蒲鲁东的改良主义方案抑或是 1834 年的《济贫法（修正案）》，都未曾触及生产劳动的层面，对私有财产的批判也只能停留在权利分配领域中，因而无法提出合理的变革方案。马克思揭示，生产环节中资本对劳动的支配地位，是不可能通过市场自发调节而改变的，相反，市场机制反而强化资本对劳动的支配地位。马克思产权理论认为所有制决定产权关系，只有通过所有制变革改变权力地位，才能改变资本对劳动的支配地位。马克思主义产权理论，也考虑产权社会化发展过程的复杂性，不再追求一大二公的传统思维，在确保利益分配公平的基础上，兼顾通过合理产权安排促进利益交换的效率。由不承认国有资产的资本属性到确认国有资产的资本属性，不仅明确其增殖和增值的要求，而且明确了其在公平竞争条件下做强做优做大的途径；由单纯的所有制研究深入到产权制度研究，明确提出完善产权制度成为我国经济体制改革的重点；由限于生产资料的所有制扩大到生产要素所有权，赋予居民财产权利和相应的财产收益。①

三、对产权的研究方法不同

马克思主义产权理论的特征是强调产权的整体性、生产性、历史性和经济性，凸显了与强调个体性、交易性、自然性和法权性的西方产权经济学理论的不同。马克思主义产权理论与西方产权理论都分析产权的动态变化。面

---

① 洪银兴：《马克思主义所有制理论中国化时代化的进展和实践检验》，载于《当代中国马克思主义研究》2023 年第 2 期。

对所有权安排与产权社会化问题，西方产权理论主要关注在私有制条件下的产权变动，产权只是根据经营条件而做出的一种选择性安排。马克思产权理论则更加关注从历史长周期以及所有制变动的条件下研究产权变动，揭示不断扬弃的私有制的发展趋势。

西方产权经济学理论分析的个体性、交易性、自然性和法权性充分体现在把微观经济学中所使用的成本—收益分析法引入产权安排的绩效分析中。"在理性经济人的范式中，不同历史阶段和不同社会阶级中的具有十分具体的社会和历史属性的人，被抽象成了无差别的鲁宾逊式的个人，他们基于各自的成本—收益计算的自由交易创造了整个世界。"① 将产权形成、产权结构、产权交易看作是抽象的个人之间的交易对象和产物。例如，邓姆塞茨等认为，选择的原则应取决于持股者直接经营所产生的交易成本与企业家代为管理所造成的利润损失之间的比较，若直接经营的交易成本低于企业家代为经营所造成的利润目标下降，则取直接经营；反之，则取所有权与经营权分离的方式。诺思虽然也长期关注制度的变迁，但他仍然从个体性、交易性、自然性和法权性出发，以私有制的产权理论为研究核心，将私有制的产权看作动态均衡的结果。另外，虽然他将产权理论、国家理论和意识形态理论看作制度变迁理论的三块基石，但并没有像马克思的社会发展理论那样，将产权关系作为生产关系的一部分放在整个社会的生产力与生产关系、经济基础与上层建筑的矛盾运动中来分析。

马克思主义产权理论不仅包括西方经济学产权理论研究的产权制度推动社会生产力发展的方法途径，还囊括着其前端的产权制度形成的原因、产权制度推动社会生产力发展的原因，其后端的产权制度推动社会生产力发展的结果、产权制度的历史结果。② 马克思主义产权理论的特征是强调产权的整体性、生产性、历史性和经济性，其充分体现在从生产力与生产关系相适应的要求出发考察产权安排的绩效。"人是处在社会的整体联系中的，是多种规定性的有机统一。根据这种整体主义的方法，一定社会的所有制形式和产

---

① 林岗、张宇：《产权分析的两种范式》，载于《中国社会科学》2000 年第 1 期。
② 张琪：《三重维度探析马克思主义的产权理论》，载于《新经济》2023 年第 1 期。

权结构就不是个人之间自由交易和自由契约的结果，而是社会结构的整体即生产力与生产关系、经济基础与上层建筑矛盾运动的产物"。①

总之，马克思产权理论既考虑到自然占有和交易效率对产权安排的影响，更注重劳动和再生产的可持续性要求对产权安排的决定性作用；马克思产权理论不仅关注在同一所有制条件下产权制度的动态变化，更注重在不同所有制下产权制度的变迁；马克思产权理论将对私有制的扬弃看作一个长期的过程，将产权的社会化看作一个必然的趋势。

第四节 本 章 小 结

马克思产权理论从生产、分工和所有制的角度来考察产权的形成，我们可以看到产权制度的演变和发展是与社会生产力、分工和所有制形式密切相关的。生产力的提高、分工的细化和所有制形式的变化，表现为产权的分离和结合，产权制度不断发展和演变是产权社会化的历史进程（见图1-3）。

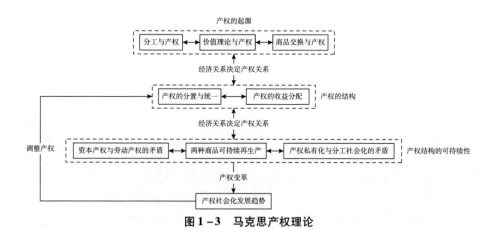

图1-3 马克思产权理论

第一，马克思从产品生产和分工过程剖析产权的源起。马克思产权理论

---

① 林岗、张宇：《产权分析的两种范式》，载于《中国社会科学》2000年第1期。

坚持认为财富和价值是劳动创造的，因此，在生产劳动过程中，从劳动与劳动对象、劳动资料的结合和安排中考察产权的源起，从劳动的协作和分工中分析产权的来源。分工产生后就出现了交换，就有了商品交换，有了交换，就有了产权，也只有明晰的产权才能促进商品的交换和流通。

第二，马克思从生产资料生产和分配过程剖析产权的结构。马克思产权理论区分了作为产品的生活资料商品与作为资本的生产资料商品，认为生产资料占有方式支配生活资料的交换方式。马克思产权理论不仅认为分工会导致产权结构的变化，而且认为合理的产权分置安排可以更有利于生产资料与劳动的结合。同时，也揭示了集中的作为资本的生产资料商品的产权决定分散的劳动产权的收益，以此剖析资本与劳动产权的不对称关系。

第三，马克思从社会可持续再生产过程剖析产权的演进。马克思产权理论不仅揭示了资本与劳动产权之间的矛盾，还揭示资本主义生产方式不仅再生产物，而且再生产生产关系。马克思不仅阐明了社会化再生产的基本条件和比例关系，还揭示了生产的社会化与生产资料私人占有这一资本主义生产关系的基本矛盾，借此，马克思提出了与社会化大生产相适应的生产关系再生产路径。

—————— | 第二章 | ——————

基于马克思产权理论的数据产权研究框架

　　数据产权研究框架必须回应两个基本问题：一是数据需要不需要设置产权，二是如何确定数据产权。关于数据需要不需要设置产权，一种观点认为：数据不需要构建一项民事权利，而仅需按照具体的行为规则、以法律关系的视角对其进行调整。更多观点则主张应当对数据设立一种新型的财产权利。关于如何确定数据产权。一是从数据是社会劳动成果的角度，认为数据可以由不特定多数主体享有；二是从劳动价值论角度，认为对数据投入劳动的数据生产者应当享有数据产权；三是从自然原始占有的角度，认为以合法持有数据的主体所持有的数据来确定产权。①

　　本书认为必须设置数据产权，并从劳动价值论出发，既要坚持数据的社会化劳动起源，又要肯定具体劳动对数据生产的贡献，还要保护数据原始持有人的权益。为了解决数据资源、数据产品以及数据要素（数据资产与数据资本）生产、流通中伴随的产权问题、数据转化成数据要素产生的收益分配问题以及数据共享和数据产权社会化等问题，根据马克思产权理论中先有经济关系后有法权关系的原理，先对数据产权形成、运行和矛盾进行经济学分析，从产权形成看数据与数据要素及其权属，从两种商品产权的可持续再生产看数据产品与数据资本，揭示数据与数据产权的特征，从劳动产权看数据与其他要素的结合及其矛盾，从产权的实质看数据权力与数据权利的本质，化解数据要素配置中的矛盾，从经济关系决定法权关系出发，探索数据产权制度的建构，不仅关注数据财产规则，还关注数据利用的责任规则，合

---

　　① 申晨：《论数据产权的构成要件——基于交易成本理论》，载于《中外法学》2024年第2期。

理界定数据产权的边界和限度。完善数据产权分置管理制度，探索数据要素增值收益分配的分级管理，探索数据共享与数据产权社会化的实践形态，探索驱动数据产权变革与数据产权制度不断完善的技术路径，初步构建数据产权的研究框架。

第一节　运用马克思产权理论揭示数据与数据产权的特征

一、从产权形成看数据与数据要素及其权属

数据的原始自然形态总是与人和物相关联，数据初始的自然占有是与其相关的人和物相关联的，也是不可忽视的，但数据的价值是由劳动，特别是由驱动社会化生产的劳动产生的，因此，必须从数据与数据要素的生产过程中去研究数据产权。运用马克思关于产权形成的原理，厘清数据与数据要素及其权属。不同的分工形态形成不同的数据形态，数据从劳动生产对象转化成了生产要素。从数据资源、数据产品、数据商品（资产）到数据要素（资本）整个生命周期中，不仅形成了数据的不同形态，也形成了相应的数据权属。抓住数据产权与数据的形态有关、与数据要素的生产有关、与数据的使用场景有关等这些数据产权的特征，与马克思产权理论中关于分工与产权的原理是契合的。不同的所有制决定了不同的数据产权结构，区分社会主义和资本主义制度的本质，借鉴一些国外数据产权安排的探索经验，探寻建立有中国特色的社会主义数据产权制度。

（一）不同的分工形态形成了不同的数据形态

数据根据与生产过程结合的程度可以分为数据资源、被加工使用的数据、数据产品和作为生产要素的数据等不同的形态。数据资源是指未经加工的数据；数据只有经过加工方可使用，当数据符合一定标准可进行交易时则可称之为数据产品。数据资源、被加工使用的数据和数据产品都是数据要素

的潜在的或中间的形态。数据与数据要素不同，但它们又彼此联系。没有数据就不会有数据要素，另外，正因为数据要素能够产生价值增值，才驱动了更多的数据资源采集、数据加工和数据产品交易。传统生产也需要数据，传统生产中的生产与数据生产没有分离，数据只有自然属性并具有使用价值，数据处于分散的状态，没有进入规模化的分工协作中，所以，很难产生价值增值，此时数据作为生产要素的特征并没有显现出来。网络化、数字化、信息化的快速发展为数据成为生产要素创造了充分和必要条件。①只有当企业投入资本 G，收集数据资源、加工数据或者直接购买数据产品，投入到生产的协作分工中，优化了各生产要素配置，提高了劳动生产率，促进了分配与交换，才实现了资本的增值 G′。只有集中的、不断更新的大数据，从使用价值向价值转化，数据才转化成为数据要素。数据要素来源于数据，又不同于数据。数据进入生产系统并产生价值，数据才转化为数据要素。

（二）不同的分工形态决定了不同的数据产权结构

数据虽由来已久，但数据只有在生产力发展到一定阶段才能转化为数据要素，数据与数据要素产权是历史发展的产物。从马克思产权理论的角度看，不同的应用场景有着不同的分工形态，在不同分工条件下形成不同的数据形态，不同的数据形态与劳动结合形成不同的权属。不同的分工形态决定了不同的数据产权结构（见图 2 - 1）。由于数据资源持有人与数据采集加工者分离，数据采集加工者与数据产品生产者分离，数据产品生产者与经营者分离，形成了不同的数据形态和权属，数据权属主要包括数据资源持有权、数据加工使用权和数据产品经营权。数据要素不是孤立产生的，它是数字技术发展到一定阶段的产物，是数字经济协作模式和线上与线下新的分工模式的产物。随着数据要素参与社会化大生产，平台成为新的交换方式，数据要素的占有及其分配方式直接影响着数据产权的形成，反过来，也

---

① 黄鹏、陈靓：《数字经济全球化下的世界经济运行机制与规则构建：基于要素流动理论的视角》，载于《世界经济研究》2021 年第 3 期。

影响着数字技术的进一步发展。从生产、分工过程来考察数据产权形成，社会新的分工协作是数据采集、加工、流通、生产、赋能的前提，也是不断促进社会新的分工协作的结果。从数据采集、加工、生产，到进入生产过程，与其他要素结合，形成数据要素，由此产生了在整个数据向数据要素转化过程不同环节中相应的产权，形成了整个数据产权结构。数据要素生产过程中存在数据资源、数据产品、数据商品、数据资产、数据要素、数据资本等形态。因此，也相应地形成了不同的数据权属，不仅包括数据资源持有权、数据加工使用权、数据产品经营权，还包括实体经济与数字经济分工形成的数据要素收益分配权等。

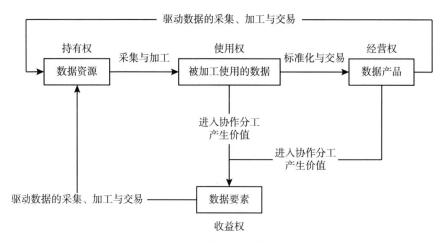

图 2－1　数据权属的转化

（三）不同的所有制决定了不同的数据产权结构

马克思产权理论是所有制理论范式到产权理论范式的转变。① 马克思强调生产资料所有权是由其所有制决定的，不同所有制条件下有不同的产权制度，因此，应认清社会主义制度与资本主义制度的本质差别，借鉴国外数据产权安排的探索经验，探寻建立有中国特色的社会主义数据产权制度。鼓励

① 陈建兵：《马克思产权社会化思想研究及启示》，载于《当代财经》2013 年第 6 期。

在数据资源挖掘、分享、利用的初级阶段，先淡化数据所有权（为谁所有），细化数据使用权（归谁所用），探索数据产权结构性分置制度，建立数据资源持有权、数据加工使用权、数据产品经营权等分置的产权运行机制。"数据生产关系"处于我国社会生产关系体系中的运行层次，最终不能回避数据所有权问题，必须完善中国特色社会主义市场经济体制，更好促进以公有制为主体、多种所有制经济共同发展。拓宽产权研究的视野，在继续探索数据所有权的同时，创立数据共有权与数据用益权"两权分离"的数据产权结构。将数据用益权细分成数据资源持有权、数据加工使用权、数据产品经营权，并健全"三权结构性分置"运行机制，同时，必须研究数据要素收益分配权以及数据要素社会化的发展路径。

二、从两种商品产权的可持续再生产看数据产品与数据资本

运用马克思关于两种商品产权的原理，厘清作为数据产品的商品与作为数据资本的商品，揭示两种商品生产、流通以及扩大再生产的规律。只有从马克思关于两种商品与两种商品产权的原理出发，才能更好地理解数据与数据要素及其权属的区别。作为数据产品的商品在市场中流通，交换数据的使用价值，只有数据与劳动结合，成为生产资料，才转化为作为数据资本的商品。数据产品的商品化是数字经济发展的前提，而数据资本的商品化是数字经济发展的结果。只有完善数据产权制度，才能保障数据要素价值的可持续扩大再生产。

（一）作为数据产品的商品

数据并不是一开始就是商品，数据的产生最初是为了满足自身生产和生活的需要，在这个阶段数据存在着偶然的分享和交换。只有数字经济发展到一定阶段，物质生产要素与数据要素分离，数据生产规模化、标准化、产品化，数据才能成为作为数据产品的商品，因此，形成以生产作为数据产品的商品为主的数字产业化。数据转化为数据要素，驱动商品经过平台的匹配，促进商品价值的生产，并更容易在交换中实现价值，形成产业数字化。如果

没有数据驱动更大的社会化协作分工、产生数据要素的增值收益，就无法引发更大规模对作为数据产品的商品的需求，驱动更大规模对作为数据产品的商品的生产，甚至可能导致作为数据产品的商品的生产和交换停止。因此，考察作为数据产品的商品，必须结合马克思两种商品产权的原理，厘清作为数据产品的商品与作为数据资本的商品的不同，才能更完整地了解数据完整的产权结构及其相互之间的关系，才能更好地从作为数据产品的商品的可持续扩大再生产的角度，完善数据产权安排。

（二）作为数据资本的商品

马克思界定了两种商品的概念。一种商品只能交换价值，即作为产品的商品；另一种商品是为了追求剩余价值的，即作为资本的商品。同样地，数据转化为作为产品的商品，仅因其使用价值而发生交换，而资本为了攫取剩余价值，购买数据商品时，作为数据产品的商品就转化成了作为数据资本的商品，在数据资本驱动下更有效分工协作的劳动才是数据资本增值的来源，在这个过程中，数据本身的物理形态或许并没有发生变化，但是数据权属发生了变化，并引发了人与人之间关系的变化，这才是作为数据产品的商品与作为数据资本的商品之间发生的最核心的变化。因此，考察作为数据资本的商品，必须结合马克思两种商品产权的原理，厘清作为数据产品的商品与作为数据资本的商品的不同，才能更好地了解作为数据资本的商品的价值来源，从而更好地理解作为数据产品的商品的生产目的，关注作为数据资本的商品的社会化属性，完善数据产权安排。

（三）两种数据商品的生产和扩大再生产

数字产业化的数据生产为产业数字化的生产提供了前提条件。产业数字化扩大再生产的条件，不仅要求数据供需平衡，还要求数据要素产生的增值收益在需求端和供给端的分配必须达到动态平衡。也就是说，利用新质生产力将数据转化生产要素所产生的增值收益，必须大于非数字化生产所产生的收益，只有这样，数据转化为生产要素的应用场景才能被创造出来。不仅如此，产业数字化还要支付数据商品的生产和流通成本，数据转化成生产要素，其所产生的增值收益合理地分配给由数据驱动的新质劳动者及相关参与各方。构建作为数据产品的商品的产权分置可能促进作为数据产品的商品的流通和交换，在此基础上，促进作为数据资本的商品的形成。构建合理的数据要素收益分配制度，将进一步促进作为数据产品的商品的生产和流通，从而进一步促进作为数据资本的商品的形成。考察作为两种商品的数据商品，必须结合马克思两种商品产权的原理。可以运用马克思两部类生产与扩大再生产原理，深入理解数据私人占有与数据驱动社会化大生产的矛盾，从再生产可持续性角度研究完善数据产权安排。

第二节 运用马克思产权理论揭示数据产权引发的矛盾

一、从劳动产权看数据与其他要素的结合及其矛盾

以劳动价值论为基础，坚持马克思产权理论，拓展对劳动创造财富的理解。劳动不仅调整和控制人与自然之间的物质变换，劳动还产生人、自然和社会的数据关系，只有劳动——人参与的活动，才能产生不断更新的数据，才是包括人工智能在内的新质生产力的价值源泉。数据是劳动创造的，也只有与劳动结合才能创造价值。社会化的数据生产资料被私人垄断而导致数字要素作用的强化和劳动者作用的弱化，呈现出集中的数据对劳动产权的不对称关系。新质劳动工具进一步异化，降低了劳动直接参与社会生产的比例，加剧了数据资本与劳动的对立。应坚持劳动价值论，研究构建劳动者分享数据要素增值收益的机制。

（一）数字经济时代数据已成为核心要素

比起传统生产要素，数据生产资料主要是由一个集中的资本边界之外的非雇佣劳动产生的，有时甚至是由非工作时间的消费者产生的，被垄断的平

台企业无偿占有，这些数据生产资料在生产过程不会被转移出去，可以反复使用且不断被复制，平台企业可以在边际成本接近为零的状态下运行，极大地瓦解了传统的资本集中所支配的生产方式。由于数据的集中具有规模递增效应，因此，引起资本竞相追逐，数据垄断是对传统资本的扬弃，数据成为数字经济时代的核心要素，比传统生产要素更具社会化的属性，更需要从马克思关于劳动产权的原理，理解劳动如何参与数据要素生产并参与数据要素收益分配，必须探索数据要素社会化产权安排的必要性。

（二）数据只有与劳动相结合才能创造价值

数据生产过程中数据的采集、加工、利用等都需要劳动的参与，还在于数据自身并不能单独发挥作用，必须与劳动者、劳动资料或劳动对象相结合才能从潜在生产力转化为现实生产力。[①] 与传统的生产要素不同，数据有可能在非生产时间、在非雇佣劳动的条件下被生产出来。数据反映的人的活动包括生产时间与非生产时间的活动。人们在休闲等非生产时间产生的数据，在传统意义上不被视为生产劳动，但却被平台利用，通过优化算法，驱动生产和消费，而且是数据产生价值的重要组成部分。[②] 可见，数据驱动人的活动并非都是传统的、雇佣的生产性劳动。回到马克思对劳动的定义，"劳动首先是人和自然之间的过程，是人以自身的活动来中介、调整和控制人和自然之间的物质变换的过程。"[③] 如今，这一过程可以拓展到物质、信息、能源之间变换的过程中，人与人的信息交流产生的数据驱动着能够获得使用价值或者价值增值的人的活动，因此，包括非传统的、非物质的人与人的信息交流也是劳动的一部分。从马克思关于劳动产权的原理出发，拓展对劳动创造财富的理解，可以更清晰地理解数据生产力的价值源泉。

---

① 蒋永穆：《数据作为生产要素参与分配的现实路径》，载于《国家治理》2020 年第 31 期。
② 王传智：《数据要素及其生产的政治经济学分析》，载于《当代经济研究》2022 年第 11 期。
③ 汪信砚、刘冬冬：《马克思劳动概念的三重维度及其生存论意蕴》，载于《兰州大学学报（社会科学版）》2022 年第 1 期。

（三）集中的数据对劳动产权形成了新的不对称关系

在劳动力资源的产权界定上，马克思认为劳动力资源是一种特殊的具有决定性作用的经济资源，其经济作用要大于物资资源。[①] 但在资本面前劳动产权是不平等的，这是马克思关于劳动产权的原理的核心观点。在数字经济时代，数据集中的过程中，用户并没有获得任何报酬，平台因此提高了利润率，平台不仅占有了用户和劳动者创造的全部价值，而且还占有了用户个人信息的价值。当数据集中起来，为生产剩余价值服务时，集中的数据对劳动产权就形成新的不对称。由于数据具有可复制性、非实体、虚拟性的特征，数据比传统的物质生产要素更容易被集中起来，更容易形成数据垄断。数字经济时代，在数据助力下，加剧了资本对劳动产权更大的不对等。从马克思关于劳动产权的原理出发，可以更好地理解集中的数据对劳动产权形成的新的不对等关系，必须提出合理的产权安排，以化解不断加深的数据资本与新质劳动的对立。

二、从产权的实质看数据权力与数据权利的本质

数据不仅记录物与物的关系、人与物的关系，比起传统商品，数据更直接地反映着人与人的关系，数据产权也反映人与人的关系。不仅如此，数据权利交换受数据权力的制约，而数据权力受所有制制约。

（一）数据关系反映人与人的关系

社会数据化的实质在于全面实现对社会数据的分析与管控，将"社会"与"社会中的人"视为分析与管控的对象。[②] 在生产过程中，数据记录了生产过程的相关状态，更有效地管理人与物，管理人与人之间的交互，提高了

[①] 李云海：《产权理论的微观基础——西方产权理论与马克思产权理论的差异分析》，载于《生产力研究》2010年第11期。
[②] 吴理财、王为：《大数据治理：基于权力与权利的双向度理解》，载于《学术界》2020年第10期。

生产效率。数据记录了人的日常活动以及与人的活动相关的物的状态，更好地明确了市场中主体之间的供求状态，透过算法将需求端与供给端匹配起来，提高了市场交易的效率。数据还记录了物与人的关系，使得产权的状态更为明晰、信息更加透明。数字经济扬弃了对物质生产资料的集中，转向了对数据生产资料的集中。当数据转化而来的生产资料被一方占有，就会像资本一样，左右着生产和交换过程中的分配，数据生产占有关系最终反映了人与人的关系。因此，数据产权一样反映着人与人的关系。

（二）数据权力规定了数据权利

约瑟夫·奈指出，权力"正在从'拥有雄厚的资本'转向'拥有丰富的信息'"，而且"对新信息及时做出反应的能力是一种至关重要的能力权力资源"。① 数据集中在算法驱动下生成了信息和知识，信息与知识优势形成了信息不对称，这种不对称因而形成了一定的权力关系。数据权力需要人们通过个体数据权利的出让才能形成。同时，形成的数据权力又规定和支配了数据权利的分配与交换。社会数据化所昭示的权力性在逻辑上是优先于数据社会化所赋予的权利性的。权利保护的边际线就是权力的边界所在。② 从马克思关于产权是人与人关系的原理出发，可见数据产权不仅体现为人与存储数据的物质载体的关系，还从本质上反映了人与人的关系。不仅如此，数据权利的交换服从市场规律的支配，而数据权利交换的市场规律本身受到数据权力的限制。由此，我们可以更好地理解数据产权的所有制属性，理解数据产权是隶属于数据主权之下的道理。

三、经济关系决定法权关系与数据要素配置中的矛盾

从马思产权理论中关于经济关系先于并决定法权关系的原理来看，目前

---

① ［美］约瑟夫·S. 奈：《硬权力与软权力》，门洪华译，北京大学出版社 2005 年版，第105 页。

② 吴理财、王为：《大数据治理：基于权力与权利的双向度理解》，载于《学术界》2020 年第10 期。

虽然颁布了《个人信息保护法》《网络安全法》《数据安全法》等信息和数据安全保护的相关法规，利用既有的《消费者权益保护法》《反不正当竞争法》和《反垄断法》等规制数据的经济权益，也发布了"数据二十条"等政策文件，但还未形成完整的数据产权结构及数据专项立法，数据产权法权关系还未正式形成，也就是说，数据保护的责任规则已基本形成，数据财产确权规则只是指导性文件，还未成为成熟的法律。然而随着数字经济的发展，参与数据生产循环的相关主体已经出现，各主体之间的分工已经形成，各自享有不同的权益，它们之间的冲突，引发了不少矛盾，尤其平台不是数据要素的所有权人，却集使用权、管理经营权和收益权于一身，以平台为中心配置数据要素，这一现实的经济关系已经决定了数据权属的错配。

（一）数据产权缺失引发的问题

数据从数据资源、数据产品、数据商品以及数据要素全生命周期可见，参与数据生产循环的主体包括数据资源持有人、数据资源加工者、数据产品生产者、数据商品经营者、数据要素投入者以及数据要素驱动的社会分工的生产者等相关主体，它们对数据要素的价值生产和流通均做出了贡献，对数据产权均有一定的权益。由于整个分工生产的过程相当复杂，目前的数据产权制度并未成型，但根据马克思经济关系先于法权关系的原理，数据产权缺失已导致了经济后果，引发了不少矛盾。个人信息安全保护并不能代替数据资源持有人权益的认定，忽视数据资源持有人权益，将抑制数据要素价值生产周期循环的启动；数据产权缺失，既不利于数据的流通，也会导致数据被一方垄断而损害了其他各方的积极性；数据要素投入者与数据要素驱动的社会分工生产者的分离，形成了两者权益的对立。归根到底，数据产权不清晰，数据资源供给不足、流通受阻，导致市场发育不全；产权错配，形成垄断，形成了劳动与数据资本的对立；产权的社会属性被忽视，宏观上导致扩大再生产难以持续。数据生产所涉及的不同主体以及相应的不同权益之间的矛盾，主要包括信息与数据产权混淆所引发的矛盾、数据使用者与生产者的矛盾、数据要素控制人与数据使用者的矛盾、数据要素控制人与线下劳动者的矛盾、数据要素控制人与线下消费者的矛盾、以平台为中心支配数据要素增值收益所引发的矛盾，等等。其中，以平台为中心支配数据要素增值收益所引发的矛盾是主要矛盾，直接左右着其他矛盾。

（二）以平台为中心支配数据要素增值收益所引发的矛盾

以平台为中心配置数据要素，就是平台集中数据要素来驱动协作分工，并以垄断数据要素来主导分配交换，占有社会分工创造出的超额利润。在平台经济中，将物质生产资料与数据要素分离，物质生产资料、劳动者甚至资本都可以分散，只有数据要素是集中的，因此，平台经济的协作分工规模取决于数据要素的规模和集中程度，更为重要的是，集中的数据要素在算法的加持下形成的协调能力比传统资本集中形成的协调能力更为强大，驱动了更大规模的线下协作分工，左右更大规模的线上分配交换，实现投入资本的更大增值，进而促进平台从追求对物质生产资料的垄断转而追求对数据要素的垄断。比起传统经济，运行在互联网上的平台经济更容易形成"富者越富"的垄断局面而引发矛盾。

（三）协作分工的社会化与数据要素垄断之间的矛盾

以平台为中心配置数据要素，造成了协作分工进一步社会化与数据要素私人垄断之间的矛盾。以平台为中心配置数据要素，数据生产资料与物质生产资料相分离，线上平台经济既独立于线下实体经济，又无法离开线下实体经济而独立发展。当数据要素的垄断越来越严重，扩大的协作分工规模越大，积累的线上与线下的矛盾就越为激烈，最终反过来将抑制线下的协作分工，甚至达到使之难以持续的地步。平台经济中数据要素比其他传统生产资料更具有社会的属性，数据要素只有来自社会并被集中起来才能反映社会。数据越集中，越会瓦解传统的私人资本；数据越集中，其社会化程度越高；数据越集中，越需要寻求数据要素新的社会化实现形式，探索数据产权社会化的实现路径，化解协作分工进一步社会化与数据要素私人垄断之间的矛盾，只有这样，才能促进数字经济健康可持续地发展。

第三节　运用马克思产权理论完善数据产权结构

运用马克思产权理论，完善数据产权结构，包括完善包括数据要素收益权在内的数据产权分置，探索数据产权社会化与数据要素增值收益分配的分级管理。

一、产权统一与分离理论与数据产权分置管理制度的构建

马克思关于产权统一与分离的原理源于社会生产要求生产资料更好地与劳动相结合，为了更好更直接地与劳动结合，有必要将同一生产要素产权进行分离，将其部分权属与劳动结合，释放活力，促进生产力的发展，数据产权结构性分置可以促进数据要素与劳动直接结合。

（一）数据产权分置是数据生产分工的要求和结果

数据要素的生产起源于某一特定应用场景，最初数据与数据要素是难以分离的，平台既是数据资源的采集者，又是数据的加工使用者，也是数据产品的经营者，还是数据要素的转化者。另外，为谋求竞争优势，一些平台刻意将数据要素的生产与应用场景绑定，将数据资源开发过程与数据要素的转化过程集于一身，形成竞争壁垒，更好地垄断数据要素产生的增值收益，这一局面不利于数据互联互通，也不利于数据要素市场化，形成垄断数据要素，更不利于数据要素价值可持续再生产。数据的不同应用场景有着不同的分工形态，因此，数据具有不同的权属。数据权属主要包括数据资源持有权、数据加工使用权、数据产品经营权。将数据加工使用权赋予采集、加工数据的劳动者与企业，更有利于数据资源与直接劳动的结合。同时，还须合理配置数据要素收益权，只有完善数据产权结构，才能促进数字产业化与产业数字化更好分工协作地可持续发展。

（二）数据产权分置是产权统一与分离原理的新探索

《中共中央 国务院关于构建数据基础制度更好发挥数据要素作用的意见》（以下简称"数据二十条"）于 2022 年 12 月正式发布。"数据二十条"探索数据产权结构性分置制度，提出建立数据资源持有权、数据加工使用权、数据产品经营权等分置的产权运行机制。数据产权的"三权分置"制度，在一定程度上弱化了所有权归属的认定，强调了使用权归属的认定。数据产权分置是马克思关于产权统一与分离原理的新探索。为避免平台集中过多的数据资源而形成垄断，应培育专业的数据托管商，将数据资源的管理从数据的具体加工使用中分离出来。具体应用平台与专业的数据托管商形成的合作关系类似 TikTok 与甲骨文、苹果与云上贵州的关系，核心的算法技术以及数据要素的转化过程仍留在 TikTok、苹果等平台企业里，而将数据资源托管给甲骨文、云上贵州等专业的数据托管商。实现数据持有权与使用权分置，让数据"可用不可见"，实现"数据可控可计量"，鼓励更多市场主体在数据与更多应用场景结合中获得收益。培育专业的数据交易服务商，将数据经营从具体的数据开发、生产、加工和使用中分离出来，鼓励生产可互联互通的标准化数据产品，对为数据供求双方提供交易服务的企业，授予其数据产品经营权，鼓励数据交易服务商从数据要素的流通、交换及更有效利用中获得收益，催生数据要素市场，促进数据要素价格机制的形成，才能有利于数据在各分工主体中进行有效配置，促进数据更好地转化成数据要素，充分挖掘数据要素的价值。

二、产权社会化理论与数据要素增值收益分配的分级管理

只有被加工使用的数据和数据产品集中起来，驱动社会化协作分工，产生价值，数据才转化成为数据要素，只有进一步明确数据要素权属，才完成了参与社会化大生产的数据的产权安排。数据要素比传统生产要素更具有整体性、不可分割性和外部性，数据要素权属既具有排他性，又具有社会化属性，因此，有必要对数据要素增值收益分配进行分级管理（见表 2-1）。不

同的分工形成了数据的不同形态和权属，与数据资源来源分类、数据安全分级不同，数据要素增值收益分配的分级管理是数据转化成数据要素之后对数据产权结构性分置制度的进一步完善，也是马克思关于产权的社会化原理的要求。

表 2 – 1 　　　　　　　　　　　数据要素增值收益分配的分级管理

非平台企业	一般平台企业	超级平台企业
驱动非平台企业内部分工的数据	驱动小规模社会分工的数据	驱动大规模社会分工的数据
非平台企业支配数据要素收益分配	平台企业支配数据要素收益分配	启动数据要素增值收益的再调节机制

（一）数据要素收益分配的分类管理

按照"谁投入、谁贡献、谁受益"的原则，数据要素可以分为非平台企业数据要素和平台数据要素。数据参与非平台企业内部分工转化的数据要素权属归企业所有，在非平台企业内部进行分配。平台数据要素是个人数据、企业数据和公共数据转化而来的，来源于社会，参与了整个社会化的分工协作，更为重要的是，消费者、劳动者等其他市场主体共同参与了数据要素的转化，平台规模越大，其数据要素权属的社会化属性就越明显，所以应分类分级考虑不同的权属规则。

（二）平台数据要素收益分配的分级管理

平台数据要素权属的社会化属性与其驱动社会化分工的规模相联系。虽然平台企业可以由私人创建，却不一定意味着必须由私人拥有。平台企业应进行分级管理，可以分为一般公司和超级公司，对于一般平台企业所形成的数据要素，参照企业数据要素进行管理，归企业支配，数据要素收益向数据价值和使用价值创造者合理倾斜；超级平台公司相当于欧盟《数字市场法》中的网络守门人平台企业，具有规模大、渗透高、影响面广的特征，应充分考虑其社会化属性。

（三）数据要素增值收益的再调节机制

避免平台以数据要素垄断并寻求超额的"数据租"，应参考"土地涨价归公"原则，确保在开发挖掘数据价值各环节的投入有相应回报的同时，探索通过向垄断平台数据要素的超级平台收取数据税或对超级平台进行混改等方式，构建数据要素增值收益的再调节机制，体现超级平台的数据要素权属的社会化属性。

三、产权变革与数据产权制度的完善

根据马克思关于产权变革的原理，技术发展是产权变革的关键力量。数据产权产生与变动又是技术发展的结果，不仅如此，技术发展还是保障数据产权制度运行、支持数据社会化转型的关键手段。

（一）保障数据产权制度运行的技术手段

数据要素与传统生产要素的不同在于数据产权登记和保护更依赖于技术手段和技术进步。在保障数据产权制度运行中，需要完善数据确权技术、数据安全可交易技术、数据可流通保障技术。在技术手段应用中，还需要兼顾保护权利与鼓励创新和发展的关系，还需要平衡数据使用者和数据提供者之间的利益。在数据产权安排中，应鼓励创新和发展，这意味着要为数据的开发和应用创造有利的环境，激励企业和个人利用数据推动技术进步和经济增长，保障数据产权制度运行的技术手段应适应这样的技术创新。数据产权安排需要充分平衡数据使用者和数据提供者之间的利益。数据使用者可能希望获得更多的数据访问权限和使用自由度，而数据提供者可能希望保护自己的数据不被滥用，在安排数据产权时，应考虑到这种利益平衡，以促进数据的流通和合作，保障数据产权制度运行的技术手段应满足这些利益诉求。

（二） 支持数据社会化转型的技术手段

数据共享与数据要素社会化转型更离不开技术手段。在数据共享的平台中，数据共享并非产权不清的共享，必须有数据溯源技术，追踪数据的来源，构建安全可信的数据共享环境。数据社会化转型可以实现个人和企业作为数据来源者享有数据权益，因此，必须具备支持个人和企业数据来源者参与数据要素增值收益分配的技术。坚持以化解生产资料私人占有与生产社会化之间的矛盾为目标，实现数据社会化转型，需要研究通过技术创新、制度创新不断完善数据要素增值收益分配的分级管理制度，探索运用基于 AI 的数据自动化动态识别和分类分级技术，夯实数据要素增值收益分配分级管理的技术基础。利用区块链等技术创新，实现数据要素生产过程可追溯，更好地确定各主体的贡献和权益，兼顾线下劳动者与消费者对数据要素转化的贡献，让更多市场主体在分享数据中获得红利，促进数字经济可持续发展。

第四节 本章小结

本章运用马克思关于产权的理论，探析数据与数据要素及其权属的区别，以及数据要素产权配置中的矛盾，探索数据要素增值收益分配的分级管理制度和数据要素产权社会化的实现路径，主要包括：一是运用马克思关于两种商品产权的原理，厘清作为数据产品的商品与作为数据资本的商品之间的区别和联系，揭示两种商品生产、流通以及扩大再生产的规律。二是运用马克思关于劳动产权的原理，揭示数据要素与劳动产权相结合的必要性，以及它们之间的不平等关系。三是运用马克思关于经济关系决定法权关系的原理，揭示现阶段数据要素产权配置中的矛盾。数据转化成数据要素的同时发展了生产力，也激发了生产关系的矛盾。四是运用马克思关于产权是人与人关系的原理，揭示数据权力与数据权利的本质。五是运用马克思关于产权统一与分离的原理，完善数据产权结构性分置，促进数据产品生产、流通和商品化，进而促进数据资产化，驱动社会化分工，使数据转化为数据要素。六是运用马克思关于产权的社会化原理，探索数据要素增值收益分配的分级管理制度，探索数据要素产权社会化的实现路径。七是运用马克思关于产权变革的原理，研究通过技术创新不断完善数据产权交易和保护制度，促进数字经济健康发展。

从马克思产权理论的角度研究数据产权分置与数据要素收益分配制度，为数据产权与收益分配制度研究提供了一个新的视角，其价值体现为以下几个方面。第一，运用马克思产权理论研究数据产权分置与数据要素收益分配制度，有助于充分理解数据与数据要素的本质差别，揭示数据要素的社会属性，为建立数据产权分置与数据要素收益分配提供理论依据。第二，运用马克思产权理论研究数据产权分置与数据要素收益分配制度，探索数字经济发展背景下生产资料新的社会化实现形式，是对马克思主义产权理论当代发展的一次创新尝试。第三，运用马克思产权理论研究数据产权分置与数据要素收益分配制度，可以为解决数字经济带来的现实问题提供新的对策思路。

从马克思产权理论建构数据产权研究框架，可以更好揭示数据产权来源于劳动的本质，更好地寻求与数据要素可持续再生产相适应的产权安排；更好地探索数据产权社会化的实现路径。从马克思产权理论建构数据产权研究框架，产权安排必须促进数据生产、供给和流通，产权安排又要兼顾数据要素的分配，促进实体经济与数字经济融合发展。数据产权安排必须平衡数据保护和利用，必须平衡产权的边界和监管力度，兼顾数据共享和数据产权社会化发展趋势（见图 2 - 2）。

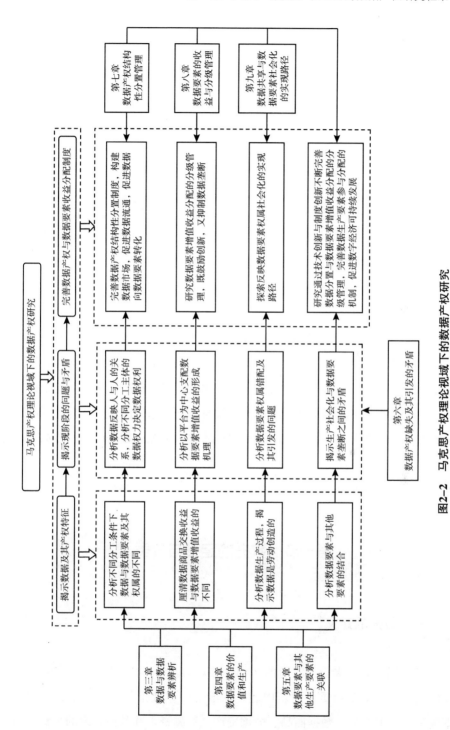

图2-2 马克思产权理论视域下的数据产权研究

—————— | 第三章 | ——————

数据与数据要素辨析

　　土地不仅具有自然属性，还具有社会经济属性，类似地，数据也具有自然属性和社会经济属性。数据作为资源进行加工、数据作为产品用于消费以及数据作为要素驱动生产所产生的收益是不同的，参与生产和分工的主体也是不同的，因此，不同数据形态的权属是不同的。为了厘清数据与数据要素，本章首先从数据的自然属性入手，概述什么是数据，接着从不同角度了解数据的分类，最后，简述数据的社会经济属性，阐述数据的四种主要经济形态。

　　数字经济的发展，包括人工智能的发展，引发了新问题，不同的数据形态相互驱动，各种数据形态的权属、收益和分配问题相互交叉，情况变得更加复杂。因此，不能笼统地讨论数据产权与分配问题，而必须结合具体的数据形态来研究数据产权与分配问题。本章从数据资源、数据产品、数据商品（资产）到数据要素（资本）整个生命周期中梳理数据的不同形态，为进一步的数据产权研究打下基础。

第一节　数据的定义与分类

一、数据的定义

　　"数据"是古老而又时尚的名词，很难有另外一个词汇如此古老又重新焕发出如此丰富而重要的新内涵。在本书用"数据"这一词时，是对数据资源、数据产品、数据商品、数据资产、数据资本和数据要素的统称。另外，本书试图归纳出不同数据形态的共同特征。

（一）数据是现实世界的原始记录

数据是通过观察和测量得到的有关现象、对象或问题的原始记录。数据能够输入计算机程序处理，具有机器属性，可被采集、存储、传输。数据可以是数字、文字、图像、声音等多种形式。数据是指对客观事物的性质、状态以及相互关系等进行记载，反映一定事实，具有一定意义的可以鉴别的符号或组合符号的总称。原始数据是指直接从现实世界中获取的数据，如从传感器、量表、记录仪等设备中收集到的数据。这些数据不经过任何处理，不包含人为的干扰和错误。二次数据是指从原始数据中经过处理后得到的数据，如数据清洗、数据预处理、数据分析等过程中产生的数据。二次数据经过了人为的处理，可能会带来一定的误差和不确定性。

（二）数据经过处理可获得信息和知识

首先应该认识到，数据的本质在于它是关于事物状态的信息，即"状其物"，是人类状物，这其中包括人类的理解、分析以及判断，并延伸到思考、想象甚至情感；因此，"状"也许比较准确、客观，也许并非如此，或者还包含一些"状其情"。也就是说，数据是客观世界在人类认知上的投射。[①] 数据是科学研究、商业决策和政策制定等领域的基础。根据数据的应用领域，数据可以包括科学数据、社会数据、商业数据、金融数据等。科学数据是指在自然科学、社会科学等领域中，通过实验、观测等手段获取的数据。这些数据对于科学研究、探索自然规律等具有重要意义。社会数据是指在社会科学、人文科学等领域中，通过调查、采访等手段获取的数据，这些数据可以反映社会现象、人类行为等方面的信息。商业数据是指在商业领域中，通过市场调查、销售记录等手段获取的数据，这些数据可以反映市场动态、消费者行为等方面的信息。金融数据是指在金融领域中，通过交易记录、账户信息等手段获取的数据，这些数据可以反映金融市场动态、经济状

---

① 张文魁：《数据治理的底层逻辑与基础构架》，载于《新视野》2023年第6期。

况等方面的信息。

（三） 数据反映人与人之间的关系

列宁指出，《资本论》是从"最简单、最普遍、最基本、最常见、最平凡、碰到过亿万次的关系——商品交换"。马克思是从商品入手考察资本主义生产关系的。在卢卡奇看来，商品形式的物成为人与人之间的中介，成为人与世界关系的中介，人与人之间的关系表现为一种物的关系。[①] 真正的问题并不在于物化，而是数量化或数字化，我们不仅被还原为物，物的数字化形式中介了人与人的关系，最终人与人关系被还原为数值关系。[②]

由此可见，数据是用户活动的产物；数据是有待被提取的原材料；数据的使用依赖于提取、精炼和分析等一系列技术过程。[③] 数据最初来源于可观察和测量的现象，体现出数据的自然属性；数据的产生以及加工形成了二次数据，挖掘其中的信息和知识，均离不开人的劳动和人的认知，归根到底，数据不仅是现实世界的映射，也反映了人与人、人与世界交互的过程和关系。为了主动揭示人与人、人与世界交互的过程和关系，人们进一步对可观察和测量的现象进行观察和测量，并采集加工数据，如此反复（见图 3 - 1）。

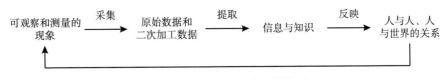

图 3 - 1　人、世界与数据的关系

二、数据的分类

根据不同的角度，数据可以有不同的分类方式。以下从描述事物、数据结构、数据的处理方式、数据的来源以及数据安全等角度来进行分类。

---

① 蓝江：《一般数据、虚体与数字资本》，江苏人民出版社 2022 年版，第 10 页。
② 蓝江：《一般数据、虚体与数字资本》，江苏人民出版社 2022 年版，第 12 页。
③ 陈朦、蓝江：《数据、劳动与平台资本——历史唯物主义视阈下的数字资本主义研究》，载于《国外理论动态》2024 年第 1 期。

（一）从数据描述事物的角度分类

从数据描述事物的角度，可以将数据分为状态类数据、事件类数据和混合类数据。状态类数据用于描述对象的状态，描述不同种类的对象拥有不同的特征，以及描述不同对象中各种特征随时间与空间的分布与变化等。事件类数据用于描述对象之间的交互和反应，比如记录一次购买衣服的交易就是一个事件数据，涉及客户、商店、衣服三个对象，记录三个对象不同状态类数据的相应变化，反映一次交易关系。混合类数据则同时包含了状态类数据和事件类数据。混合类数据理论上也是事件类数据，其中包含某一时空中不同对象的状态类数据，也包含随着时空变化不同对象互动的事件类数据。

（二）从数据结构的角度分类

从数据结构角度分类可以将数据分为结构化数据和非结构化数据。结构化数据是指按照一定的数据模型组织和存储的数据，如表格、文本文件、数据库等。非结构化数据则是指没有明确的数据模型和结构，由多种数据类型和格式组成的数据，如图片、音频、视频等。数据主要分为以下几类：数值型数据、文本型数据、布尔型数据、日期和时间型数据、二进制数据、分类数据。分类数据可以是有序的（如评分等级：优秀、良好、合格、不合格）或无序的（如性别：男、女；血型：A、B、O、AB）。随着机器学习对数据的要求，分类数据又发展为标注数据集，数据集标注是指将原始数据集中的文本、图像、音频或视频等数据按照预设标准进行分类、注释或标记的过程。根据具体模型和场景，大模型训练对于数据的需求也不相同。预训练过程中的无监督学习模型，一般仅需要无标注数据集，精调的监督学习模型需要标注数据集，精调的强化学习则需要标注（反馈）数据集，结合场景行业精调的监督学习、强化学习就需要行业数据集。

（三）从数据处理方式的角度分类

从数据处理方式角度分类，可以将数据分为原始数据和衍生数据。原始数据是指未经过处理和加工的数据，如传感器数据、实验数据等。衍生数据则是指在原始数据的基础上进行处理和加工得到的数据，如数据清洗、数据预处理、数据分析等。从数据处理的粒度上，可以将数据分为明细数据和汇总数据。明细数据是指对数据进行详细的计算和处理，得到每个数据项的具体含义和信息。汇总数据则是指对数据进行汇总和分析，得到整体的数据概况和趋势。大量的数据需要计算处理，才能为人提供价值，所以数据处理又可以分为批式数据处理计算、流式数据处理计算、实时数据计算和离线数据计算、历史数据和实时数据等。批处理一般解决离线计算数据量大、计算时间慢的问题，流处理则解决实时计算或是近实时计算的问题，当然，有了实时要求就会使处理的数据量变少，但是计算速度要求更快。流式计算侧重于数据以数据流形式输入、处理和输出数据，数据计算时延慢于实时计算，又快于离线计算；实时计算侧重于数据计算的低时延，不关心输入、处理和输出数据的形式。

（四）从数据来源的角度分类

常见的数据来源类型包括以下几类：（1）观测数据。观测数据是通过直接观察和测量现象或对象得到的数据。（2）实验数据。实验数据是在特定条件下进行实验得到的数据。（3）调查数据。调查数据是通过问卷、访谈或其他方式收集的主观信息。（4）模拟数据。模拟数据是通过计算机模型或算法生成的数据。（5）第三方数据。第三方数据是从其他来源收集或购买的数据。（6）传感器数据。传感器数据是通过各种传感器收集的实时数据。（7）日志数据。日志数据是系统、网络或应用程序自动生成的记录数据。（8）社交媒体数据。社交媒体数据是从社交平台上收集的用户生成的数据。

（五）从数据安全的角度分类

从数据安全角度来看，数据可以根据敏感性、保密性和隐私等级进行分类。以下是一些常见的数据类型：（1）公开数据。公开数据是指不涉及隐私、知识产权或其他敏感信息的数据。这类数据可以自由获取、使用和共享，例如，政府发布的统计数据、开源项目数据等。（2）内部数据。内部数据是指在特定组织内部使用的数据，包括业务数据、员工信息等。此类数据通常需要一定程度的保护，以防止未经授权的访问和使用。（3）敏感数据。敏感数据涉及个人隐私、商业秘密或其他重要信息，泄露可能对个人或组织造成损害。例如，身份证号、银行账户信息、商业策略等。敏感数据需要采取严格的安全措施进行保护。（4）受限数据。受限数据是受法律法规或合约约束的数据，如受知识产权保护的数据、合同约定的保密数据等。这类数据在使用时需要遵守相关规定，可能需要获取特定授权。（5）个人可识别信息（PII）。个人可识别信息是指可以直接或间接识别特定个人的信息，例如，姓名、地址、电话号码、电子邮件地址等。处理 PII 数据时需要遵守数据隐私法规，如欧盟的通用数据保护条例（GDPR）。（6）个人健康信息（PHI）。个人健康信息包括个人的健康状况、疾病史、诊疗记录等。PHI 数据受到严格的法律保护，如美国的健康保险可携性与责任法案（HIPAA）。根据不同类型的数据安全要求，组织需要采取相应的安全措施来保护数据，例如，数据脱敏、数据匿名化、数据加密、访问控制、数据备份、数据生命周期管理等。

总之，数据可以根据不同的标准和角度进行分类，可以综合考虑多个因素来确定数据的分类方式。数据的分类和定义有很多种，不同的分类方式可以从不同的角度描述数据的特点和价值。在数据分析和挖掘中，正确区分数据的类型和含义是非常重要的。

第二节 数据的形态

《中共中央 国务院关于构建数据基础制度更好发挥数据要素作用的意见》[①] 中至少提及数据的以下几种数据的经济形态：数据资源、被加工的数据、数据产品以及数据要素。其中，被加工的数据是数据资源向数据产品转

---

① 《中共中央 国务院关于构建数据基础制度更好发挥数据要素作用的意见》，新华网，2022年 12 月 19 日。

化的中间状态，以下重点梳理数据资源、数据产品与数据要素。

一、数据资源

数据资源来源于原始数据，除了记录原本对象的信息功能外，积累到一定规模，经过初步整理，具有进一步挖掘的更高潜在价值时，原始数据将可能转变成数据资源。数据资源具有以下几个特征：数据资源是被组织起来的原始数据；数据资源是有潜在价值的数据；数据资源是有权属的数据。

（一）被组织起来的数据

数据资源是指政府或企业在组织运转和业务开展过程中积累的具有特定业务属性的数据。数据资源一般指以电子化形式记录和保存的具备原始性、可机器读取、可供社会化再利用的数据集合。数据资源通常包括数据集、数据库、数据仓库、数据湖、API 等。原始数据，相当于荒地，未经整理，无人管理；数据资源，相当于土地资源，则是经过整理、纳入管理的，数据资源相较于原始数据是经过初步整理的数据，数据整理是对大量原始数据进行审核、分组、汇总，使之条理化、系统化，整理数据包括按数据格式、数据存储形式、数据主题、数据内容、数据权属进行整理。数据资源相较于数据产品是未深入加工的数据。

（二）有潜在价值的数据

数据资源具有潜在的价值。经过收集、存储、运维后形成的电子化、规模化、能够为组织（政府机构、企事业单位等）产生一定价值的数据被视作数据资源。数据资源可以看作是数据的容器，它将数据组织、结构化并赋予一定的价值。数据资源可以提高数据的可用性、易用性和价值，从而支持各种业务和决策需求。但相较于数据资产，其经济价值尚不确定，与土地资源一样，数据资源是没有即期使用或近期内不可能使用的数据，暂不具有资产属性，也只有被进一步加工利用，才能挖掘出它的价值。相较于原始数据，数据资源具有潜在价值，还体现在为获得数据资源的潜在价值而产生数据资源的流通。数据资源的流通形式包括数据资源开放、数据资源共享和数据资源交易三种形式。数据资源开放是主要指公共数据资源开放；各类数据资源都可以共享形式实现数据流通，意味着为了双方共同的利益，不以货币为中介双方直接交换数据资源。根据共享主体的不同，可分为政府间共享、政企之间共享、企业之间共享等形式。数据资源交易存在于不同主体之间，通过数据市场，数据资源需求方以市场化价格支付数据资源提供方费用，数据资源提供方移交数据资源和相关权益。数据资源交易使得为数据资源转为商品，为数据资产化提供了依据和基础。

（三）有权属的数据

相较于原始数据，数据资源是有权属的数据，数据资源可以是公共的，也可以是私有的。并非所有数据资源都能转化为数据要素（数据资产或数据资本）。数据资源转化为数据要素（数据资产或数据资本）需要有两个条件：第一，数据资源生产和加工成为被加工的数据（数据中间产品）和数据产品；第二，被加工的数据（数据中间产品）和数据产品具有明确的权属关系和排他性，也就是数据资源从只具有自然属性转化为具有社会属性和经济属性了。马克思在《资本论》中指出："商品到货币是一次惊险的跳跃。"如果套用《资本论》的这一句话，对于数据来讲，从数据资源到数据资产的蝶变，就是一次曲折的跳跃。从数据资源跳跃到数据资产，有六道门坎必须跨越：从制度方面去跨越政策依据，从法律方面去跨越权属问题，从会计方面去跨越入表问题，从技术方面去跨越可信程度问题，从标准方面去跨越规范化问题，从交易方面去跨越价值实现问题。[①]

二、数据产品

原始数据或数据资源必须经过加工才能转化为数据产品，从原始数据或

---

① 张玮斌：《企业数据如何跨过六道门坎？从数据资源跳跃到数据资产》，载于《建筑设计管理》2023年第5期。

数据资源到数据产品的流程包括数据采集、数据存储、数据处理、数据分析、数据应用等环节。数据产品有以下特征：（1）具有确定功能，是一组能够给业务决策提供价值的数据集；（2）数据产品必须遵循定义的通用标准；（3）提供可访问、可互操作且安全稳定的服务。以下首先辨析数字产品与数据产品的区别与联系，接着介绍不同的数据产品类型以及数据产品使用价值与加工深度的关系。

（一）数字产品与数据产品的区别和联系

2013～2015 年，我国"数据化"领域较大部分研究重心落在出版业与媒体业的数据化方面；2018 年之后"数据化"领域的关键词逐渐与新兴数字技术产生密切关联，如大数据、区块链、人工智能等；最新出现的数据利用技术方面的关键词代表了数据化研究的新方向。[①] 也就是说数据化最初与数字产品的结合，体现在数字化产生的数据或数据产品主要转为消费类数字产品，其中包括内容性数字产品，如数字新闻、数字书刊、数字电影和数字音乐等，也包括数字网络服务，如远程教育、网络游戏、交互式娱乐等。之后，随着平台经济、人工智能的崛起，数字化产生的数据或数据产品不再只是一种消费资料，而是作为一种生产资料，驱动商业模式数字化创新、产业数字化转型升级（见图 3-2）。数据化和数字化不是对立的，数据化是数字化的子集[②]。数据产品是数字产品，但数字产品不一定是数据产品。

图 3-2 数字产品与数据产品的区别和联系

---

① 孙新波、孙浩博、钱雨：《数字化与数据化——概念界定与辨析》，载于《创新科技》2022 年第 6 期。

② 姜浩：《数据化：由内而外的智能》，中国传媒大学出版社 2017 年版。

数字产品可以分为有形的数字产品和无形的数字产品。有形的数字产品是指基于数字技术的电子产品；无形的数字产品又称数字化产品，是指可经过数字化并通过数字网络进行传输的产品。无形的数字产品往往包括数据或数据产品，还包括软件程序、通信协议、算法等无形的技术形态。

（二）数据产品的类型

数据产品分成三类，包括数据集、数据信息服务和数据应用。根据用户的需求，数据产品可以分为模型化需求的数据产品和非模型需求的数据产品。模型化需求的数据产品是指满足用户训练、提升的模型和算法所需的数据产品。非模型需求的数据产品是指满足用户具体信息需求的数据产品。根据数据产品提供服务的方式可以分为界面类数据产品和非界面类数据产品。界面类数据产品，提供给用户一个可操作的界面或平台，也称为平台型数据产品，如 SaaS 模式，为数据消费者提供便捷的查询和使用数据的体验。为了满足用户进一步利用数据、充分挖掘信息和训练算法的需求，往往采用非界面方式。非界面类数据产品包括分析型数据产品和算法型数据产品，可以在数据安全的基础上为用户提供更灵活且安全的数据调用 API、文件配送、受控沙箱、联邦学习等。

（三）数据产品的使用价值

数据资源生产和加工成为被加工的数据（数据中间产品）和数据产品，统称为数据产品。数据产品的使用价值与数据的被加工程度有关，还与数据产品的使用场景有关。根据数据或数据资源被加工的程度可以分为 0、1、2、3 阶。其中 0、1 阶一般只经过简单整理、统计、分析等加工处理，并未根据数据买方需求进行定制。例如，原始数据集（0 阶）、脱敏数据集（1 阶）。其中，脱敏数据集则进行了去身份化的加工处理。2、3 阶意味必须对数据进行深度加工，例如，模型化数据（2 阶）、人工智能化数据（3 阶）（见图 3－3）。模型化数据是指结合用户需求进行模型化开发形成的结果数据，如用户画像"标签"、身份验真服务等，是当下最普遍的数据交易形态；AI 化数据是基于原始数据集、脱敏数据集或标签化数据，结合人工智能相关技术形成的人脸识别、语音识别、拍照翻译等人工智能服务。[1] 随着数据被加工程度的提高，投入的劳动与其他成本大大增加，市场交换价值也更高。数据产品的使用价值不仅与使用的具体场景有关，还与使用者产生的功用和价值有关。

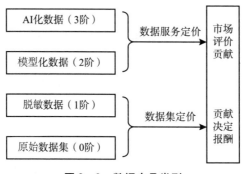

图 3 - 3　数据产品类型

三、数据要素

不少学者从不同角度总结数据要素的特征，笔者借鉴马克思对商品特征的观察角度，即从商品二重性的角度来厘清数据与数据要素。

（一）数据要素的自然属性和社会属性

马克思认为："种种商品体，是自然物质和劳动这两种要素的结合。"[2] 同样地，数据成为数据要素，需要具备两大必要条件：一是把原始数据加工成为机器可读的、具备投入生产使用条件的生产数据。二是让数据可以通过流通进入社会化大生产。[3] 数据可以只有自然属性，而数据要转化为要素，

①　黄倩倩、王建冬、陈东、莫心瑶：《超大规模数据要素市场体系下数据价格生成机制研究》，载于《电子政务》2022 年第 2 期。

②　《马克思恩格斯文集》第 5 卷，人民出版社 2009 年版，第 56 页。

③　清华大学金融科技研究院：《数据要素化 100 问：可控可计量与流通交易》，人民日报出版社 2023 年版，第 5 页。

必然通过流通进入社会化大生产，成为一种商品，因此，数据要素必然既具有自然属性又具有社会属性。数据要素的自然属性主要体现为人与自然的关系，关注数据本身的结构、格式、质量、可靠性等方面。这些属性决定了数据要素在技术层面上的可得性、可用性和有效性。数据要素的社会属性，主要体现为人与人的关系，关注数据作为一种新的生产资料参与新的分工协作，产生的新的分配交换关系，本质上反映了人与人之间的经济社会关系。数据要素的社会经济属性主要关注数据要素在社会经济活动中的价值和应用，包括数据要素稀缺性、数据要素价值、数据要素的归属、数据要素隐私和安全等。

（二）数据要素的使用价值和价值

在传统生产中，生产与数据生产没有分离，数据处于分散的状态，数据只有自然属性并具有使用价值。数据不仅可以从生产中产生，也可以从休闲时间内生产出来的，数据具有显著的时效性特征，只有不断集中的、不断更新的、不断整理的数据，经过收集、加工和处理，进入规模化的分工协作中，与劳动结合，驱动更大规模的社会分工，产生更大的价值，才能从自然属性向社会属性转化，从使用价值向价值转化，数据才转化成为数据要素。因此，数据可以具有使用价值，但只有数据要素才具有使用价值与价值二重性。数据要素的价值和使用价值都是由劳动创造的。马克思在《资本论》中指出"一切劳动……就相同的或抽象的人类劳动这个属性来说，它形成商品价值……就具体的有用的劳动这个属性来说，它生产使用价值"①。数据要素生产过程具有两重性，一方面是生产使用价值的劳动过程，另一方面是价值增值过程。在一般商品生产和流通过程中，生产者与消费者是分离的，一般商品的使用价值和价值不可兼得，生产者要实现商品的价值，就必须出售并放弃商品的使用价值；要得到商品的使用价值，就必须支付费用，购买商品的使用价值，作为消费者是得不到商品的价值的。由于数据具有可复用性且使用过程不被转移或磨损，拥有数据要素的使用价值，有可能同时

---

① 《资本论》第1卷，人民出版社2004年版，第60页。

产生更高的价值。没有数据产权制度和技术手段支撑，可复制可复用的非排他性的数据无法成为商品，因而数据要素必须具有明晰界定的排他性产权，数据才能真正转化成为生产要素。

（三）数据要素既是劳动对象又是生产要素

马克思指出，"当一个使用价值作为产品退出劳动的时候，另一些使用价值，以前的劳动过程的产品，则作为生产资料进入劳动过程。同一个使用价值，既是这种劳动的产品，又是那种产品的生产资料。"① 数据要素首先是作为产品出现的，没有产品化的数据无法转为生产要素；因此，数据要素生产过程是数据产品的生产过程，是数据采集、加工产品化的过程，在这个过程中数据资源是劳动资料，而数据产品却是劳动对象。数据产品流通转化成数据资产，进入生产过程，作为要素驱动社会化大生产，数据产品又被当作生产资料来使用。在数字劳动过程中，无论是作为劳动资料的算力和算法，还是作为劳动对象的数据，本身就是过去的数字劳动创造的产品。这些产品也要作为现在的数字劳动过程中作为生产资料而被使用和消耗。②

从经济学角度看，数据要素同时具有劳动对象和生产要素二重性。数据显示其劳动对象属性时，它可以看成是原材料和半成品，参与到价值创造过程中，即生产、加工和增值环节，形成新的数据产品。数据产品可以是成品也可以是半成品。当数据显示其生产要素属性时，数据是数字经济活动中的关键资源。它的作用和价值不仅体现在传统意义上的生产活动中，还体现在数据驱动的价值创造中。数据能够帮助改善产品和服务，创造新的商业模式，有助于提高生产效率和创新能力。数据生产成数据产品或消费品所产生的价值与数据生产转化成数据要素与其他生产要素结合后所产生的增值收益是不同的。一部分数据生产成数据产品，它只是消费品。数字产业化在产生数据产品和消费品的同时，一部分可能使得数据进入商品运动中，同步反映

---

① 《资本论》第 1 卷，人民出版社 2004 年版，第 212 页。
② 王俊、苏立君：《论数字租金的产生、分配与共享——基于数据要素商品二因素的视角》，载于《财经科学》2024 年第 1 期。

商品运动的全过程；产业数字化则使数据驱动更大的社会化协作分工，经过平台的匹配促进商品价值的生产，并更容易在交换中实现价值。从生产角度看，数据生产成数据产品与数据转化成数据要素并与其他生产要素相结合，两者的生产过程是截然不同的，所产生的价值也是截然不同的。

第三节 从数据资源向数据要素的转化

数据资源加工形成数据产品，生产使用价值，数据产品交换形成数据商品，数据商品入表形成数据资产，数据资产投入社会化分工，形成数据要素，创造价值（见图3-4）。在数据向数据要素转化、使用价值向价值转化的过程中，有三个重要环节，即数据产品化及其基础上的数据商品化和数据资产化，与此同时，形成了相应的数据产权。

图3-4 从数据资源到数据要素

一、数据商品化

为了满足自身的需求，数据资源或被加工的数据可以不进行交换，可以不是商品，但交换的数据除具有使用价值之外，还应符合一定标准，因此，数据产品是数据商品的前提。从商品入手是马克思《资本论》的研究逻辑，列宁指出，《资本论》是从"最简单、最普遍、最基本、最常见、最平凡、碰到过亿万次的关系——商品交换"。卢卡奇认为"在人类的这一发展阶段上，没有一个问题不最终追溯到商品这个问题，没有一个问题的解答不能在商品结构之谜的解答中找到"。① 数据商品化是数据产品向数据要素转化的第一个环节。

（一）普通商品、货币商品、劳动力商品与数据商品的比较

对普通商品、货币商品、劳动力商品与数据商品进行比较，可以更好地理解数据商品与其他商品的共性和差异。

1. 普通商品

普通商品或一般商品是物质的、有形的、最初的商品形态，是马克思在《资本论》中分析的资本主义发生前、商品经济萌芽时期的主要商品形态。普通商品或一般商品是指满足人们消费需求而生产的商品。人们的消费需求可以是生产消费或生活消费，普通商品或一般商品不仅服务于直接生活消费，也可以以初级产品形态被资本家用于进一步的商品生产，与劳动结合，产生新的价值增值。

2. 货币商品

货币商品是马克思《资本论》中分析的一种从普通商品或一般商品中分离出来、发挥着一般等价物作用的、用来表示或衡量其他商品价值的特殊商品。货币商品最初的形态，如金属货币，本身具有稀缺性，具有一定的价值而被当作一般等价物。纸币代替铸币，随着虚拟货币的出现，"符号、货币记号可以按照它们所代表的货币的名义价值流通，而本身不必具有任何价值，只要它们代表的流通手段量是流通手段本身的流通量。"② 信用是货币的核心，马克思才会做出"货币是同商品本身相分离的和对象化的交换价值"③。

3. 劳动力商品

尽管资本主义出现之前，劳动力也作为商品进行交易，劳动力商品交换可能包含劳动力的所有权交换。劳动者大量转为劳动力商品，投入到剩余价值的生产中，被马克思看作是资本主义生产方式的条件。劳动力转化为商品

---

① ［匈］卢卡奇：《历史与阶级意识》，杜章智等译，商务印书馆 1999 年版，第 148 页。
② 《马克思恩格斯全集》第 31 卷，人民出版社 1998 年版，第 221～222 页。
③ 《马克思恩格斯全集》第 30 卷，人民出版社 1995 年版，第 95 页。

的过程是劳动者将自身劳动的使用权出让给资本从事剩余价值生产的过程。劳动力之所以可以大量转化为商品，是劳动与资本的分工触发了劳动的使用权与所有分离而产生的。由于劳动的使用权与所有分离，劳动者可以将自己的劳动使用权在市场上出卖，交换维持劳动力再生产的费用，另外，资本家在市场上购买劳动使用权，让他的货币商品蜕变为资本。而"货币作为资本只同非资本，同资本的否定相关联才存在，它只有同资本的这种否定发生关系才是资本。实际的非资本就是劳动本身"[①]。

4. 数据商品

作为普通商品的数据，如文字、语音、图像、视频数字化之后的文字、语音、图像、视频产品以数据形态呈现并交换，成为作为普通商品的数据，不仅如此，数字产业的许多产品都可能转化成为作为普通商品的数据。作为普通商品的数据产品是用于满足人们直接的数字化消费需要而生产的商品。在卢卡奇看来，商品形式的物成为人与人的中介，也成为人与世界的关系的中介。他认为真正起中介性作用的因素并不是物，而是一种可以计算的量，表象为物的数量。[②]

随着数字经济的崛起，表征普通商品生产、流通过程的具体劳动的数据被生产出来，使得普通商品的生产、流通更有效率，这些数据自身也具有了使用价值和交换价值，因而成为能够作为表征普通商品状态的数据商品和作为表征劳动力商品状态的数据商品。如果货币商品表征的是凝结在商品中的抽象劳动，作为商品交换的中介，那么，数据商品则表征商品中的具体劳动，丰富了商品交换的中介，从而加速和丰富了商品的交换。数据商品的出现，使得货币商品对商品世界的表征和中介更为完善，货币商品实质也是一种数据商品，只不过是特殊的数据商品，数据货币就是一种作为货币记号的数据商品。因此，数据商品可以是普通商品，更主要的是数据商品也可以是作为表征普通商品、劳动力商品状态的商品，甚至可以作为表征货币商品的

---

① 《马克思恩格斯文集》第 5 卷，人民出版社 2009 年版，第 396 页。
② 蓝江：《一般数据、虚体与数字资本——历史唯物主义视域下的数字资本主义批判》，江苏人民出版社 2022 年版，第 11 页。

商品。商品交换看起来是物与物的关系，其实质是人与人的关系，在数字经济时代更好地表征为数据的关系（见图3-5）。"数据作为一种商品，既符合一般商品的基本定义，同时也显露出集生产、消费、流通于一身的特殊商品的特征。"①

（具体劳动）　（抽象劳动）　（具体劳动）

劳动力商品 ➝ 普通商品 ➝ 数据 ➝ 货币 ➝ 数据 ➝ 普通商品 ➝ 劳动力商品

图3-5　数据关系、物的关系、人的关系

（二）数据商品形成的条件

从上述分析可见，除了普通商品、货币商品和劳动力商品三种形式之外，又诞生了新的商品形态——数据商品。最初，人们之间的交换"是由偶然的需要、欲望等等决定的"②。只有进入到资本主义，才真正进入了商品社会。最大的区别是生产不再为满足自身的需要，而是为了满足他人的需要。恩格斯对此进行了科学的总结：商品"首先是私人产品。但是，只有这些私人产品不是为自己消费，而是为他人的消费，即为社会的消费而生产时，它们才成为商品；它们通过交换进入社会的消费"。同样，数据不是一开始就是商品，数据转化为数据商品需要以下条件：数据生产与物质生产分工；数据具有使用价值；数据成为劳动产品。通过交换实现数据商品化，形成数据产权，才能促进数据商品化持续发展。

1. 数据具有使用价值

数据具有使用价值是数据商品化的前提。商品必须能够满足人的某种需要，商品具有使用价值，是商品的自然属性。数据的自然属性由来已久，其使用价值也由来已久，数据以前一直不可能成为商品，只是少量的交换。进入信息化、数字化和智能化时代，数据才被广泛地传输和利用，不断集中、

---

① 陈朦、蓝江：《数据、劳动与平台资本——历史唯物主义视阈下的数字资本主义研究》，载于《国外理论动态》2024年第1期。

② 《马克思恩格斯全集》第30卷，人民出版社1995年版，第156页。

不断更新的数据呈现出巨大的使用价值。

2. 数据成为劳动产品

商品必须是劳动产品，具体劳动创造使用价值，抽象劳动形成价值。商品的基本属性是具有价值和使用价值二重性。数据，不论是利用仪器设备从实体世界中测量所得，还是通过爬取技术从网络世界中所得，都离不开人的劳动；数据收集、整理、加工等过程，离不开由劳动创造出来的传输、存储和运算工具，也离不开劳动的直接参与。数据采集和加工以及付出劳动形成数据产品，创造了数据的使用价值，而数据要素驱动社会分工劳动，产生了数据的价值，也呈现出数据的社会属性。"如果把数据这一劳动产品的使用价值抽取出来，就只剩下无差别的人类劳动的单纯凝结，即数据商品的价值。"① 数据既是劳动对象，又是劳动成果，满足了商品必须是劳动产品的条件。

3. 数据生产与物质生产的分工

商品、分工与私有制是相生相伴的，马克思认为，"不同的共同体在各自的自然环境中找到不同的生产资料和不同的生活资料。因此，它们的生产方式、生活方式和产品也就各不相同。这种自然的差别，在共同体互相接触时引起了产品的互相交换，从而使这些产品逐渐转化为商品。"② 马克思总结道，"只有在出现劳动的社会分工或者说社会劳动的分工的情况下，产品才能成为商品。"③ "城市工业本身一旦和农业分离，它的产品会从一开始就是商品，因而它的产品的出售就需要有商业作为中介，这是理所当然的。因此，商业依赖于城市的发展，而城市的发展也要以商业为条件，这是不言而喻的。"④ 数据生产与物质生产的分工是数据大规模转化为数据商品的第一条件。在数字经济中，数据生产从物质生产中分离出来，形成了以数据为生的平台和企业，它们生产数据、应用数据为物质生产服务，更多地为其他从

---

① 胡莹、梁雅芳：《数据商品的价值问题探析》，载于《经济纵横》2022 年第 10 期。
② 《马克思恩格斯文集》第 5 卷，人民出版社 2009 年版，第 407 页。
③ 《马克思恩格斯文集》第 32 卷，人民出版社 1998 年版，第 302 页。
④ 《马克思恩格斯文集》第 7 卷，人民出版社 2009 年版，第 370 页。

事物质生产的人服务，数据成为驱动生产的生产资料。数据产业从具体经济生产中分离出来之后，从事专业生产数据的劳动分工就形成了，其劳动生产的数据产品就必然被转化成为了数据商品。

4. 通过交换实现数据商品化

数据通过交换才能实现商品化。商品是通过交换来满足人们需要的物品。商品交换导致商品使用价值与价值的对立统一，"要成为商品，产品必须通过交换，转到把它当做使用价值使用的人的手里"①，从而实现商品的价值。数据由来已久，进入信息化、数字化和智能化时代，数据才被越来越大规模地采集、加工、交换，才被应用，数字产业化发展起来。原始数据一经有目的的劳动改造，就成为劳动产品，数据产品交换是作为数据产品的商品实现其价值的基础。商品交换使得商品的具体劳动与抽象劳动对立统一。马克思指出，最大的交换，不是商品的交换，而是劳动同商品的交换。商品交换使私人劳动与社会劳动对立统一起来。另外，数据商品的价值转化为数据要素和资本，驱动了产业数字化。作为数据要素的商品使私人劳动与社会劳动的对立统一有了新的中介。

5. 数据产权的形成

数据产权的形成为数据商品化奠定了基础。分工是商品形成的前提条件，商品交换是产品转化为商品的关键一步。因此，只有发生交换，才能产生商品，只有明晰的产权，才能提高有效率的交换，从而加速商品的生产。原始的数据与原始条件的物品一样，遵循朴素的先占取得的原则分配产权，因此，原始数据资源持有权往往赋予原始数据资源载体的所有人，但这样并非完整的数据产权结构。凝结在商品价值中的是劳动，交换的实质是劳动，因此，与数据采集、加工、利用以及赋能的劳动者是数据产权的相关者，只有构建与所有相关者相对应的完整的数据产权结构，才能促进数据商品的形成，才能促进数据商品生产、流通和应用。

---

① 《资本论》第 1 卷，人民出版社 2018 年版，第 54 页。

（三）数据商品的流通

数据产品经过交换实现交换价值，形成数据商品；数据市场是数据产品交换的主要渠道，市场机制是决定数据产品交换价值的主要因素。

1. 数据市场与数据产品的交换价值

数据的交换价值在于它能帮助目标的实现或问题的解决。例如，某公司可能愿意为消费者行为数据付费，因为这些数据可以帮助它更好地了解市场，制定更有效的销售策略。同样，某研究机构可能愿意为公共卫生数据付费，因为这些数据可以帮助它研究和应对公共卫生问题。数据市场是指一个集中的场所或平台，用于买卖、交换或共享各种类型的数据。数据市场可以有多种形式、多个主体，包括数据经纪人、数据交易平台、数据合作伙伴关系等。数据市场的出现使得数据的交换价值得到了提高，因为它为数据所有者提供了一个更广泛的受众，并为数据消费者提供了更多的选择和灵活性。数据的交换价值并非总是以金钱形式体现。例如，两个公司可能互换数据，以便各自获得对方拥有的独特信息，这就是"数据交换"，在这种情况下，数据的价值是相互的，可以帮助每个参与者达到其目标。在数据市场上，数据可以以多种形式进行交换，包括但不限于数据订阅和数据销售。（1）数据订阅。数据消费者可以通过向数据提供者支付费用来获得对特定数据访问的权限。这种方式适用于那些需要定期访问特定数据的消费者。（2）数据销售。数据提供者可以将自己的数据出售给数据消费者或其他数据提供者。这种方式适用于那些有大量数据并且希望将其变现的数据提供者。

2. 影响数据产品交换价值的因素

数据市场可以更好地发现数据的市场需求和稀缺性，数据市场化发展程度对数据交换价值具有重要影响，此外，数据交换价值还受其他多种因素影响，以下是一些主要因素：（1）数据产品的成本。数据产品生产过程中除开发成本、运维成本和管理成本外，考虑到数据产品个性化程度较高，对接数据买方需求会产生额外投入，增加其调研成本。（2）数据质量。数据集质量指标如数据集完整性、一致性、安全性、可用性等直接影响数据使用价值，也影响着数据产品的交换价值。在进行数据交换时，选择通用且易于理解的数据格式和标准可以提高交换的价值，尤其是数据可视化友好程度高有利于交易，且有利于提高交换价值。根据实际需求，数据可定期更新、可持续使用，有助于保持数据的迭代速度和实用性，也有助于提高交换价值。（3）使用价值。使用价值决定交换价值，不仅如此，交换价值还与数据转化成生产要素之后产生的预期的增值收益有关。（4）数据合规。在进行数据交换时，需要遵守相关的法律法规和合规要求。遵循这些规定有助于确保数据的合法性和安全性，从而提高数据的交换价值。（5）品牌价值维度。集中体现数据卖方的综合能力和水平，反映长期数据产品的质量好坏及稳定程度，包括数据卖方的信用水平、服务水平、数据管理能力、安全治理能力四类指标。[①] 品牌价值高的数据，其交换价值也会提高。

二、数据资产化

数据资产必须是或者曾经是可以成为商品的数据产品或资源，数据资产有两个核心，一是对数据有控制权，二是运用这一控制权产生价值。数据资产化还必须有产权制度的支持，会计新规就促进了数据资产化的形成。

（一）数据资产化必须有产权制度的支持

维克托·迈尔·舍恩伯格在《大数据时代》中曾经提到：虽然数据还没有被列入企业的资产负债表，但这只是一个时间问题。"资产是指企业过去的交易或者事项形成的、由企业拥有或者控制的、预期会给企业带来经济利益的资源。"[②] 数据资产指由个人、企业或政府拥有或者控制的，能够为其带来经济利益或业务价值的数据资源或数据产品。并不是所有的数据资源或数据产品都是数据资产，只有可控制、可变现、可度量的数据资源或数据

---

① 黄倩倩、王建冬、陈东、莫心瑶：《超大规模数据要素市场体系下数据价格生成机制研究》，载于《电子政务》2022 年第 2 期。
② 财政部：《关于修改〈企业会计准则——基本准则〉的决定》，https：//www. gov. cn/xin-wen/2014－07/30/content_2726806. htm，2014 年 7 月 23 日。

产品才能成为数据资产。数据资源或数据产品要成为数据资产，需对数据有控制权。即使你对某个数据资源有控制权，即使你已经对这个数据进行了各种加工，让它看起来有潜在价值，但最终这个数据的资产成色到底几分，还是取决于其实际创造价值的能力。当前数据创造价值的方法有两种，第一种是数据本身直接产生价值，第二种是帮助现有产品、服务实现收益的增长。数据成为资产意味着企业在数据要素流通价值链中实现了对数据资源和数据产品的有效控制和价值挖掘[1]，也意味着企业对数据资产拥有相关权益。[2]

我国实行土地公有制度，土地最初只具有自然资源属性，土地管理是纯粹的资源管理，土地资源转为土地资产必须有相关的制度支持。1987年开始推行土地有偿使用之后，尤其是《中华人民共和国土地管理法》实行之后，允许土地有偿使用，土地作为特殊商品进入市场，土地产权人则通过地租资本化使土地具有价格，一方面体现其固有的使用价值，另一方面显化了土地应有的交换价值，完成了土地从仅具有资源属性，向具有资源、资产双重属性蜕变。可见，土地资产化的过程并不是自然发生的，《中华人民共和国土地管理法》这一制度性变革对土地资产化的形成起到关键的作用。同样，数据资产化的过程也需要有相应的产权制度的支持。

（二）数据资产入表促进数据资产化的形成

数据资源经过加工成为数据产品、数据产品再成为数据资产，还需要必要的制度安排，财政部于2023年8月发布的《企业数据资源相关会计处理暂行规定》，是数据资源转化为数据资产的关键性的制度安排。第一，确定了数据资源和数据资产的相关会计处理规则。《企业数据资源相关会计处理暂行规定》第一条明确了数据资源的不同类别和数据资产相关会计处理的适应范围[3]，如对于"作为无形资产或存货等资产类别的数据资源"，规

---

① Perrons R. K., Jnesen J. W. Data as an Asset: What the Oil and Gas Sector can Learn from Other Industries about Big Data. Energy Policy, 2015, 81: 117 - 121.

② 王玉林、高富平：《大数据的财产属性研究》，载于《图书与情报》2016年第1期。

③ 财政部：《企业数据资源相关会计处理暂行规定》，https://www.gov.cn/zhengce/zhengceku/202308/content_6899395.htm，2023年8月1日。

定"企业合法拥有或控制的、预期会给企业带来经济利益的资产的数据资源，由于不满足企业会计准则相关资产确认条件而未确认为资产的数据资源的相关会计处理"。第二，确定了外购数据资源形成数据资产的成本规则。《企业数据资源相关会计处理暂行规定》第二条规定了企业通过外购方式取得确认为无形资产的数据资源的成本规则。其成本包括："购买价款、相关税费，直接归属于使该项无形资产达到预定用途所发生的数据脱敏、清洗、标注、整合、分析、可视化等加工过程所发生的有关支出，以及数据权属鉴证、质量评估、登记结算、安全管理等费用。"第三，确定了企业自研和开发的数据资产的成本规则。《企业数据资源相关会计处理暂行规定》第二条还规定了企业自研和开发的数据资产的成本规则。第四，确定了数据资产的存货规则。《企业数据资源相关会计处理暂行规定》第二条规定，"企业日常活动中持有、最终目的用于出售的数据资源，符合《企业会计准则第 1 号——存货》规定的定义和确认条件的，应当确认为存货。"第五，确定数据资产的时效性。《企业数据资源相关会计处理暂行规定》第二条还规定，"企业在对确认为无形资产的数据资源的使用寿命进行估计时，应当考虑无形资产准则应用指南规定的因素，并重点关注数据资源相关业务模式、权利限制、更新频率和时效性、有关产品或技术迭代、同类竞品等因素。"

三、数据要素化

数据和数据要素是不同的，只有把数据与数据的采集、存储、处理、分析、应用等一系列劳动相结合，数据才真正具有价值并发挥作用，此时数据才能被称为生产要素。[①] 数据要素是一系列形态及其转化的过程。数据要素是数据，但并非所有的数据都能转化为数据要素（见图 3−6），数据生成数据要素是技术变革的产物，是新的分工发展的产物，是数据价值化的产物。

[①] 尧清、吴瑾、王蕊：《数据要素基础制度的价值取向与框架》，载于《数字图书馆论坛》2022年第 10 期。

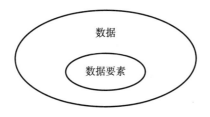

图 3 - 6　数据与数据要素的静态关系

资料来源：清华大学金融科技研究院：《数据要素化 100 问：可控可计量与流通交易》，人民日报出版社 2023 年版，第 4 页。

（一）数据要素的形成过程与相应的产权

数据形态包括原始数据、数据资源、数据中间产品（被加工的数据）、数据产品、数据商品、数据资产、数据资本等。这些形态不是边界清晰的、独立的形态，它们之间存在交叉重叠的关系。例如，原始数据与数据资源就可能存在重叠；数据产品、数据商品可能存在重叠；数据商品和数据资产可能存在重叠。这是由于数据的形态是相对的且是动态的。另外，由于研究者的侧重点不同形成了不同的形态分类，例如，戎珂、陆志鹏认为：生产要素一般存在三种形态：资源形态、要素形态和产品形态。生产要素在与劳动者结合并投入生产之前，还处于资源形态，它们只是潜在的、非现实的生产要素；当生产要素与劳动者结合并投入生产时，它们处于要素形态；当生产要素是某一种生产过程的产品时，它们处于产品形态，处于产品形态的要素可以投入再生产。[①] 因此，相应地，数据要素也存在资源形态、要素形态和产品形态。个人数据资源、公共数据资源和企业数据资源被采集形成数据资源，这时的数据资源有别于数据要素的资源形态。只有被加工的数据中间产品和标准化的数据产品，经过市场化流通形成数据商品，数据入表形成数据资产，才完成数据要素资源形态的转变。数据资产投入生产，与劳动者结合，驱动社会化大生产，产生增值价值，形成数据资本，才实现了数据要素形态的转变。数据赋能，追求更大的增值价值，将数据作为生产资料进行扩大再生

---

① 戎珂、陆志鹏：《数据要素论》，人民出版社 2022 年版，第 27 页。

产，数据要素呈现出产品的形态，此时数据要素的产品形态有别于单纯的数据产品。数据要素是一系列复杂形态以及形态的转化过程（见图3－7）。

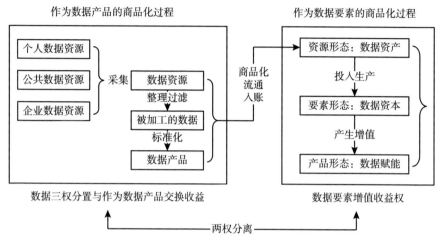

图 3－7　数据要素的形成与相应产权安排

数据与数据要素不同，相应地，两种商品的产权安排也不尽相同。根据"数据二十条"的精神，作为数据产品的商品化过程，需要建立数据资源持有权、数据加工使用权、数据产品经营权"三权分置"的数据产权结构性分置制度；考虑到作为数据要素的商品化过程，必须使得两种商品的产权分离，明确数据要素增值收益权，构建数据要素收益分配制度。

（二）数据要素是技术变革的结果

马克思指出："各种经济时代的区别不在于生产什么，而在于怎样生产，用什么劳动资料生产。劳动资料不仅是人类劳动力发展的测量器，而且是劳动借以进行的社会关系的指示器。"[①] 可见，技术与生产要素是相生相伴的。技术的运用一方面提高既有生产要素的利用效率，另一方面，新技术的出现，将带来新的生产要素。游牧时代，大部分资源是以原始的自然形态

---

① 《资本论》第1卷，人民出版社2004年版，第210页。

存在着，劳动资料的自然财富还很少得到开发和利用，劳动力（人口）是最初的生产要素，随着农业技术的出现与提高，土地生产要素才被大规模利用，才能支持定居生活，人类进入了农耕时代。进入工业时代之后，石油开采和提炼技术使得石油开始取代人力和土地，成为新的主要生产要素。这个阶段技术变革主要还集中在物质生产要素的发现和利用上，产生了新的物质、能源和运输产品。进入知识经济时代，技术本身成为结合人的要素和物的要素的关键要素。数字时代之后，数据这一非物质资源首次取代自然资源，成为新的重要生产要素。在整个历史进程中，随着技术的变革，生产要素的内涵日益丰富，不断出现新的生产要素，从农业社会的"二要素"扩展到现阶段的"七要素"，包括劳动、资本、土地、知识、技术、管理和数据。网络化、数字化、信息化、智能化技术的快速发展为数据成为生产要素创造了充分和必要条件。① 数据与算力、算法等技术要素紧密相连，相互依存，并通过其他辅助要素的增强而集成为一个强有力的数据生产力体系。这一体系推动生产效率极大提升，促进产品和服务创新发展，数据只有到了数字经济时代才成为生产要素。

（三）数据要素是新的分工的产物

马克思指出："劳动的社会力的日益改进，引起这种改进的是：大规模的生产，资本的积累，劳动的联合，分工，机器，改良的方法，化学力和其他自然力的应用，利用交通和运输工具而达到时间和空间的缩短，以及其他各种发明，科学就是靠这些发明来驱使自然力为劳动服务，劳动的社会性质或协作性质也由于这些发明而得以发展。"② "劳动生产力是由多种情况决定的，其中包括工人的平均熟练程度，科学的发展水平和它在工艺上应用的程度，生产过程的社会结合程度，生产资料的规模和效能，以及自然条件。"③ 从以上论述可见，生产要素的出现，不仅是物质生产力技术变革的结果，也

---

① 黄鹏、陈靓：《数字经济全球化下的世界经济运行机制与规则构建：基于要素流动理论的视角》，载于《世界经济研究》2021年第3期。

② 《马克思恩格斯选集》第2卷，人民出版社1995年版，第71页。

③ 《马克思恩格斯全集》第23卷，人民出版社1972年版，第53页。

是社会生产力，即与劳动结合的结果，因此，生产要素既是新的分工的产物，又驱动和支持了新的分工的发展。传统物质资料生产的劳动过程必须具备以下条件：人的劳动、劳动资料和劳动对象。人的劳动是生产中的能动因素，劳动对象与劳动资料构成生产资料。人的劳动与生产资料相结合，生产资料才转化为生产要素。技术变革在产生的新生产要素的同时，也产生了人的劳动与生产资料新的结合方式，从而产生了新的分工方式。劳动是人的要素，资本、土地、技术首先表现为物的要素，管理、知识、数据更多体现为人的要素与物的要素的结合（见图3-8）。

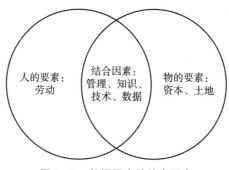

图3-8　数据要素的结合因素

传统生产也需要数据，只有把数据与数据的采集、存储、处理、分析、应用等一系列劳动结合起来，数据才真正具有价值并发挥作用，此时数据才能被称为生产要素。① 数据与数据要素不同，但它们又彼此联系。没有数据就不会有数据要素，另外，正因为数据要素驱动线上与线下新的分工，驱动更大规模的社会化大生产，产生价值增值，才驱动了更多的数据资源采集、数据加工和数据产品交易，才产生了更多的数据。

（四）生产资料占有方式的变化促进数据资源转化为数据要素

马克思明确地指出："分工的每一个阶段还根据个人与劳动的材料、工

---

① 尧清、吴瑾、王蕊：《数据要素基础制度的价值取向与框架》，载于《数字图书馆论坛》2022年第10期。

具和产品的关系决定他们相互之间的关系。"①"工具积聚发展了，分工也随之发展，并且反过来也一样。"② 马克思还举例说："例如，机器的应用既改变了生产工具的分配，也改变了产品的分配。现代大土地所有制本身既是现代商业和现代工业的结果，也是现代工业在农业上应用的结果。"③ 科学技术发展引发了不同的分工形态，引入了新的生产资料或生产要素，生产要素的变迁还与生产资料占有方式有关。生产资料占有方式决定了人的要素与物的要素的结合方式，同时人的要素与物的要素的结合方式决定了生产要素产权结构和收益分配，不同的分工产生不同的所有制，也会产生相应的产权关系。生产要素产权结构和收益分配决定社会的经济结构和发展模式。原始时代，社会经济的生产要素是人力，人数众多的部落拥有更大的话语权。农业社会，土地是最重要的生产要素，拥有土地的阶级成为社会统治阶层。工业时代，垄断物质生产资料所形成的资本是社会经济最重要的控制力量。进入数字经济时代，数据生产资料比物质生产资料更容易形成垄断，平台企业成为新生的经济力量。

生产资料占有方式的演进过程是多种形态共同演进的过程。生产资料占有方式演进的过程，并非从一种占有方式向另一种占有方式的彻底转变，往往是以某一种占有方式替代另一种占有方式占主流，其他多种占有方式共存共生地演化。生产资料占有方式的变迁包含着所有权与其一系列权利的分离与重新组合。例如，随着资本主义的出现，劳动的所有权与使用权分离，物质生产资料的所有权、使用权与资本所支配的劳动的使用权相结合，促进了劳动力的大规模集中，促使劳动转化为生产要素。劳动的所有权与使用权分离，形成了资本与劳动的对立，也抑制了劳动转化为生产要素。数字经济不再追求垄断物质生产资料的所有权，而转向追求垄断数据生产资料的支配权，劳动者收回其劳动使用权，劳动的所有权与使用权不再分离，运用数据快捷地匹配劳动与共享的生产资料使用权，使劳动与生产资料直接结合，既

① 《马克思恩格斯选集》第1卷，人民出版社1972年版，第26页。
② 《马克思恩格斯选集》第1卷，人民出版社1972年版，第132页。
③ 《马克思恩格斯选集》第2卷，人民出版社1972年版，第100页。

有利于生产资料的集中、分配和交换，又克服了由于生产资料集中带来的劳动与资本的对立，也克服了生产资料集中带来的产权不清晰。生产资料占有方式的这种变化促进了数据成为生产要素。

总之，数据要素不是孤立产生的，它是数字技术发展到一定阶段的产物，是共享经济协作模式和线上线下新的分工模式的产物。随着，数据要素参与社会化大生产，平台成为除市场之外的新的交换方式，数据要素的占有及其支配分配的方式直接影响着数据产权的形成，反过来，也影响着数字技术的进一步发展（见图3-9）。

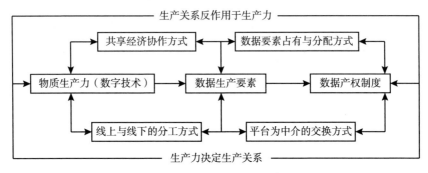

图3-9　数据要素的产生

第四节　本章小结

本章从数据的自然属性从手，对数据进行界定和分类；分析数据的社会属性，梳理了数据资源、数据产品、数据商品（资产）到数据要素（资本）等不同的经济形态，特别关注数据产品转化为数据要素过程中的三个主要环节：数据商品化、数据资产化和数据要素化。

本章的一条主线是分析数据商品。从商品角度考察数据，才能深入揭示数据的本质、生产和交换，为数据产权制度的建构提供理论依据。数据产品是数据商品的前提，数据资产则必须是，或者曾经是可以成为商品的数据资源或产品，数据要素大多是数据商品，尤其大规模的数据要素，其生产与再生产必须依赖数据转化成为商品。

因此，本章借鉴马克思的商品本质理论、商品生产理论和商品交换理论研究生产与数据的分离、新的分工的产生、数据商品的形成，将数据商品分为作为产品的数据商品和作为要素的数据商品来分析，有助于更好地理解数据产权的生成和结构。数据与数据要素不同，相应地两种商品的产权安排也不尽相同。根据"数据二十条"的精神，作为数据产品的商品化过程，需要建立数据资源持有权、数据加工使用权、数据产品经营权"三权分置"的数据产权结构性分置制度；考虑到作为数据要素的商品化过程，必须将两种商品的产权分离，明确数据要素增值收益权，构建数据要素收益分配制度。

第四章

数据要素的价值和生产

马克思在《资本论》中写道："商品到货币是一次惊险的跳跃。如果掉下去，那么摔碎的不仅是商品，而且是商品的所有者。"并不是所有的数据都能走完从数据资源、数据产品、数据商品（资产）到数据要素（资本）整个生命周期，并不是所有的数据资产都能转化成数据要素，从数据到数据要素同样是一次惊险的跳跃。积累起来的数据资产，在算力和算法的驱动下转化为数据要素，同时产生了数据生产力，为了追求更大的数据要素价值，又进一步积累更多的数据资产，推动数据生产力的发展。其中，数据要素转化为数据资本成为数据要素价值生产的加速器。这一加速器不仅加速了数字产业化，生产出更大规模的数据产品，通过数据交换转为数据商品，数据资产转化为数据要素，也加速了产业数字化的进程。数据生产力一方面可以理解为数据＋算法＋算力，另一方面可以理解为数据资产转化为数据要素所产生的数据要素价值。从数据要素生产过程的分工入手研究数据产权是马克思产权理论的特征之一，本章深入考察数据要素的价值及其生产，理解数据不同形态的价值发生的机理，厘清两种数据商品的不同权属关系，为正确把握数据不同形态的权属安排和分配打下基础。

第一节　数据生产力及其发展

一、数据生产力

数据生产力是一种新质生产力。数据＋算法＋算力构成新质生产要素，其中数据是核心的生产要素。数据是新质生产力的劳动对象。数据被采集形成数据资源，被加工和标准化生产出数据产品，经过市场化流通形成数据商品，数据入表形成数据资产。数据又是新质生产力的生产要素。数据资产投入生产，与劳动结合，驱动社会化分工，产生价值增值，形成数据资本，形成了驱动新质生产力的生产要素。与以往的物质生产力不同，数据生产力不再以开发、运输和利用物质资源和能量资源为主，而是以数据采集、开发与利用为主，这是当代生产力最本质的特点。数据生产力包括两个方面（见图4-1）：一是生产数据的生产力，即采集数据资源、加工生产数据产品的能力，其中一部分进入市场成为消费数据商品，一部分进入数字经济企业成为数据资产，为转化为数据要素提供基础；二是利用数据产生的生产力，也是数据转化成生产要素所产生的生产力，还包括由数据驱动产生的社会生产力。

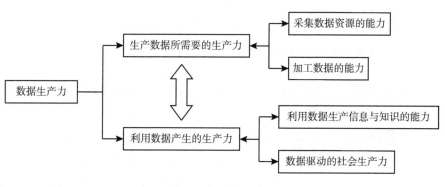

图4-1 数据生产力

（一）生产数据所需要的生产力

数据生产力开始于数字化技术的运用，用数据介质代替将传统保存文字、图片、语音和视频等各种不同的物理介质，生产出新的文字、图片、语音和视频数据产品。随着数字孪生技术的出现，以 VR、AR 方式记录与呈现人的环境、生活、生产的全部过程，生成与物理世界越来越相似、越来越同步的虚拟世界，所不同的是，可以将物理世界完全数据化，通过数据了解、预测，甚至控制外在真实的物理世界。生产数据的生产力包括采集数据资源的能力和加工数据的能力。第一，采集数据资源的能力。随着物联网、GPS 或北斗定位以及移动互联网技术的应用，各种数据越来越多地被各种传感器详细地记录下来，如位置信息、移动的实时数据、3D 扫描获得物体的3D 数据等，涉及到在各种场景中产生的数据如物联网设备、网络交互、业务交易等场景中。采集数据资源的能力是指能够正确配置和部署硬件和软件设备，确保数据的质量和完整性。还能够通过网络、数据库等方式找到需要的数据，对各种数据源如数据库、文件、API 等进行数据搜索和数据爬取，快速而有效地采集和整合来自多个源头的数据。第二，加工数据的能力。加工数据的能力包括数据清洗和预处理、数据存储和数据管理能力。数据清洗和预处理能力涉及到去除无关的数据、填充缺失的数据、提高数据质量、转换数据格式、标准化数据格式以适应需要的能力。数据存储和管理能力涉及到数据库、数据仓库、数据湖设计、数据部署和管理的能力，实施数据云存储或分布式存储的能力，以及提供大容量数据存储和管理的能力。

（二）利用数据所产生的生产力

利用数据产生的生产力包括利用数据产生信息和知识的能力和利用数据驱动的社会生产力。利用数据产生的生产力是在生产数据的生产力发展的基础上发展起来的，又促进了生产数据的生产力的发展。（1）利用数据产生信息和知识的能力。利用数据产生信息和知识的能力包括数据分析和数据解释两个重要步骤。利用与挖掘数据中的相关性是获得知识与规律的钥匙。数据分析是从数据中抽取有意义的信息的过程，包括描述性分析，例如，找出平均值、中位数或模式；预测性分析，例如，使用历史数据来预测未来的趋势；推断性分析，例如，使用数据来测试特定的假设或理论。在数据分析过程中，通常会使用一系列工具和技术，包括统计方法、数据可视化、机器学习等。数据分析可以用于各种各样的目的，如市场研究、产品开发、运营优化、客户关系管理等。其结果可以帮助企业或个人更好地理解现状、预测未来，进一步帮助做出更有依据的决策。数据解释是对分析结果的理解和解读，是一个将"信息"转化为"知识"的过程。这个过程需要具备专业知识和理解上下文的能力，以便正确地理解数据分析的结果。例如，数据分析可以以数据可视化方式呈现产品销售额在某个时间段内增加了，数据解释会进一步解读这个结果，可能会连接市场策略、产品改进、季节性影响等多个因素来解释为什么会有这样的结果。（2）利用数据驱动社会生产力的能力。利用数据驱动的社会生产力体现在结合人的要素与物的要素的能力、建立人与人链接与传递价值的能力，使用数据和算法自动执行和优化任务，减少人工干预。具体包括数据驱动决策制定和流程创新、提高运营效率、提供个性化产品和服务、利用数据预测并管理各种风险。数据为协作分工目标、过程、成果的记录、描述和传递提高了效率。"整个市场处理商品复杂性描述的相关费用减少了，因此使市场为基础的经济活动变得适合更大规模的活动。"① 如今，大数据技术帮助人们挖掘大量的信息，利用这些信息，已经开始帮助人们回答经济学中一些最基本的问题：我们生产什么？生产多少？如何更合理地进行生产？一方面，数据利用的能力扩大了指挥协调的范围与规模。另一方面，数据利用的能力也极大地提升了指挥协调的时效性和精准度。云计算不仅驱动了数据集中式的计算，大大提高了协调能力，同时各种终端及智能感知设备的分散的边缘计算，根据市场情况及时自动地调节生产计划、调整产品库存与数量，做出了接近市场化方式的自主反应。数据不仅驱动人与人的分工协作，还解决了最棘手的信任问题，区块链的工作量证明技术为协作与分工中的个人贡献提供了价值证明，并支持价值在区块链网络中得以传递与交换，激励了更进一步的协作与分工。

二、数据生产力发展的三个阶段

数据生产力可以分为集聚型、融合型和协同型三种方式。② 数据要素投入到生产的途径可分为三次价值释放过程，即数据支撑业务贯通、数据推动

---

① ［印］阿鲁·萨丹拉彻：《分享经济的爆发》，文汇出版社 2017 年版，第 99 页。
② 何苏燕：《数据生产要素化及其价值创造机制研究》，载于《企业经济》2023 年第 1 期。

数智决策、数据流通对外赋能。① 数据生产力发展历经信息化、数字化和数智化三个阶段，包括数据再造企业产生的生产力——信息化阶段；数据重构社会化分工产生的生产力——数字化阶段；机器与劳动的再分工产生的生产力——数智化阶段。

（一）从数据再造企业所产生的生产力——信息化

数据再造企业产生的生产力是指企业运用计算机技术、网络技术、物联网技术和数据库技术等重构或优化业务流程，整合、集成、共享和有效利用企业内外部信息，实现生产、经营和管理自动化和智能化。数据要素激发企业创新活力，企业间的协同、交流、共享行为能最大化地提升创新效率，为生产效率的提升奠定基础。② 在这个过程中，数据要素主要集中在企业内部，利用数据重构业务流程，优化企业内部的分工协作，数据要素驱动算法对企业生产、经营和管理提供预测和判断，大大降低成本，提升了企业生产、经营和管理效率。从数据再造企业所产生的生产力——信息化，是数据生产力的最初阶段。企业信息化管理系统主要有 OA 办公自动化系统、用于管理客户关系的 CRM 系统、ERP企业资源规划系统、MES 制造执行管理系统等。简言之，在转换倍增与循环倍增的交替作用下，"数据→决策→反馈→新决策→复反馈→……"这一曲折前进的发展路径优化了企业决策效率，是微观层面数据要素发挥倍增效应最核心的运作机理。③ 数据再造企业产生的生产力，为企业的发展注入了新的动力。

（二）从数据重构社会化分工所产生的生产力——数字化

数据生产力不仅在企业内部，还从企业自身业务出发，延伸到市场，驱

---

① 中国信息通信研究院：《数据要素白皮书（2022 年）》，http：//www. caict. ac. cn/kxyj/qwfb/bps/202309/P020240326629585758237. pdf，2022 年 12 月 1 日。

② Akcigit U. , Liu Q. The Role of Information in Innovation and Competition. Journal of the European Economic Association, 2016, 14（4）：828 – 870.

③ 欧阳日辉、刘昱宏：《数据要素发挥倍增效应的理论机制、制约因素与政策建议》，载于《财经问题研究》2023 年第 11 期。

动新的社会化分工。不同于企业内部借助工序拆分进行分工合作的工业劳动模式，数据重构社会化分工，以数据平台为基础，不仅驱动线下的分工协作，还由线上主导分配与交换，既不是企业内部或计划经济条件下的行政调控，也不再是盲目的市场自由配置。数据重构社会化分工产生生产力，在市场配置资源的基础上，利用集聚的数据挖掘出的信息驱动并匹配交换，催生新模式，打通产业链，促进协同发展，同时，计划协调出现了自动化的智能调度分配，因此，计划更加融于市场。在马克思看来，"协作的范围或生产的规模取决于生产资料、劳动力和资本的积聚程度"[①]，一直以来，生产资料的积聚主要指的是生产资料所有权的集中，生产资料所有权的集中被看作协作与分工的条件。数据重构社会化分工产生的生产力则以积聚数据生产资料为基础。平台提供自动匹配的协调能力，导致"劳动者—企业—消费者"的传统商业模式逐渐被"劳动者—共享平台—消费者"的共享模式所取代。[②] 劳动者不再依赖于企业提供的生产资料和销售渠道，任何一个普通劳动者都可以创业，以自己的劳动与自己的生产资料或云化的生产资料相结合，直接为消费者提供差异化的创新服务和产品，驱动更大规模分工协作产生新的社会生产力。

（三）机器与劳动的再分工所产生的生产力——数智化

数据是以 Deepseek、ChatGPT 为代表的生成式人工智能的原料，生成式 AI 赋能数字生产，驱动产品创新，支撑智能制造，能够提升资本有机构成，进而获取剩余价值，形成机器与劳动的再分工，产生强大的生产力，让人类生产进入全新的数智化时代。数据生产力产生机器与劳动的再分工，也产生劳动与机器的新对立。不仅如此，生成式人工智能还在向通用人工智能方向发展，机器不仅可以替代人的体力劳动，还可能替代人的脑力劳动。不仅替代人的简单劳动，还替代人的复杂劳动。这种机器对劳动的替代，会导致大量失业，产生更大的收入差距，催生大量"无用阶层"，导致社会阶层固

---

① 《马克思恩格斯全集》第 23 卷，人民出版社 1972 年版，第 367 页。
② 彭文生、张文朗、孙稳存：《共享经济是新的增长点》，载于《银行家》2015 年 10 月 6 日。

化，将造成更为严重的社会及政治不平等。

关于劳动与机器的对立，马克思做了这样的论述：剩余价值并非源自"机器所代替的劳动力"，而源自使用机器的雇佣劳动力。这一论断在人工智能的背景下还成立吗？以 ChatGPT 为例，ChatGPT 并不是活的数字劳动力，而是数字生产中的一种数字生产资料，其自身不仅不能生成新的数字价值，而且作为数字生产资料本身的数字价值要转移至数据商品中，也需要数字劳动者借助数字程序设计来实现。它依赖的原料——数据是劳动者在数字社会中生成的，只有把数字劳动者的知识和经验转化为可以被 ChatGPT 感知和运算的数据，才能生成智能。人工的多少决定了智能的强弱，直观地呈现出 ChatGPT 的内在逻辑。ChatGPT 利用人活动的数据才能产生价值，ChatGPT 不论是从理论上还是实践上都无法成为创造数字价值的"活劳动"。[1] 这种数字价值转移过程并没有带来增值，所转移的数字价值仅是 ChatGPT 运用算力而造成的数字使用价值的损耗，即 ChatGPT 的折旧。当没有新的劳动产生的数据，没有更新的数据，当 ChatGPT 的数字使用价值全都转移完毕，也就达到下架的程度了。数字活劳动是凝结在智能生成内容中数字价值的唯一源泉。

数字劳动者的劳动与大算法、大数据和大算力的结合是数据生产力安全生产的前提。离开与人的活劳动产生的知识进行校准，系统越智能化，也就意味着越不安全。因此，中国科学院院士张钹指出：为了克服人工智能的固有缺点，唯一的办法是把知识、数据、算法和算力这四个要素同时运用。[2] 可见，没有劳动参与的人工智能不仅不可能持续，没有人类知识的校对，人工智能也是不安全的。因此，人工智能不是没有人类参与的永动机。永动机的梦想者企图设计出一台不用输入新能量就可以持续做功的机器，希望脱离人的劳动，脱离人与自然、人与人的交往的实践活动。对于人工智能，没有新的信息就如同没有了新能源的永动机，人工智能的机器也就产生不了人类

---

① 温旭：《ChatGPT 的马克思劳动价值论解读》，载于《东南学术》2023 年第 4 期。
② 张钹：《探索之路：人工智能发展的回顾与展望》，光明网，https://news.gmw.cn/2024-05/25/content_37343570.htm，2024 年 5 月 25 日。

所需要的新的智能。因此，人工智能所产生的生产力仍是机器与人的劳动的再分工所产生的生产力。

第二节 数据要素的价值

关于数据要素的价值，不少学者均有论述。谢康、夏正豪、肖静华（2020）指出数据要素驱动知识形成而产生价值。数据要素通过叠加与积累的过程，推动一系列经济活动中的知识水平上升到新的层次，在生产与组织管理中能显著提升价值创造的效率。[①] Farboodi M. 和 Veldkamp L.（2020）指出数据要素驱动优化匹配效率而产生价值。数据要素的流通意味着有效信息的传递，互联网、大数据等数字技术的发展与应用扩大了信息的交互，减少了供需双方的信息壁垒。在此基础上，企业能准确地为用户提供更为精细化的服务和产品，消费者能在市场中完成更高质量的交易与反馈。[②] 数据要素驱动新技术、新产业、新服务、新模式而产生价值。数据要素是数字技术应用的副产品，作为新型生产要素，数据要素在推动数字产业化和产业数字化中发挥了重要作用。[③]

一个高效的数据生产和利用系统不仅需要能够有效地生成和管理数据，还需要有能力将这些数据转化为有价值的洞见和行动，直接作为生产要素促进经济增长，也可以通过促进其他生产要素的高效配置，间接提升其他生产要素的使用效率。[④] 数据要素要发挥作用，离不开与其他要素的结合，以 I 代表新的生产要素——数据要素，T 代表传统生产要素，那么简化的数据生产函数可以表示为：$Q = f(T, I)$，柯布 - 道格拉斯生产函

① 谢康、夏正豪、肖静华：《大数据成为现实生产要素的企业实现机制：产品创新视角》，载于《中国工业经济》2020 年第 5 期。

② Farboodi M. , Veldkamp L. A Growth Model of the Data Economy. Social Science Electronic Publishing, 2020, 28（4）：27 - 35.

③ 欧阳日辉、刘昱宏：《数据要素发挥倍增效应的理论机制、制约因素与政策建议》，载于《财经问题研究》2023 年第 11 期。

④ 徐翔、赵墨非：《数据资本与经济增长路径》，载于《经济研究》2020 年第 10 期。

数可以表示为：$Q = A \times T^{\alpha} \times I^{\beta}$。数据的价值同样分为两个部分的价值：一是生产数据的生产力创造的价值；二是利用数据产生的生产力创造的价值。前者是数据产品的价值，后者是数据要素的价值。不管是前者还是后者都是劳动创造的。生产数据的生产力创造的价值是生产数据的劳动所创造的价值，是生产的数据要素的潜在价值；而利用数据产生的生产力创造的价值是数据驱动更大规模更高效的劳动所创造的价值，它才是数据要素的真正价值（见图 4 - 2）。

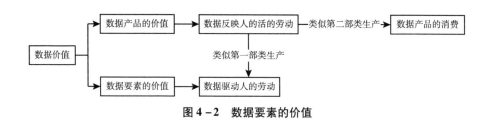

图 4 - 2　数据要素的价值

一、数据反映人的活动——数据要素的潜在价值

数据记录、反映人的活动，是数据产品的价值。一部分数据产品转化成数据消费产品，另一部分数据产品则进入生产，可能转化成为数据资产，成为数据要素的潜在价值。数据消费产品价值包括支持数据消费产品价值生产的物质生产资料，支持生产数据的物理技术的投入，以 Ic 表示用于生产数据的不变资本，其中生产数据的物理技术由信息制造技术、基本信息技术和应用信息技术构成。信息制造技术包括微电子技术、光电技术、生物电子技术和微光电机械技术等，还包括软件工程技术、系统集成和系统测试技术等。基本信息技术包括信息获取技术、信息传递技术、信息认知技术、信息决策技术、信息执行技术和信息系统集成技术等。应用信息技术包括信息制造技术和基本信息技术基础上的各类应用。以 Iv 表示用于生产数据的可变资本，生产数据的可变资本是指购买数据数字劳动力所投资的资本，数字劳动者依托大数据、云计算、人工智能等新型技术载体，创造数字化产品。数字劳动不同于传统的体力劳动，而是以智力、

创造力为主导的非物质劳动。数字劳动往往加工改造信息、数据等"无形物"，对数据、信息等进行采集、编码、存储、赋值，是一种具有非物质生产特性的劳动。[1] Im 表示作为产品形态的数据商品的增值收益，包括与数据相结合形成的数字消费产品，数字消费产品又分为内容性产品、交换工具、数字过程和服务等三种类型。作为产品形态的数据商品的社会总价值等于用于生产数据的不变资本 Ic + 投入数据生产的数字劳动的可变资本 Iv + 作为产品形态的数据商品的增值收益 Im。

二、数据驱动人的劳动——数据要素的价值之一

利用数据生产信息和知识是数据驱动人的劳动的基础，找到应用的场景，利用数据将人的要素与物的要素结合起来，将是利用数据产生的生产力所创造的价值，其中包括 Ic、Iv 和 Im。Ic 表示用于数据驱动人的劳动的不变资本。算法是利用数据产生的生产力的技术基础。Iv 表示数据驱动人的劳动的可变资本。人的活动不同于人的劳动。活动可以是积极的，也可以是消极的，可以是娱乐消遣，也可以是创新创造，但马克思认为"劳动是积极的、创造性的活动"[2]。在数字平台驱动下的活动可以分为数字劳动和数字活动。专门从事数据工作的数字劳动者，如直播网红、程序员、UP 主、网络小说作家等从事具有的创造性数字劳动。不从事数据处理但却生产数据的普通用户，如粉丝、游戏玩家、各类 App 用户等的活动属于数字活动。这些数字劳动和数字活动不同于生产数据产品的数字劳动。不管哪一类劳动或活动都是数据驱动人的活的劳动。Im 表示数据驱动人的活的劳动产生的增值收益。数据驱动人的活的劳动产生的社会总价值等于用于数据驱动人的劳动的不变资本 Ic + 数据驱动人的劳动的可变资本 Iv + 数据驱动人的活的劳动产生的增值收益 Im。

---

① 巩永丹：《把握数字劳动内涵及特征 规范数字经济发展》，http：//www. nopss. gov. cn/n1/2023/0222/c219544 – 32628864. html。

② 《马克思恩格斯全集》第 46 卷（下），人民出版社 1980 年版，第 116 页。

三、数据替代人的劳动——数据要素的价值之二

　　财富创造过程是不可逆的，创造财富的过程中都是使用能量将秩序较低的原材料和信息转换成高度有序的产品和服务，以满足人们的需求。生物自然生产力完成熵减，产出人类需要的食物。人们通过采集狩猎谋生，劳动和先占先得是某产权的特征。采取种植与定居相结合的农业生产方式，生物生产力仍然是熵减的主要力量。土地成为主要生产要素，成为财富的表征。随着技术的发展，城市与乡村分离，工业所需要的物料和能源成为重要的生产要素，机器替代大量体力，成为驱动熵减的主要力量。

　　进入数字经济时代，数据能够成为财富的表征吗？这是一个颠覆性的问题。从古至今，财富都是通过物质生产创造出来的，通过劳动、消耗能源、重组物质，生产人们所需要的东西，从混乱的数据中挖掘有序，并转换成产品和服务。当数据中生成的 AI 与实体经济结合时，又替代大量脑力劳动，在熵减的过程中创造财富。数据相当于 AI 算法的"饲料"，AI 算法是数据驱动型算法，算法的本质是从数据中挖掘信息和知识；算力是利用数据产生生产力的物质基础，其本质是挖掘信息和知识所需消耗的能量。"知识就是力量"正逐渐被"数据就是力量"所取代，因为数据可以产生智能和新知，赋能社会经济发展。[①] 数据产生的生产力来源于负熵的生产，而负熵的生产需要投入能量。兰道尔原理（Landauer's Principle）表达了这一关系：在平衡态中擦除 1bit 的信息至少要消耗 kTln2（其中，k 为玻尔兹曼常数，T 为环境温度）的能量。消除信息熵 = 获取信息 = 消耗能量。近年来，财富越来越不再依赖于物质或者直接消耗能源，而产生了非物质形态的产品，它们多来自对数据资源的利用，但依然需要消耗能源，因为算力实质上消耗的是能源，因而依然没有改变从熵减的过程中创造财富的逻辑。

---

　　① 高富平：《数据持有者的权利配置——数据产权结构性分置的法律实现》，载于《比较法研究》2023 年第 5 期。

第三节 数据要素价值的生产与再生产

数据要素通过自身作用及与其他生产要素融合发生作用，并渗透在生产、流通、消费、分配等社会生产过程中，不仅在本国发挥数据乘数效应，还通过跨境数据流通发挥开放乘数作用，会显著地催生新质劳动资料、孕育新质劳动对象、创造新质劳动力，进而推动新质生产力涌现。[①] 为了维持数据要素的作用，必须维持数据要素价值生产与再生产，同时，为了数据要素价值生产与再生产，必须有与之相适应的生产关系和数据产权制度。

一、数据要素价值的生产

数据要素价值生产包括数字产业化和产业数字化。数字产业化，是数据商品的生产和流通过程；产业数字化，是数据要素参与生产的过程。数据要素的运行机制须经历"数据资源（潜在价值）——数据资产/产品（价值创造）——数据商品（价值实现）——数据资本（价值倍增）"的发展阶段。"数据——数据产品——数据商品——数据资本"，既是数据要素被使用的过程，也是数据要素价值形态演进和数据商品实现价值增殖的过程。[②]

（一）数字产业化是数据商品的生产和流通

借鉴马克思商品理论，分别分析作为产品的数据商品和作为要素的数据商品。"如果把生产过程和流通过程这两大要素当作两个要素来看，那么其中每一个又都以双重身份出现，这样，我们既可以从流通出发，也可以从生产出发。现在已经确定的是，流通本身是生产的一个要素，因为资本通过流

---

① 张夏恒、刘彩霞：《数据要素推进新质生产力实现的内在机制与路径研究》，载于《产业经济评论》2024 年第 3 期。

② 宋文静：《数据商品的生成逻辑与资本化过程探析——基于政治经济学的视角》，载于《天府新论》2024 年第 3 期。

通才能成为资本；如果把流通本身当作生产过程的整体来考察，那么生产只是流通的要素。"[①] 数字产业化是数字经济发展的基础。数字产业化是指为产业数字化发展提供数字技术、产品、服务、基础设施和解决方案，以及完全依赖于数字技术、数据要素的各类经济活动。主要包括计算机通信和其他电子设备制造业、电信广播电视和卫星传输服务、互联网和相关服务、软件和信息技术服务业等，[②] 对应《国民经济行业分类》中的 26 个大类、68 个中类、126 个小类。[③]

数据的要素化过程也是数据的商品化过程。数据商品生产是数据要素化的起点。数字产业的数据商品生产过程与传统的物质商品的生产过程没有本质区别。原始数据通过算法工具对数据原料进行预处理和深度挖掘，生产出具有使用价值的数据产品，再经市场交易转化为数据商品。传统产业的商品生产生产的是有形的物质商品，数字产业的商品生产，其核心是数据产品的生产。数据商品的生产开始用货币购买生产数据所需要的生产资料，$G \rightarrow W$，投入劳动，从事数据产品生产，产生价值增加，$W \cdots P \cdots W'$，售卖数据产品，数据产品进入数据商品市场交换，回收货币，$W' \rightarrow G'$，$G' > G$。循环总公式：$G \rightarrow W \cdots P \cdots W' \rightarrow G'$。在这里，数据从数据资源到被加工的数据、数据产品，通过数据市场化交易，数据转化为商品。在这个过程中，数据是劳动对象，还不是劳动的生产资料或者生产要素，作为产品的数据商品，终得以实现数据的使用价值，也为数据要素实现价值提供了前提条件。数字产业的发展只是发展了生产数据的生产力，积累了数据和数字化技术，为数据转化为数据要素打下了基础。

（二）产业数字化是数据要素参与的生产

产业数字化，指应用数字技术和数据资源为传统产业带来产出的增加和

---

① 《马克思恩格斯全集》第 46 卷（下），人民出版社 1974 年版，第 11 页。

② 国家统计局：《数字经济及其核心产业统计分类（2021）》，https://www.gov.cn/gongbao/content/2021/content_5625996.htm，2021 年 5 月 14 日。

③ 《衡量数字经济发展水平重要统计标准出台——国家统计局发布〈数字经济及其核心产业统计分类（2021）〉》，https://baijiahao.baidu.com/s?id=1702240053480939516&wfr=spider&for=pc，2021 年 6 月 11 日。

效率的提升，是数字技术与实体经济的融合，[①] 涵盖智慧农业、智能制造、智能交通、智慧物流、数字金融、数字商贸、数字社会、数字政府等数字化应用场景，对应于《国民经济行业分类》中的 91 个大类、431 个中类、1256 个小类，体现了数字技术已经并将进一步与国民经济各行业产生深度渗透和广泛融合。[②] 数字技术的应用和数字化转型，由数据要素驱动劳动资料、劳动对象和劳动者产生数据生产力，可以表达为：数据生产力 = 数据要素×（劳动者 + 劳动资料 + 劳动对象），即数据要素×。产业数字化是数据要素参与的生产，数据、算法、算力赋能传统产业或创新的应用场景，利用数据产生信息和知识的能力、利用数据驱动社会生产力。在生产环节中，数据要素的作用包括生产要素创新、设计研发创新、生产制造协同。在流通环节中，数据要素的作用包括提升流通时效、降低流通成本、优化供应链条。在消费环节中，数据要素的作用包括精准匹配需求、创新消费场景、提升消费质量。在分配环节中，数据要素的作用包括优化资源配置、增加价值生成、促进价值共享。在产业数字化过程中，用货币购买传统生产资料 W 的同时，用货币购买数字经济时代的核心原料——数据 D，数字经济时代的核心技术——算法，数字经济时代的核心能源——算力，$G \rightarrow W + D$，找到应用场景，投入劳动，尤其是带动了平台驱动下的大规模数字劳动和数字活动，产生价值增加，$W + D \cdots P \cdots W' + D'$，出售数字化后的产品和服务，$W' + D' \rightarrow G'$，$G' > G$。在这个过程中，数据不再是劳动对象，而是劳动的生产资料或生产要素。

作为要素的数据商品具有数据要素的倍增效应，由两部分组成："一是瞬时性的，提高单一要素价值的转换倍增效应；二是持续性的，优化经济系统循环的循环倍增效应。在两种效应的共同作用下，数据要素能动态地、持续地作用于其他要素并产生更多的数据，数据的倍增带来要素投入的增加和

---

① 国家统计局：《数字经济及其核心产业统计分类（2021）》，https：//www. gov. cn/gongbao/content/2021/content_5625996. htm，2021 年 5 月 14 日。

② 《衡量数字经济发展水平重要统计标准出台——国家统计局发布〈数字经济及其核心产业统计分类（2021）〉》，https：//baijiahao. baidu. com/s? id = 1702240053480939516&wfr = spider&for = pc，2021 年 6 月 11 日。

要素投入产出效率的提升，最终促进全要素生产率与经济效率的提升。"[1] 作为产品形态的数据商品在市场中流通实现第一次增值，作为产品形态的数据商品被企业购买并转化成为数据资产，数据资产作为生产要素与劳动力、资本等其他生产要素同时进入生产，成为企业重要的生产资料。驱动企业内外的社会化分工协作，实现作为产品形态的数据商品的再次增值，垄断数据要素的资本通过数据要素控制权和收益权主导数据要素的增值收益分配。

二、数据要素价值的再生产

数据要素价值的再生产不仅包括产业数字化的扩大再生产，还包括产业数字化扩大再生产驱动的数字产业化的数据再生产。

（一）产业数字化的扩大再生产

数据要素参与生产，数据要素不仅没有被消耗，反而因为生产的循环产生越来越多的数据 D'，而越来越多的 D' 又支持实现越来越多的 W'，这是数据要素非物质性、非排他性和规模递增效应决定的。数字经济平台生产力取决于采集数据资源的能力 $P1$、加工生产数据产品的能力 $P2$、利用数据产生信息和知识的能力 $P3$、利用数据驱动的社会生产力 $P4$。数字经济平台生产力越大 P，数据转化成数据要素的能力就越强，吸引链接的能力就越强。因此，线上分配交换平台作为一个节点驱动线下协作分工的能力取决于平台既有的链接数和平台的数据生产力。可以用平台既有的链接数 L 的变化来描述线上分配交换与线下协作分工的相互作用，平台的链接数 L 越大，主导分配交换的能力就越强，驱动线下协作分工的能力也就越强，产生的资本增值也就越大。在数字经济条件下，资本增值的因素取决于 ΔL 或 ΔD。参考马克思资本总公式 G—W—G′，可以列出数字经济条件下的资本总公式，即

---

[1] 欧阳日辉、刘昱宏：《数据要素发挥倍增效应的理论机制、制约因素与政策建议》，载于《财经问题研究》2023 年第 11 期。

G—D—L—P—L′—D′—G′。线上分配交换与线下协作分工相互作用 ΔL 的动态变化可以表达为：

$$L(t+1) = L(t) \times P(P1、P2、P3、P4)，$$
$$D(t+1) = D(t) \times P(P1、P2、P3、P4)。$$

也就是，下一个时间 t + 1，其节点的链接数 L（t + 1），取决于任一时间节点的链接数 L（t）与该节点的数据生产力 P（P1、P2、P3、P4）的乘积。平台实现资本增值的逻辑就是：投入资本 G，提升了线上平台的数据生产力 P，更多的数据要素参与生产 D → D′，ΔD 增大，提升了节点的链接数 L → L′，ΔL 增大，驱动更大规模的线下协作分工，左右更大规模的线上分配交换，实现投入资本的增值 G′。当产品的价值随数据增多而提升，并且当产品的使用增多会产生数据时，就会产生数据网络效应。[1] 算力相当于动力、算法相当于机器、数据则相当于原料，这三者相互作用，共同推动着数据要素转化。以数据、算法、算力为主要代表的数据生产力是一个结构复杂的系统，算力是算法和数据的底座，算力规模的大小直接决定了数据处理能力的强弱，没有强大的算力支撑，算法和数据就犹如"空中楼阁"，特别是智能算力，不仅能够提供海量的数据处理能力，而且还可以支撑高性能的智能计算，进而直接影响数据生产力的发展。[2]

（二）产业数字化扩大再生产的条件

产业数字化的扩大再生产整合了数据商品的生产、流通以及数据要素参与的生产。数据商品的生产、流通与数据要素的循环过程形成数据供需平衡的关系。数据转化成数据要素，产生增值收益，产生对数据的更大需求，这一需求带动数据商品的生产、流通，提供更多的数据供给。产业数字化的扩大再生产对数据的更大需求，为数字产业的数据生产与扩大再生产提供了动力。数字产业的数据生产与扩大再生产为产业数字化的扩大再生产提供了前

---

[1] Grwgory R. W., Henfridsson O., Kaganer E., et al. The Role of Artificial Intelligence and Data Network Effects for Creating User Value. Academy of management review, 2021, 46（3）：2 - 40.

[2] 王春晖、方兴东：《构建数据产权制度的核心要义》，载于《南京邮电大学学报（社会科学版）》2023 年第 2 期。

提条件（见图 4-3）。数据非物质、可复制、可复用的特性，加快并带动了其他要素的循环，减少了在使用中的损耗，减少了再生产流通时间，创造了更大的扩大再生产的可能性。

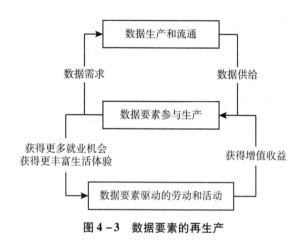

图 4-3 数据要素的再生产

产业数字化扩大再生产的条件不仅要求数据供需平衡，事实上，还要求数据要素产生的增值收益在需求端和供给端的分配必须达到动态平衡，也就是平台利用数据生产力将数据转化为生产要素所产生的增值收益，必须大于非数字化生产所产生的收益，只有这样，数据转化为生产要素的应用场景才能被创造出来。不仅如此，平台要支付数据商品的生产、流通成本，还要把数据转化为生产要素所产生的增值收益合理地分配给由数据驱动的数字劳动者。社会中每个主体都可能是数据来源者、使用者和生产者三重角色。① 因为只有反映人的活动和劳动的数据资源才有可能参与到生产中去，只有驱动人的活动和劳动才能产生增值收益。因此，由数据驱动的数字劳动者应分享数据转化为生产要素所产生的增值收益。相反地，数据转化为生产要素所产生的增值收益若被平台所垄断，扩大的协作分工规模越大，积累的线上与线下的矛盾就越为激烈，最终反过来将抑制线下的协作分工，甚至达到使之难

---

① 高富平：《数据持有者的权利配置——数据产权结构性分置的法律实现》，载于《比较法研究》2023 年第 5 期。

以持续的地步。数据要素价值的再生产和产业数字化扩大再生产必须推进数字经济与实体经济的深度融合。数字经济和实体经济深度融合，才能将数据转化为生产要素的应用场景创造出来，应用场景越丰富，数据需求就越大，数据要素资源生产就越扩大，数据要素交易市场就越活跃，更多的数据要素与其他生产要素相融合，才能更好地赋能实体经济的发展。

第四节　两种商品产权关系

从数据产品和数据资本两种商品产权的可持续再生产来看两种商品产权关系，有三层含义，首先是数据产品生产过程中伴随着的作为数据产品的商品产权的交换关系；其次是数据要素驱动社会生产，作为数据资本的商品产权的分配关系；最后，在作为数据资本的商品产权的分配关系支配下的作为数据产品的商品产权的交换关系。

一、作为数据产品的商品产权的交换关系

为了保证数据要素的再生产，必须加强数据生产的供给侧体系的建设，培育数据、算法、算力以及数字基础设施等相关技术的创新环境，完善新质生产力供给侧的生产体系。不仅如此，为了保证数据要素的再生产，必须构建作为数据产品的商品产权的交换关系。第一，为了保证数据要素的再生产，必须建立数据生产各主体之间的交换关系。数据被采集加工，必须经过流通、交换转化数据商品，才能实现数据产品价值。在数据资源拥有者与数据加工使用者交换过程中，必须明确数据资源持有权和数据加工使用权；数据产品流转交换过程中，必须明确数据产品经营权。落实和完善数据产权制度，培育新质生产要素市场，促进数据等无形生产要素价格机制形成，鼓励数据生产商、数据交易服务商从数据的生产、流通、交换中获得收益，加大数据产品供给。第二，为了保证数据要素的再生产，必须建立数据生产与数据要素驱动的生产之间的交换关系。必须丰富数据要素的应用场景，扩大数

据的需求端，必须探索实数融合的新质生产力实现路径，促进数据向数据要素转化，才能完成新质生产力的价值实现。落实"谁投资谁收益"原则，鼓励更多市场主体在数据与更多应用场景结合中获得收益，驱动数字经济与实体经济融合发展，释放新质生产力。第三，为了保证数据要素的再生产，必须平衡数字产业化和产业数字化的发展，避免发展的比例失衡。数据要素产生的增值收益被平台垄断，扩大的协作分工规模越大，积累的线上与线下的矛盾就越为激烈，最终反过来将抑制线下的协作分工，甚至使得再生产难以持续。必须正确处理政府与市场关系，探索数字产业化和产业数字化平衡发展的数字治理方案。必须平衡数字经济与实体经济两部门之间的交换关系，才能促进数字经济与实体经济融合发展。第四，为了保证数据要素的再生产，建立新质劳动与数据要素的再生产之间的交换关系。在新质生产力条件下，第一次出现了围绕非物质资料的再生产，数据产生的生产力来源于负熵的生产，而负熵的生产又需要投入物质与能量，新质生产力生产了数据，数据转化为数据要素又驱动了新质生产力，扩大社会再生产又需要更大规模的数据供给，由此将马克思主义再生产理论探索延伸到了物质与非物质之间的变换领域。在新质生产力条件下，新质劳动不仅调整和控制人和自然之间的物质变换，还创生与运用着物质与非物质之间的变换。不仅生产实体物质，还生产虚拟的数据关系，在最终意义上生产的是虚实结合的社会生活本身。归根到底，没有人参与的活动就无法产生不断更新的数据，那还能持续产生符合人的全面发展、有价值的生成式 AI 吗？答案是否定的，由此决定了必须坚持劳动创造价值，保护新质劳动者在数据要素的再生产过程中的权益。

二、作为数据资本的商品产权的分配关系

在马克思的《资本论》中，资本实际上有五个方面的定义。（1）资本是一种生产关系，在资本主义条件下是资本雇佣劳动的关系。（2）资本是必要的生产要素。各种要素被资本整合并融入到生产过程中。（3）资本的本质是实现价值增殖，它通过生产过程带来剩余价值。这就是资本的逐利性。（4）资本是一种生命体的运动，一旦资本的运动停止，它就失去了资

本的属性。这就是资本的活动性。（5）积累是资本的本质。资本是规模不断扩大的再生产。这就是资本的积累性。① 马克思指出："生产创造出合适需要的对象；分配依照社会规律把它们分配；交换依照个人需要把已经分配的东西再分配；……。"② 交换是一种再分配，是在分配的基础上进行的。数据要素价值生产的本质是数据资本的生产，是将数据转化为数据要素、进入垄断数据资本中、实现价值增值的新的生产过程。在马克思那里，存在着作为资本关系的前提的商品和作为资本主义生产过程的结果的商品这两种商品概念。③ 同样，数据生产也包括这样两种商品的生产，在生产出数字经济时代的商品的同时，也生产出数据生产关系，即作为数据资本的商品产权的分配关系。从生产过程来看，数据商品向数据资本的转化过程，同时是价值形成向价值增值转化的过程，即数据商品的资本主义生产过程或资本主义方式的数据商品生产过程。④ 正如马克思指出："只是由于劳动采取雇佣劳动的形式，生产资料采取资本的形式这样的前提——也就是说，只是由于这两个基本的生产要素采取这种独特的社会形式——价值（产品）的一部分才表现为剩余价值，这个剩余价值才表现为利润（地租），表现为资本家的赢利，表现为可供支配的、归他所有的追加的财富。"同样，作为数据资本的商品产权的分配关系体现为：数据要素驱动的劳动创造剩余价值，为平台的赢利，表现为可供支配的、归平台所有的追加的财富，也因此数据转化为资本。数据转化为资本首先表现为数据资本支配劳动的分配关系。李海俊（2021）指出了数据来源于主体反过来否定数据主体的矛盾，数据生产者生产的数据越多，其所能够占有的数据就越少，并且越受自己生产的数据产品的控制和剥削。⑤ 温旭（2023）揭示了新质生产力条件下死劳动与活劳动之

---

① 洪银兴：《马克思主义所有制理论中国化时代化的进展和实践检验》，载于《当代中国马克思主义研究》2023 年第 2 期。

② 《马克思恩格斯选集》第 2 卷，人民出版社 1972 年版，第 91 页。

③ 唐正东：《马克思的两种商品概念及其哲学启示》，载于《哲学研究》2017 年第 4 期。

④ 宋文静：《数据商品的生成逻辑与资本化过程探析——基于政治经济学的视角》，载于《天府新论》2024 年第 2 期。

⑤ 李海俊：《数据生产力：主体异化与解放的生产力》，载于《西北民族大学学报（哲学社会科学版）》2021 年第 5 期。

间的对立。数据是劳动者在数字社会中生成的，作为 ChatGPT 的原料是死劳动，而生成式智能对活劳动的替代，构成了对传统劳动力再生产的一种破坏。① 实际上，体现为作为死劳动的数据资本支配活劳动的分配关系。数据转化为资本还表现为数据资本支配其他生产要素的分配关系。王宝珠、王朝科（2022）揭示了新质生产力发展与实体经济再生产环境挤出之间的矛盾，指出数据要素的运用所带来的大量社会剩余增加仍然主要来自相关实体产业部门劳动者的劳动。② 实际上，表现为数据资本支配包括劳动在内的其他生产要素的分配关系。最终，体现为作为数据资本的商品产权的分配关系支配下的作为数据产品的商品产权的交换关系。

第五节　本　章　小　结

本章从数据生产力这一新质生产力入手，梳理数据要素的价值及其生产。数据生产力是一种新质生产力，数据 + 算法 + 算力构成了新质生产要素，其中数据是核心的生产要素，也是新质生产力的劳动对象。数据被采集形成数据资源，被加工和标准化生产出来成为数据产品，经过市场化流通形成数据商品，数据入表形成数据资产。数据资产投入生产，与劳动相结合，驱动社会化分工，产生增值价值，形成数据资本，形成了驱动新质生产力发展的生产要素。

数据记录并反映人的活动，是数据产品的价值，一部分数据转化成数据消费产品，另一部分数据则进入生产并可能转化成为数据资产，成为数据要素的潜在价值。利用数据生产信息和知识是数据驱动人的劳动的基础，找到应用场景并利用数据将人的要素与物的要素结合起来，利用数据生产力创造价值，数据就转化成数据要素。数据要素价值生产包括数字产业化和产业数

---

① 温旭：《ChatGPT 的马克思劳动价值论解读》，载于《东南学术》2023 年第 4 期。
② 王宝珠、王朝科：《数据生产要素的政治经济学分析——兼论基于数据要素权利的共同富裕实现机制》，载于《南京大学学报》2022 年第 5 期。

字化。数字产业化是指数据商品生产和流通，产业数字化是指数据要素参与
生产。产业数字化扩大再生产的条件不仅要求数据供需平衡，还要求数据要
素产生的增值收益在需求端和供给端的分配中达到动态平衡。数据要素价值
生产的本质是数据资本的生产，是垄断的数据资本实现剩余价值增值的生产
过程。数据要素价值再生产必然产生与之相适应的生产关系再生产。首先是
数据产品生产过程中伴随着的作为数据产品的商品产权的交换关系；其次是
数据要素驱动社会生产，作为数据资本的商品产权的分配关系；最后，在作
为数据资本的商品产权的分配关系支配下的作为数据产品的商品产权的交换
关系。

第五章

数据要素与其他生产要素的关联

马克思不仅关注不同生产要素产权的不对称关系，也关注到不同商品产权的不同，进一步揭示了劳动力与资本作为商品的不同产权关系。运用马克思产权理论关于不同生产要素不对称关系的分析，本章集中讨论数据要素与劳动力、土地、资本、技术等其他生产要素之间的关系；分析数据要素在生产过程中的作用和重要性，分析数据要素与其他要素的结合及其机制；分析数据要素与其他要素之间的不对称，阐释为什么企业或资本更倾向于追逐占有数据生产资料而扬弃对物质生产资料的占有，阐释数据要素占有如何对劳动形成相对剥夺。本章为理解数据产权的社会化属性、完善数据产权结构奠定基础。

第一节　数据要素与劳动

劳动力是人的劳动能力，包括体力和智力，"劳动过程的简单要素是：有目的的活动或劳动本身，劳动对象和劳动资料"[①]，劳动是最主要的生产要素，其他生产要素如资本、土地、技术、知识与管理等都需要与劳动结合才能产生作用，同样地，数据也要与劳动结合，反映劳动者活动的数据才是生产要素，数据归根到底是由劳动创造的，是为劳动者所利用的生产要素。数据要素生成与发展，也为劳动者提供了更好的发展和就业机会，

---

① 《资本论》第3卷，人民出版社2018年版，第54页。

驱动了更大规模的社会化劳动。

一、数据要素是反映劳动的数据

劳动这一生产要素在不同历史时期的作用可以体现在不同时期占主流的价值理论上。古典经济时期，"农民与卖东西给他的人本身都是劳动者，交换的物品也都是他们各人自己的产品。他们在生产这些时消耗了什么呢？劳动，并且只是劳动。"[①] 从威廉·配第、亚当·斯密到大卫·李嘉图，他们都认识到劳动的决定性作用，认为劳动创造价值，在此基础上，马克思进一步完善他们的理论并创建了劳动价值论。坎蒂隆认为价值是生产产品所用的稀缺土地数量的函数，李嘉图补充说资本也是必要的。这一时期的经济学家普遍认为价值来源于供给端的生产要素。随着市场经济的发展，使用价值随着商品的时间、空间、环境和消费者需求的变化而变化，流通领域的工人、职员及管理人员也能生产各种使用价值，因此，以杰文斯和边际主义者为代表的价值理论转向了需求端，他们认为价值是由商品的相对效用决定的。

事实上，综合供给侧和需求侧，综合客观的劳动价值论和主观的边际论的观点才更接近马克思的观点，马克思指出，"在不同的社会状态下人们对劳动耗费的关心程度是不同的"。[②] 随着第一产业和第二产业在整个国民经济中所占的比重越来越低，第三产业所占的比重越来越高，更多社会产值和从业人员从生产领域转向流通和信息领域。坚持从劳动力这一要素视角观察，劳动价值度量方法也随着时代的变化经历了三个主要阶段：（1）由货币向时间形式的转化。（2）由时间形式向能量形式的转化。以上两个阶段主要关注劳动者消耗的体力。（3）由能量形式向信息形式的转化。在知识经济崛起之后，开始关注劳动者消耗脑力所产生的信息和知识，关注将能量转化为负熵的过程。埃里克·拜因霍克（Eric Beinhocker，2006）综合以上观点，从复杂经济学的角度重新定义了财富，认为财富是由物质、能量和信息等生产要素

[①] 《马克思恩格斯全集》第 46 卷，人民出版社 2016 年版，第 1016 页。

[②] 《马克思恩格斯全集》第 42 卷，人民出版社 2016 年版，第 88 页。

构成的，在这一过程中同时满足以下三个条件，就具有经济价值，这三个条件是：（1）财富创造的过程是消耗能量的、不可逆的；（2）财富创造的过程是产生信息的、熵减的；（3）财富创造的过程是满足人的需求的过程。① 以物质、能量为基础的工业机器自动化生产对人的体力的替代并不能否定劳动价值论，同样地，以能量和信息为基础的人工智能对人的脑力的替代一样不能否定劳动价值论。只有主动的、有意识的、有目的的劳动，才能将替代体力的机器和替代脑力的人工智能结合起来，实现对自然界主动的认识和改造，并满足人的需求。数据要素反映活劳动，成为劳动价值新的度量。

二、劳动创造并赋予数据要素价值

机器崛起替代体力劳动，AI 崛起势必替代大量的脑力劳动。如何在人工智能时代理解劳动价值论？只有从劳动的本质出发，揭示劳动创造并赋予数据要素价值，才能真正理解人工智能冲击下的劳动价值论。

（一）AI 本身不是劳动

"终有一天，我们突然发现，我们的身体感知所获得的一切，实际上已经被数据世界所中介。"② 正如洪宣河（Sun-haHon）所指出的，"尽管这些数字设备尚不完善，但对它们的使用已经将某种交往网络嵌入到我们的日常生活当中。机器深入地切入了我们的身体，利用了我们身体的参数，无意识地掌握了我们身体的物质痕迹。于是，这些设备可以测量人类认知和直觉所不能测量的东西。"数据记录了劳动者的消费行为，利用积累起来的数据，通过算法预测劳动者的偏好；数据记录了劳动者的活动与工作行为，给予劳动者下一步工作的指引，例如，为高峰期的司机就近指引客流热点区域等。数据记录了劳动者身体健康指标，为维护劳动力的持续性提供必需的提示。

① ［英］埃里克·拜因霍克：《财富的起源》，浙江人民出版社 2019 年版，第 362 页。
② 蓝江：《从身体感知到机器感知——数字化时代下感知形式的嬗变》，载于《西北师大学报（社会科学报）》2023 年第 3 期。

人类体力劳动被机器替代，体力劳动消失，人类脑力劳动被 AI 替代，脑力劳动消失。没有人参与的生产，那么还有增量的劳动者活动的数据吗？不再反映劳动者活动的数据还可能产生符合人需求的 AI 吗？"劳动所生产的对象，即劳动的产品，作为一种异己的存在物，作为不依赖于生产者的力量，同劳动相对立。"① 那么，马克思劳动的异化是否也达到了奇点？没有人与自然作用的过程，没有人参与的生产而产生的数据还能持续产生有价值的生成式 AI 吗？

尽管 AI 替代了大量的劳动，但其本身不是劳动，而是数字生产中的一种数字生产资料，其自身不能生成新的数字价值，而且作为数字生产资料本身的数字价值要转移至数据商品中，也需要数字劳动者借助数字程序设计来实现。ChatGPT 在智能生成内容中仅能够创造数字使用价值来转移自身的数字价值，却无法成为新的数字价值的来源。数字劳动者的数字化劳动是凝结在智能生成内容中的数字价值的唯一来源。②

（二）人与 AI 的交互过程也是劳动的过程

笔者认为数据要素必须是反映劳动者活动的数据，其中所产生的知识、信息和 AI 才符合人的需求。不仅如此，来自人类活动的大量数据是生成 AI 的基础，越是反映人类活动的数据才越有可能产生更接近人类的 AI。相反地，数据可以不来自劳动者的劳动、不来自人的主动的、有意识的、有目的的活动吗？如果可以，劳动价值论就彻底终结了！"任何一个民族，如果停止劳动，不用说一年，就是几个星期，也要灭亡。"③ 马克思以这样极端的情况来说明劳动是人类生存所必需的活动，这在他所处的时代是显而易见的。而现在，数据在算力的支持下由算法驱动机器进行无人的生产，离开了活劳动，还会产生价值吗？死劳动产生的数据有价值吗？劳动价值论到今天面临终极的审视，反过来，也可能让人们更容易看清其本质。

---

① 马克思：《1844 年经济学哲学手稿》，人民出版社 2014 年版，第 47 页。
② 温旭：《ChatGPT 的马克思劳动价值论解读》，载于《东南学术》2023 年第 4 期。
③ 《马克思恩格斯选集》第 4 卷，人民出版社 1995 年版，第 580 页。

"一旦形成了外在的数据，我们便失去了从内部完全控制我们自身行为的可能性，那个外部的离散的'我'的痕迹，由于被数字绘像，生成了另一个自我，另一个与内在自我相抗衡的自我。"① 尽管如此，如果数据不是我的有价值的活动，即劳动所创造的，那么，完全与我对立的数字人也被我所扬弃，正如"劳动创造了人本身"。"劳动首先是人和自然之间的过程，是人以自身的活动来引起、调整和控制人和自然之间的物质变换的过程。"② 虚拟的数据可以生成任意的内容，只有人参与的过程才赋予数据及其生成产物以价值。正如 GPT 模型的输入序列总是由人类提供，它被称为"提示"（Prompt），ChatGPT 中出错的信息被称为"幻觉"，也需要人的干预才能过滤。只有人能理解的知识才是人的知识，人与 AI 的交互过程也是劳动的过程，不管提出需求还是做出选择，都是人和自然之间交互的过程。只有创造性的活劳动才产生数据要素的价值，否则，只是死劳动咀嚼的产物。因此，数据要素的价值只能是劳动者创造并赋予的。

三、劳动与数据要素的结合

马克思认为，劳动资料不仅是人类劳动力发展的测量器，而且是劳动借以进行的社会关系的指示器。数据要素是新的劳动资料，在数据生产过程中，劳动利用数字生产技术采集、加工数据，劳动者使用数据创造价值，数据与劳动结合驱动社会化大生产，才将数据转化成数据要素，没有劳动与数据要素的结合就没有数据要素价值的生产。针对劳动与数据要素的结合形成的数字劳动，Dorschel（2022）总结了三种形态：一是无酬的社交媒体劳动；二是依赖平台数据要素驱动低收入的零工劳动；三是其他和数字经济运行相关的劳动。③ 其中，无酬的社交媒体劳动包括用户对"内容"的自发生

---

① 蓝江：《外主体的诞生——数字时代下主体形态的流变》，载于《求索》2021 年第 3 期。
② 《马克思恩格斯全集》第 23 卷，人民出版社 1972 年版，第 201～202 页。
③ Dorschel, R. Reconsidering Digital Labour: Bringing Tech Workers into the Debate. New Technology, Work and Employment, 2022, 37 (2): 288－307.

产和被平台收集利用的具有"产消"性质的用户活动。① 劳动与数据要素的结合反映了数字经济新的生产关系。劳动与数据要素的结合有多种形态，表现为以下几种模式，例如，L+（D+K）结合模式，（L+K）+D（K）结合模式，L（D）+K 结合模式，等等。

（一）L+（D+K）结合模式

企业集中传统的生产资料与资本 K，顺应时代的要求，对传统企业和业务进行数字化改造，数据要素 D 集中在企业内部。将资本和数据要素这两种生产资料结合起来（D+K），结合起来的资本（D+K）驱动企业内部的劳动，劳动者学习新的数字技能，转型为数字劳动者 L，数字化改造并没有改变原有的生产关系即传统雇佣关系，劳动者享有雇佣关系下的工伤保险、养老和医疗等社会保险权益。L+（D+K）结合模式驱动了传统企业运用数字信息技术对生产过程进行数字化改造升级，在数据的赋能下，提高了传统企业的生产效率，同时，数据驱动的智能化生产对劳动形成替代，使劳动者面临失业的压力和挑战。

（二）（L+K）+D（K）结合模式

（L+K）+D（K）结合模式多见于平台经济或共享经济，平台企业投入资本，集聚数据要素 D（K），驱动线下劳动结合闲置传统生产资料或劳动者自带少量传统生产资料提供产品或服务。更多情况下，劳动者没有生产资料，只是以自己的劳动力接入到平台，与数据要素结合。如外卖平台和网约车平台等，外卖骑手和网约车司机自带自行车或汽车接入平台投入劳动。在（L+K）+D（K）结合模式中，劳动者与平台企业不再是传统的雇佣关系，企业不再承担劳动者工伤保险、养老和医疗等社会保险。平台企业以垄断的数据要素来主导分配交换，占有线下劳动创造出的超额利润。

---

① 李直等：《数字劳动的概念界定与核心议题》，载于《经济学动态》2024 年第 5 期。

（三）L（D）+K 结合模式

少数拥有较高数字技术开发或管理能力的劳动者与传统企业或平台企业拥有的生产资料或资本相结合，以其技术开发或管理能力稀缺性参与数据生产，不仅可以获得较高薪酬，还可以其技术、管理能力入股，与资本结合，分享公司成长红利，获得相对公平的收入，但仍在资本支配下劳动。L（D）+K 结合模式中的劳动者包括传统企业或平台企业里从事数字技术开发或管理工作的企业高级管理人员、科研人员和高级工程师等。

第二节　数据要素与土地

土地与数据虽然有明显的不同，土地是实体空间活动的载体，土地容易识别，边界容易界定。数据则是虚拟空间活动的载体，不容易识别，边界也不容易界定。但它们有一个共同特点：土地要素的价值并非自身决定的，而是由其承载的经济活动总量决定的，同样地，数据要素价值也是线下积聚的社会化劳动总量决定的，不是其自身决定的。

一、土地是实体空间的载体

"空间是一切生产和一切人类活动的要素。"[①] 阿弗里德·马歇尔（Alfred Marshall，1890）指出：地租是由三个因素构成的：第一是大自然创造的土壤的价值；第二是人类对土地作出的改良；第三，这往往是其中重要的因素——是稠密的大量人口的增长、公路和铁道等交通便利设施。[②] 马歇尔认为土地存在"私有价值"和"公有价值"，"私有价值"是土地使用者的

---

① 《资本论》第 3 卷，人民出版社 2018 年版，第 875 页。
② ［英］阿弗里德·马歇尔：《经济学原理》，华夏出版社 2005 年版，第 136 页。

劳动和支出所创造的那部分价值。"公有价值"是由土地的外部性形成的。①
地租来源于排他的、垄断的土地所有权，"一些人垄断一定量的土地，把它
当作排斥其他一切人的、只服从自己私人意志的领域。"② 在马克思看来，
地租量是由社会劳动的发展决定的，而不是由地租的获得者决定的。③ 马克
思认为，地租是土地使用者由于使用土地而缴给土地所有者的超过平均利润
以上的那部分剩余价值。克鲁格曼将亨利·乔治定理模式化为以下命题：
"对于城市中纯公共物品任意给定的支出水平，如果人口规模是城市居民效
用水平最大化时的人口规模，则总级差地租等于公共支出。"④

二、数据是虚拟空间的载体

虚拟空间是实体空间的数字孪生，没有数据就无法构建虚拟空间。虚拟
空间的价值在于其可以同步实体空间中人们生产和生活的活动数据。实体空
间中土地承载着人们的生产和生活，类似地，虚拟空间中的数据映射着人们
的生产和生活，构成了一对平行世界。Teixeira 和 Rotta（2012）认为具体个
体劳动对数据要素的价值创造微不足道⑤，Rigi 和 Prey（2015）认为价值应
是从其他劳动创造价值的转移，但并未指出其他劳动是什么劳动，⑥ Birch
（2020）的"数字地租"通常被视为通过拥有、控制和/或占有稀缺资产而
获得的收入，它来源于数据的垄断。⑦ 平台企业通过对数据的采集、加工和
使用，驱动实体空间中人们的生产和生活，以其垄断的数据要素，向利用平

① ［英］阿弗里德·马歇尔：《经济学原理》，华夏出版社 2005 年版，第 352 页。

② 《资本论》第 3 卷，人民出版社 2018 年版，第 695 页。

③ 《马克思恩格斯全集》第 25 卷，人民出版社 1974 年版，第 717 页。

④ ［日］藤田昌久、［比］雅克－弗朗科斯：《集聚经济学——城市、产业区位与区域增长》，
西南财经大学出版社 2004 年版，第 185～188 页。

⑤ Teixeira, R. , T. Rotta. Valueless Knowledge-commodities and Financialization：Productive and
Financial Dimensions of Capital Autonomization. Review of Radical Political Economics，2022, 44（4）：
448 – 467.

⑥ Rigi, J. , R. Prey. Value, Rent, and the Political Economy of Social Media. Information Society,
2015, 31（5）：392 – 406.

⑦ Birch, K. Technoscience Rent：Toward a Theory of Rentiership for Technoscientific Capitalism.
Science, Technology & Human Values, 2020, 45（1）：3 – 33.

台从事生产和生活的实体空间中的人们征收"数字地租"。[①] "数字地租"的来源还可以理解为对从大数据中挖掘出的信息的垄断。设 Q 为企业的产出；L 为劳动投入量；K1 为非数据的资本，即传统资本；K2 为数据资本。无论提供交易服务还是提供产品使用权的平台公司的生产函数为 Q（L，K1，K2），在工资即劳动力边际产量（ΔL/ΔQ）不变时，且资本利息即传统资本边际产量（ΔK1/ΔQ）不变时，数据资本的价格与其对产出边际的贡献（ΔQ/ΔK2）成正比。"大数据的本质是利用信息消除不确定性。"[②] 不确定的下降会降低交易成本，从而相对地提高了产量。因此，数据的价值可以理解为数据资本的租，通过对数据的占有、以部分或有限出让数据资源的形式获取利益。

传统物理空间中，交换越频繁、交换价值越高的地方，地租越高，同样地，在互联网空间中，流量决定其节点的价值，流量越大的地方价值越高。垄断平台与垄断地租的企业一样，可以"中心—外围"结构，处于中心的垄断平台，凭借垄断数据要素，吸引更大的流量，获得更多的收益，依附在平台外围的企业或劳动者，拥有分散的数据，无法集聚数据要素，无法吸引更大的流量，在向平台提供数据同时，还可能向平台支付租金，这些雇佣和非雇佣劳动者生产的剩余价值的一部分将以"数字地租"的形式支付给平台资本家。[③] 数据要素集聚的程度和吸引的流量决定了中心的垄断平台与平台外围的企业之间的级差地租。数据级差地租还与数据商品的质量呈现正相关。

城乡之间的级差地租是"资本有机构成部分的比例的历史差别造成的"[④]。同样地，数据租的本质是剩余价值，是社会剩余劳动的产物，是由数字经济与实体经济资本有机构成部分的比例的历史差别造成的。随着数据租的出现，资本转向了追求数字空间里的数据租，数字虚拟空间与实体物理

---

① 盖凯程、胡鹏：《平台经济、数字空间与数字地租——一个马克思地租理论范式的拓展分析》，载于《当代经济研究》2022 年第 9 期。

② 吴军：《智能时代：大数据与智能革命重新定义未来》，中信出版社 2016 年版，第 127 页。

③ 徐晋：《大数据经济学》，上海交通大学出版社 2014 年版，第 23 页。

④ 《马克思恩格斯全集》第 26 卷 Ⅱ，人民出版社 1973 年版，第 111 页。

空间虽相对独立，但平台通过对数据要素的垄断，超额收益最终将以数据租的形式由商业资本家转移至平台资本家。平台获得数据租分配的权力，从而不仅主导线上的分配与交换，还主导线下的分配与交换。数据平台占有剩余价值，使得实体经济的发展受到抑制。级差地租引发了城乡经济差异，同样地，数据租也会引发数字经济与实体经济分离，导致数字经济与实体经济之间的发展不平衡扩大。

三、土地与数据要素的结合

数字空间与物理空间虽相对独立，但也呈现相互融合的趋势。利用数据要素可以对空间资源进行更好的优化和利用，数字空间与物理空间的融合也会出现新的商业模式，如共享闲置的土地和空间资源等。

（一）应用数据要素优化利用空间资源

应用数据要素优化利用空间资源，一方面可以让空间规划利用更为合理，例如，通过地理信息及其商业数据为门店的选择规划提供依据；另一方面让人们在空间中的行为策略更为合理，例如，可以通过空间数据与人们出行数据为交通管理提供依据。数字孪生是数字空间与物理空间融合技术的代表，它包括三个要素：（1）克隆。根据物理实体创建足够精确的数字模型，对物理实体的结构、行为等进行准确的描述和展现。（2）仿真。对物理实体的状态、行为数据进行采集，并映射到数字孪生体的对应部位，包括其部件或者子系统，通过多次迭代，不断优化数字模型。（3）应用。结合物理实体的实时数据和数字模型，对物理实体的结构变化、行为走向、故障产生等进行仿真预测，并在数字孪生体上进行可视化，显示并优化在物理空间中的行为策略。自动驾驶正是数字空间与物理空间高度融合的产物，可以通过克隆的数据仿真得到模型算法，再结合物理空间的实时数据，解读车辆与环境的互动关系等，从而为驾驶决策提供依据，并能够通过运行数据的不断迭代优化模型算法。

（二） 数字空间与物理空间融合

数字空间与物理空间融合，是将分散闲置的空间通过平台分享利用的一种经济模式。一方面为消费提供更多更便捷的空间服务，另一方面闲置空间拥有者可以获得租金。平台凭借数据优势，将消费者与闲置空间拥有者匹配起来，获得的收入是一种数据租，事实上这种数据租是从地租转移过来的。例如，Airbnb 就是一家提供在线租赁住宿的共享经济企业，它并没有一间属于自己的房间。与传统的酒店行业不同，Airbnb 通过共享房屋资源，将闲置的房屋整合起来，提供给旅行者作为住宿场所，提高了房屋利用率。Airbnb 让普通老百姓可以出租自己家里的闲置房间，为旅行者提供独特的住宿体验。

又例如，WeWork 是一家提供在线租赁办公空间的共享经济企业，可以提供各种租赁选项，从短期到长期，从小型独立办公室到大型团队区域，满足了不同客户的需求。这种灵活性使企业和个人能够根据实际需求选择适合的工作空间。同样地，WeWork 并没有一间属于自己的办公室，而是将物理空间的所有权与使用权分离，将分散的使用权以数据的形式集中起来为其客户提供服务。利用集中数据要素，WeWork 还强调社交互动，通过定期的社交活动、会员社区和在线平台建立了强大的社交网络。这种社交化体验吸引了很多人在这里工作，并在职业和社交层面受益。这事实上是数据平台优势赋能实体空间的范例。

（三） 数字空间与物理空间分配的底层逻辑

实体经济中，由于排他的、垄断的土地所有权形成了绝对地租，除了绝对地租外，还存在级差地租。级差地租与土地质量正相关。级差地租 I 是由土地的自然条件形成的，与土地肥沃程度和土地所处的区位有关；级差地租 II 与为提升土地质量的追加成本有关。在平台经济中，数据要素垄断因素使平台资本家能够向入驻商家征收租金，存在数据的级差地租和绝对地租两种类型。首先，数据级差地租与数据商品的质量呈正相关。数据级差地租与商品的曝光度呈正相关，也就是与数据质量提升带来的流量有关。在平台经济中，平台所有者通过对数字基础设施的建设为商业资本的运转提供数字空间。平台资本有机构成高于社会平均资本有机构成，并不意味着依附于其上的商业资本有机构成高于社会平均资本有机构成，形成了数据的绝对地租。数字空间的容纳能力不再受物理空间的束缚，从而表现出相对的独立性，其最优容量是平台所有者遵循"地租最大化"逻辑的结果。通过对平台容量的调节，平台所有者能够在一定程度上影响"数字土地"的供求关系，进而对数据绝对地租实施操控。

第三节 数据要素与资本

数据采集、加工，进入经济系统，与其他生产要素结合，转化为数据要素，在整个过程中都离不开资本的投入。数据要素可增值性正是资本投入的目的，数据要素生产不仅是产品生产的过程，也是资本生产的过程。

一、数据资产是资本投入的结果

数据生产和利用能力的提高，不仅可能生成 AI 替代劳动力中的脑力，还能让数据进入整个经济系统，向整个经济系统注入负熵而产生新的价值。这必须从数据生产的资本投入开始，其中包括数据收集和生产能力 P1、算法能力 P2、数据的算力 P3，信息生成利用的能力 P4。显然，数据收集和生产能力、数据资产积累能力、算法能力、数据的算力、信息生成利用的能力越高，吸引链接的能力就越强。线上分配交换平台作为一个节点，它驱动线下协作分工的能力取决于平台既有的链接数和平台的信息生产力。可以用平台既有的链接数 L 的变化来描述线上分配交换与线下协作分工的相互作用。平台的链接数 L 越大，主导分配交换的能力就越强，驱动线下协作分工的能力也就越强，产生的资本增值也就越大。资本增值的因素取决于 ΔL，ΔL 取决于数据资产积累 ΔD（数据）和数据要素增长。参考马克思资本总公式 G—W—G′，可以列出数字经济条件下的资本总公式，即 G—L—D（数据）—L′—G′。数字经济增长的逻辑，也就是平台实现资本增值的逻辑，可以理解为：投入资本 G，提升了线上平台的信息生产力 P，生产更多的数据资产 ΔD，数据要素增长，提升了节点的链接数 L→L′，ΔL 增大，驱动更大规模的线下协作分工，左右更大规模的线上分配交换，实现投入资本的增值 G′。可见，数据资产积累和数据要素增长是资本投入的结果，反过来，数据资产积累和数据要素增长又使资本得以增值。

二、追逐数据要素增值收益是数据资本的本质

数据要素增长使得资本增值，使得数据生产本身成为资本生产的一部分。资本开始争夺对数据、算法、算力的垄断，通过垄断数据、算法和算力获取剩余价值，追逐数据要素增值收益是资本本质，具体体现在数字平台企业"数字圈地"和"赢者通吃"这两个关键机制上，"数字圈地"是为了"赢者通吃"。数字平台企业以"数字圈地"追逐数据，传统商业时代被大量浪费的用户交易数据被平台收集起来，借助算法的分析和预测，发挥协调交易的功能，协调交易的功能嵌入流通过程中，形成了参与分配的权力，平台利用数据、算法和算力可以掌控消费者的信息，压榨消费者的"消费者剩余"；也可以掌控供给方的信息，压榨供给方的"交易剩余"，平台两头都可获得超额的垄断利润。平台企业虽然不直接参与实体经济的生产过程，不直接生产价值，但由于其垄断地位，直接参与了线上与线下的分配与交换，作为收租的"食利者"存在于经济中，平台企业为了追求更高的收益，扬弃了传统物质资本，投入更大资本追逐数据要素增值收益，从而转向对数据资本的追逐，资本的本质并没有改变。

三、资本与数据要素的结合

随着科技的发展，数据已经成为一种新的生产要素。数据可以提高生产效率，还可以创造新的商业模式和市场。因此，资本开始将目光转向了

数据。投入数据要素增值收益生产的资本，与其他传统资本一样以追求剩余价值为目的，传统资本与数据要素的结合本质上属于资本之间的结合。数据与资本结合不再增加对线下私人物质资本的集中，不断集中的是数据生产资料，这些数据生产资料主要是由一个集中的资本边界之外的非雇佣劳动产生的，甚至是非工作时间的消费者产生的，被垄断的平台企业无偿占有，这些数据生产资料在生产过程不会被转移出去，可以反复使用且不断被复制，平台企业可以在边际成本接近为零的状态下运行，极大地瓦解了传统的资本集中所支配的生产方式。因此，扬弃了对私人物质资本的集中。

（一）资本与数据要素相结合的激励

资本与数据要素相结合的激励机制在于资本激励数据要素转为数据资本。马克思在《资本论》中通过 G—W—G′ 这一资本总公式，描绘了传统生产资料转化为资本的过程，资金与劳动结合，投入商品生产，并获得价值的增殖，形成资本，因此，激励更多资本参与下一轮的剩余价值生产与实现。同样地，资本与数据要素结合、形成数据资本的生产，必须经历数据产品化、数据商品化和数据要素化，最终驱动社会化劳动生产剩余价值。被私人所占有和攫取的数据作为一种投入要素，经过各种加工生成符合特定目的要求的数据产品，或者根据一般数据所提炼的价值数据来提供数据服务，这些数据产品或数据服务包含了对一般数据进行加工的数字劳动所生产的剩余价值，资本通过对数据产品或者数据服务的商品化来占有剩余价值，最终实现资本的积累，并进入下一轮的资本积累的过程，这样数据就完成了资本化的过程，数据就变成了数字资本。[①]

（二）资本与数据要素相结合的方式

资本与数据要素相结合的方式主要体现在以下几个方面：（1）投资与

---

① 朱巧玲、杨剑刚：《数字资本演化路径、无序扩张与应对策略》，载于《政治经济学》2022年第 3 期。

融资：资本可以通过投资或融资，为数据企业提供必要的资金支持。这些资金可以用于购买设备、雇佣人才、研发新技术等。同时，数据企业也可以通过出售数据或提供服务，获取收入，实现自我增值。（2）技术与创新：资本可以推动技术创新，提高数据的收集、处理和分析能力。例如，大数据技术、人工智能、区块链等新兴技术，都需要大量的资金投入。而这些技术的发展，又可以提高数据的质量和价值，吸引更多的资本投入。（3）市场与竞争：资本可以帮助数据企业开拓市场，提高竞争力。例如，通过广告宣传、价格战、合作伙伴关系等，吸引更多的用户使用数据服务。另一方面，市场竞争也会促使数据企业不断提高自身的技术和服务水平，以满足用户的需求。（4）法律与政策：资本和数据的结合，也需要法律和政策的保障。例如，需要有明确的数据所有权和使用权规定，保护用户的隐私权和数据安全；需要有公平的竞争规则，防止资本过度集中，影响市场的健康发展。

总的来说，资本与数据要素的结合，是一种互利共赢的关系。资本可以为数据企业提供必要的支持，推动其发展；数据企业则可以通过提供高质量的数据服务，吸引资本的投入。然而，这种结合也带来了一些挑战，例如，怎样保护用户的隐私权和数据安全、如何防止资本过度集中等。因此，需要在享受资本与数据结合带来便利的同时，也关注存在的问题，寻找合理的解决方案。

第四节　数据要素与技术

数据要素是一种新技术还是一种经济资源？从数据要素具有的典型特征来看，显然具有"使能性"（enabling Technologies）。使能性，是指一项数据及其相关技术要素投入使用后，可以使既存技术能力得以改进和提升，为使用者架设"使然技术"（Know-what）与"应然技术"（Know-how）之间的缺口，使能性技术的使用者和尝试者节省了熟悉该技术机理的时间，可以很快适应该技术。① 也就是数据要素本身不是技术，但与技术结合将产生新的技术。笔者认为数据首先是自然资源，必须与技术等其他要素结合才能转化为经济资源，进而转化为生产要素。只有数字技术的出现，才有数据产品，只有数字技术的发展，才能将数据产品转化成数据要素。数据要素既是数字技术的产物，又是数字技术驱动生产力的原料。

一、数字技术是数据要素生成的基础

数据成为生产要素进入经济系统得益于数字技术的广泛应用，与数据要素的结合过程中，数字技术又可以分为前端技术、中端技术和后端技术。② 其中，前端技术是数据要素生成的环境，主要以"云＋网＋端"等技术构成，是基础性数字技术（ICT 技术）。中端技术以大数据技术为核心，与数据要素直接相关，包括数据采集加工技术、数据交换技术以及区块链、隐私计算等数据分配和保护技术，为数据生产、授权、流通和交易提供保障，使得数据从产权不明晰的数据资源转化为产权明晰的数据要素。后端技术是建立在大数据分析之上的应用型数字技术，主要以平台形式驱动数据要素与应用场景相结合，是产业数字化的技术基础。

随着人工智能的崛起，数据要素与生成式人工智能结合，不仅可以从数据中挖掘信息，还可以生成新的内容和知识，是一场新的技术革命，人工智能大致分为决策式 AI 和生成式 AI 两类。决策式 AI 模拟人类的决策过程，通过分析输入的数据和信息，从大量数据中学习和提取信息，然后做出最有可能的决策。决策 AI 通常用于需要快速、准确决策的场景，如金融投资、医疗诊断等。生成式 AI 是一种基于机器学习和自然语言处理的技术，可以通过分析大量的数据和文本，学会模仿人类的创造力，生成高质量的文本、图像、音频等多种类型的内容，甚至可以是软件代码等。

---

① 白重恩、阮志华：《技术与新经济》，上海远东出版社 2010 年版，第 156 页。

② 徐翔等：《基于"技术——经济"分析框架的数字经济生产函数研究》，载于《经济社会体制比较》2022 年第 5 期。

二、技术与数据要素的结合

（一） 数字化生产技术需要数据

从知识生产的角度，大数据分析技术的进步提升了企业预测有用知识组合的精度，提高了迭代式创新的效率，进而提升了社会生产效率，促进了经济增长。[①] 另外，企业可以基于数据分析的结果选用最优的生产技术，改善了产品质量，并获得了更多、信息量更丰富的数据，形成了"数据反馈循环"[②]。

（二） 数字化管理技术需要数据

信息与通信技术（Information and Communications Technology，ICT） 与大数据分析的运用使得流程效率更高的企业能够更迅速扩张生产线，不断进入新的市场，占据有利地位，并取得更大的利润。此外，数据是将现有生产要素更紧密地联系起来的关键"桥梁型"生产要素，ICT 技术使用强度高的企业能够通过发挥大数据资源作用改善企业绩效。[③]

（三） 数字化营销技术需要数据

企业能够通过分析用户数据刻画出更复杂、更完整的用户画像，从而有针对性地提供更准确的定制产品和服务。数字营销正逐渐取代传统营销。因此，每个运营人员都需要知道应该如何衡量那些关键的数字营销数据。这些关键的数据指标可以帮助我们确定每个营销活动的效果，可以帮助我们密切关注网站流量、社交媒体参与度以及其他活动情况。通过仔细分析和理解这些数据，我们将能够做出明智的决策，触达我们的受众群体，帮助我们实现营销目标。

---

① Aghion, P., A. Bergeaud, T. Boppart, P. J. Klenow, and H. Li. A Theory of Falling Growth and Rising Rents. NBER Working Paper, 2019, No. w26448.

② Farboodi, M., R. Mihet, T. Philippon, and L. Veldkamp. Big Data and Firm Dynamics. AEA Papers and Proceedings, 2019, 109: 38 – 42.

③ 谢康、夏正豪、肖静华：《大数据成为现实生产要素的企业实现机制：产品创新视角》，载于《中国工业经济》2020 年第 5 期。

(四) 生成式 AI 更离不开数据

从自动驾驶到 AI 聊天、服务机器人、人脸识别等各类 AI 产品，数据是真正的"幕后英雄"，所谓得"数据"者，得"人工智能"。场景数据缺失、数据质量良莠不齐，以及隐私安全问题等成为人工智能领域 AI 数据面临的极大痛点，因此 AI 的发展不仅是要有数据，更重要的是要有"高质、精准、安全"的好的数据。

(五) 技术创新需要数据要素

行业数字化水平越高，对于数据要素的利用就越充分，数据要素充足的大型企业越倾向于进行改良性的迭代式创新。数据资源较少，能力较弱的小企业却可能成为突破性创新的主体，创新活动呈现出"逆向选择"的特征。也就是说，数据要素充足的大型企业反而呈现出突破性创新的激励不足的现象。[①] 可见，技术创新需要数据要素，但数据要素对技术创新的影响呈现非线性的、复杂的关系。

第五节　数据要素与其他要素形成的不对称关系

一、生产资料与生产要素的区别

人类进行物质资料生产的劳动过程必须具备以下条件：人的劳动、劳动资料和劳动对象。人的劳动是生产中的能动因素，劳动对象与劳动资料构成生产资料。人的劳动与生产资料相结合，生产资料就转化为生产要素。在劳动者和生产资料未结合之前，生产资料只是可能成为生产要素。生产要素指进行物质生产所必需的一切要素及其环境条件。生产力发展需要生产要素的

---

① 徐翔等：《数据要素与企业创新：基于研发竞争的视角》，载于《经济研究》2023 年第 2 期。

参与，随着生产力的发展，陆续出现了劳动、资本、土地、管理、知识、技术、数据等。一般而言，生产要素至少包括人的要素、物的要素及其结合因素。生产要素中物的要素是生产资料，而生产资料只有与人的劳动相结合才成为生产要素。劳动是人的要素；资本、土地、技术是首先表现为物的要素，同时反映人与人的生产关系；管理、知识、数据更多体现为人的要素与物的要素的结合因素，同时反映人与人的生产关系。劳动者和生产资料之所以是物质资料生产的最基本要素，是因为不论生产的社会形式如何，它们始终是生产不可缺少的要素，前者是生产的人身条件，后者是生产的物质条件。

同样地，数据产品、数据商品没有进入生产领域、没有与劳动结合、没有驱动更大规模社会分工、没有产生更大价值之前，数据产品、数据商品就还未转化成为生产要素。数据产品、数据商品进入生产过程转化为生产要素，数据要素是人的要素与物的要素相结合的因素，是新的生产要素。数据要素虽不是价值的源泉，但却同劳动、资本、土地等生产要素一样，是财富的源泉。数据与劳动结合将促进劳动生产率提高，数据与资本结合将促进资本利用率提升，数据与土地结合将促进土地产出率增高，数据要素与社会生产的各行业、各环节不断深度融合，为社会带来持续的财富增长，故凭数据所有权获得收入分配具有合理正当性。①

二、数据要素与其他生产要素的差异

"数据不是一种能够以独立的要素形态存在的生产要素，数据要素无法自发地创造价值，但当集中起来的数据要素具有大容量性（Volume）、多样性（Variety）、快速性（Velocity）和低价值密度性（Value）"② 时，数据作为桥梁型的生产要素，不仅能与传统生产要素相结合并创造价值，还能够促进传统生产要素之间产生更密切的联系，可以推动企业在产品、技术等环节

---

① 赖立、谭培文：《马克思所有权理论视域下数据确权难题破析》，载于《高校马克思主义理论研究》2022年第4期。

② Zikopoulosp，Eaton C.，Deroos D. Understanding Big Data：Analytics for Enterprise Class Hadoop and Streaming Data，New York：McGraw‐Hill Osborne Media，2011.

上的创新，促进企业和组织的有效决策，提高劳动效率。[①] 也就是说，数据
要素能够将现有的生产要素联系起来，促进要素之间产生协同效应，提升企
业及组织各个运行环节的效率。[②] 从生产过程的参与度来看，物质生产资
料、资本、劳动和土地等生产要素是直接参与到生产过程中的，而技术、知
识与管理生产要素更多的是依附在其他生产要素当中、间接地参与到生产过
程中的。[③] 数据要素作为新的生产要素，促进了技术、知识、管理等生产要
素与物质生产资料、资本、劳动和土地等生产要素的结合。数据要素既不同
于其他生产要素，又与其他生产要素相互联系（见表5-1）。

表5-1　　　　　　　　　　不同生产要素的比较

数据	劳动	资本	管理	知识	技术	土地
数据要素是劳动生产的成果，参与劳动生产，放大人的要素与物的要素相结合的效果	劳动生产的成果，驱动更大规模的社会劳动	驱动剩余价值生产转化为资本；资本支持更大规模的数据生产	取代人的管理，降低管理成本，扩大管理效能	数据生产知识；数据不是知识本身。数据产品具有知识产权的特征	数据采集、加工、保护、流通、利用离不开与技术的结合	土地是物理空间的生产要素；数据是虚拟空间的生产要素

（一）数据要素与劳动、资本、管理、技术之间差异

数据成为新的生产要素，土地、劳动力、资本、技术等传统生产要素与
数据要素结合，构成了新质生产力，数据对提高生产效率具有乘数作用。马
克思指出："劳动生产力是由多种情况决定的，其中包括工人的平均熟练程
度，科学的发展水平和它在工艺上应用的程度，生产过程的社会结合，生产
资料的规模和效能，以及自然条件。"[④] 他还说，土地"给劳动者提供立足

① 王建冬、童楠楠：《数字经济背景下数据与其他生产要素的协同联动机制研究》，载于《电子政务》2020年第3期。
② 谢康、夏正豪、肖静华：《大数据成为现实生产要素的企业实现机制：产品创新视角》，载于《中国工业经济》2020年第5期。
③ 林志杰等：《数据生产要素的结合机制——互补性资产视角》，载于《北京交通大学学报（社会科学版）》2021年第2期。
④ 《马克思恩格斯全集》第23卷，人民出版社1972年版，第53页。

之地，给他的过程提供活动场所"①。这些论述中，"工人"就是劳动要素；"科学的发展水平和它在工艺上的应用"就是知识要素；"自然条件"就是自然环境要素；"生产资料的规模和效能"就是资本要素；数据构成虚拟空间时"劳动者新的生存环境，拓展了他们新的活动场所"。在实体与虚拟空间之间的"生产过程的社会结合"，则需要数据，需要数据生成信息和知识。

数据要素区别于原始数据，是一种具有生产效应、可描述的、更小范围的、能作用于其他客体的、具备特殊作用的有效信息。② 数据要素与其他要素的关系主要表现在以下四个方面：第一，数据要素是劳动生产的成果，数据要素参与劳动生产，放大了人的要素与物的要素相结合的效果。第二，数据要素参与劳动生产，驱动高于传统生产方式产生的增值价值的生产，数据要素就转化为资本。因此，追求数据要素转化为资本，获得增值收益，反过来，驱动了数据更大规模的生产。第三，数据要素可以降低管理成本，数字化管理取代人的管理，更好地发挥管理要素的作用。将仅记录事物而不产生联系、解释和意义的"数据"进行联系、加工，转变为"信息"，再进一步对信息进行过滤、提炼、加工，又可转变为能够影响客观世界的"知识"③。数据既非物又非行为的性质决定了其不属于物权、债权而属于知识产权的保护客体，物权或债权的民法保护都无法适应数据保护所期望达到的流通和分享的要求。④ 数据产品具有知识产权的特征。数据生产的目标是负熵生产、是信息和知识生产，数据不是知识本身，但可以参考知识产权登记确权，对数据产权进行保护。第四，数据相对于技术是原料，不是技术本身。技术与数据要素直接相关，没有相应的技术，就不会有数据的采集、加工、挖掘和利用。没有加密技术就不可能有数据的保护，就不可能有数据产权、数据流

---

① 《资本论》第 1 卷，人民出版社 2004 年版，第 211 页。

② 蔡跃洲、马文君：《数据要素对高质量发展影响与数据流动制约》，载于《数量经济技术经济研究》2021 年第 3 期。

③ 曾铮、王磊：《数据市场治理：构建基础性制度的理论与政策》，社会科学文献出版社 2021 年版，第 12 ~ 65 页。

④ 俞风雷、张阁：《大数据知识产权法保护路径研究——以商业秘密为视角》，载于《广西社会科学》2020 年第 1 期。

通和交易。没有算法技术，数据就无法出现生成式 AI，就不能产生知识，没有算力技术，就没有支撑数据产生生成式 AI 的能量。

（二）数据要素与土地的异同

数据与土地，一个是非物质的生产要素，一个是物质生产要素。数据与空间位置无关，土地价值与其所处的区位相关联。土地的价值与在土地上的投入相关，数据的价值与对其投入也直接相关。数据要素是与土地要素最类似的要素。土地与其积聚的人口数据有关，数据价值与其所驱动的人与人的链接有关。在相同劳动时间里，数字劳动比传统劳动能够创造更大的价值。土地也类似，级差地租＝公共投入＝公共支出。土地本身没有价值，土地资源只有经过开发才能形成价值。土地要素是在物理空间里人的要素与物的要素相结合的场所，数据要素在虚拟空间里反映并驱动人的要素与物的要素结合。

（三）数据要素的综合效应

数据要素具有放大、叠加、倍增作用，赋能传统产业转型升级、催生新产业新业态新模式、提高全要素生产率，[1] 数据要素价值倍增作用体现在提升传统单一要素生产效率上、资源优化作用体现在优化传统要素资源配置效率、激发创新作用体现在激活其他要素替代传统要素的投入和功能上[2]。数据要素融入生产、分配、流通、消费和社会服务管理等各环节，与劳动、资本、技术等传统生产要素融合，推动最终产品的生产。[3] 这不仅能直接作为生产要素促进经济增长，也可以通过促进其他生产要素的高效配置，间接提升其他生产要素的使用效率。[4] 数据要素与其他要素的结合包括：数据要素与技术的结合，表达为：$A(D_1(d))$；数据要素与资本的结合，表达为：

---

[1] 王建冬、童楠楠：《数字经济背景下数据与其他生产要素的协同联动机制研究》，载于《电子政务》2020 年第 3 期。

[2] 安筱鹏：《数据生产力的崛起》，见《数据要素领导干部读本》，国家行政管理出版社 2021 年版，第 27～28 页。

[3] Danxia X., Longtian Z. Data in Growth Model. Social Science Research Network Electronic Journal, 2020 (1): 1 – 35.

[4] 徐翔、赵墨非：《数据资本与经济增长路径》，载于《经济研究》2020 年第 10 期。

$K^{D_2(d)}$；数据要素与劳动的结合表达为：$L^{D_3(d)}$，数据要素驱动数据生产力最终可以表达为新的生产函数：

$$Y = F(A，K，L，d) = A(D_1(d))K^{D_2(d)}L^{D_3(d)}$$

三、数据生产资料占据越来越重要的地位

在不同的生产力发展阶段，产生了不同的技术和生产方式，对生产要素的需求是不同的，这些决定了不同生产要素之间的不对称关系。

（一）不同经济时代各种生产要素的重要性不同

在人类社会早期的生产方式中，自然条件与劳动是最重要的生产要素；进入农业经济时代，土地成为最重要的生产要素；在工业化和市场经济时代，技术和与能源相关的自然资源成为最重要的生产要素；进入信息经济和数字经济时代，数据、相关数字技术和基础设施成为最重要的生产要素。

（二）不同要素的特性决定各种要素的相对地位

尽管马克思号召工人联合起来，对抗被集中的生产资料，但物质生产资料更容易被集中起来，取得相对更具有支配权的地位。劳动力是分散的要素，是最难聚合的要素；而物质生产资料是无意志的生产要素，资本往往通过控制物质生产资料来控制劳动力。物质资料的作用常常受限于其所在的物理空间，而数据与金融结合，流动性强，可以跨区域作用，更容易集中，形成相对优势。Albert－László Barabási 发现互联网的偏好连接机制使得新节点倾向于与链接数高的节点相连，因此链接数高的节点更容易形成枢纽节点。另外，他还指出不同网络的网络特征是不同的，例如，公路网与互联网的网络特征就很不同：公路更接近于随机网络，互联网则是具有幂率分布特征的网络①。比起传统经济，运行在互联网上的数字经济更容易形成"富者越

---

① Albert － László Barabási, Network Science Albert － László Barabási, Cambridge, U. K.：Cambridge University Press, 2016：141.

富"的垄断局面。

（三）数据要素与其他生产要素结合形成更强的优势

数据与资本结合并不意味着物质生产资料为主的产业资本、金融资本的消失，数字资本、产业资本、金融资本三者仍然处于动态共存的状态中，只不过数字资本越来越成为社会经济发展的主导型力量。[①] 数据越来越占据主导地位的原因在于它可赋能其他生产要素，使其他生产要素发挥更大效力。数据要素的可流通、可复用性以及其规模效应，使得数据要素更容易与其他生产要素相结合，更容易形成相对其他生产要素的优势，使得资本不断扬弃传统物质生产资料，追逐数据资本。即便最占优势的金融资本，也与数据要素结合，促进金融行业数字化转型，数据和数字技术嵌入金融资本，使得金融系统转型为一个数据系统，通过数据驱动金融服务，通过降低信息不确定管控金融风险，提升金融资本运行的效率。金融活动已经发展成为离不开数据资本的驱动，数据和数字技术成为金融行业的核心生产要素。

四、数据要素对劳动的相对剥夺

从马克思产权理论关于不同要素之间的不对称关系原理可知，决定数据要素相对地位的因素包括以下三个方面："一是影响不同要素产权主体在生产过程即要素组合过程中的相对地位。二是影响或决定不同要素主体在分配过程中的相对地位，包括分配决策权、分配顺序和分配份额。三是影响价值创造和价格分量。"[②] 以下具体分析数据要素与劳动的不对称关系。

（一）数据生产资料集中与劳动方式趋于分散化和网络化

线上数据要素生产呈现出集中化趋势，相对地，线下物质资料生产中的

[①] 朱巧玲、杨剑刚：《数字资本演化路径、无序扩张与应对策略》，载于《政治经济学》2020年第3期。

[②] 黄少安：《关于"数字化经济"的基本理论》，载于《经济学动态》2023年第3期。

劳动方式趋于分散化和网络化。数字内容产业和"零工经济"等新业态的劳动组织方式则呈现出多元化、复杂化特征。数字经济条件下，数据生产资料生产的集中化与线下劳动的分散化，增强了劳动者对资本的依附性。① 资本驱动数字经济发展，平台化、规模化迅速形成，数据生产资料集中化生产导致少数占有数据生产资料的私人资本、牢牢掌握剩余价值分配的话语权，不仅分配线下劳动的分工协作的具体劳动任务，还支配着线下劳动收益的分配与交换，形成数据要素与劳动的不对称关系。市场经济条件下，集中的数据生产资料与相对分散的劳动的不对称关系还体现在，虽然数据的价值是分散的劳动创造的，但集中的数据生产资料更能体现价格分量。

（二）数据生产资料作用强化与劳动者作用弱化

正如恩格斯所言："把工人完全变成了简单的机器，把他们最后剩下的一点独立活动的自由都剥夺了。"② 在传统经济模式资本化的过程中，传统资本主要垄断物质生产资料以支配劳动者，数字经济条件下，资本通过垄断数据生产资料支配劳动者。在资本主义的数字经济条件下，随着数据生产资料作用强化，个体劳动者作用相对弱化。不仅个体劳动者拥有的数据生产资料微不足道，个体劳动者活劳动的作用似乎也愈发微不足道，导致了集中垄断的数据要素对劳动的相对剥夺。但是，在社会主义的数字经济条件下，个体劳动者活劳动作用的弱化，是数据生产资料作为社会总体生产资料作用强化的产物。社会总体生产资料作用的强化和个体劳动者活劳动作用的弱化不仅无法证伪马克思劳动价值论，反而证明个体劳动越来越成为社会化的劳动，数据生产资料作为社会总体生产资料的增值收益，应该归社会总体的个人劳动者共同所有。

（三）数据价值创造与剥夺

数据本身无法创造价值，数据要素价值也不是由集中数据生产资料进行

① 张昕蔚、刘刚：《数字经济中劳动过程变革与劳动方式演化》，载于《上海经济研究》2022年第5期。
② 《马克思恩格斯全集》第2卷，人民出版社1957年版，第283页。

生产的资本创造的,数据要素价值是活劳动的产物,被数据资本剥夺。数据资本依然剥夺企业内部雇佣员工的劳动,并在数字化转型过程中,利用数据优化生产和工作流程,细化绩效考核和薪酬结算体系,使得雇佣员工更加内卷,不断出现"996""007"等延长剩余劳动时间的情况。运用数据驱动管理方式,实现从人对人的监督转变为数据对人的监督,实现了24小时不间断的管理。将劳动者与管理者的矛盾转移到与机器的对立上,甚至将劳动者与管理者的矛盾转移到劳动者与用户之间。数据资本拓展了剥夺劳动的对象,从企业内部雇佣员工拓展到平台企业外部的非雇佣员工,数据驱动了零工经济中零散的、碎片化的劳动时间,模糊了劳动和休闲的边界,给了劳动者一种工作自由的错觉,实质上占有零工劳动者的剩余劳动。在平台经济中,用户既是消费者,又是数据的提供者,他们不仅是数据要素价值的创造者,也是非雇佣劳动的劳动者,他们不知不觉地自发接受平台的剥削。总之,数据资本对劳动的剥夺方式越来越多样化,剥削手段也越来越隐蔽。

第六节 本章小结

本章集中讨论数据要素与其他生产要素如劳动力、土地、资本、技术等生产要素之间的关系。只有主动的、有意识的、有目的人的劳动,才能将替代体力的机器和替代脑力的人工智能结合起来,实现对自然界主动的认识和改造,并使之符合人的需求。数据要素反映活劳动,成为劳动价值新的度量。数据要素只有同劳动者结合起来,才能成为数据生产力的重要的物的因素而发挥作用。

土地与数据有明显差异,土地是实体空间活动的载体,数据是虚拟空间活动的载体,但它们有一个共同特点,土地生产要素的价值并非由其自身产生,而是由其承载的经济活动的总量决定的,同样地,数据价值也是由积聚的线下社会化劳动的总量决定的,而不是由其自身决定的。

数据要素可增值性正是资本投入的目的,数据要素的生产过程不仅是产品生产的过程,也是资本生产的过程,资本与数据要素的结合是互利共赢的。资本可以为数据企业提供必要的支持，推动其发展；数据企业则可以通过提供高质量的数据服务吸引资本的投入。

数据首先是自然资源，必须与技术等其他要素结合才能转化为经济资源，进而转化为生产要素。只有数据技术的出现，才有数据产品，只有数据技术的发展，才能将数据产品转化成数据要素。数据要素既是数据技术的产物，又是数字技术驱动生产力的原料。

劳动是人的要素；资本、土地、技术则首先表现为物的要素，同时也反映人与人的生产关系；管理、知识、数据更多地体现为人的要素与物的要素的结合，同时也反映人与人的生产关系。数据越来越占据主导地位的原因在于它可赋能其他生产要素，使其他生产要素发挥更大的效力，同时，数据要素集中，形成了对其他要素的不对称关系，尤其形成数据要素对劳动的相对剥夺，导致了数据要素的社会化属性与数据要素被私人占有之间的矛盾。

第六章

数据产权缺失及其引发的矛盾

前面介绍了数据从数据资源、数据产品、数据商品到数据要素全生命周期，可见，参与数据生产循环的主体包括数据资源持有人、数据资源加工者、数据产品生产者、数据商品经营者、数据要素投入者以及数据要素驱动的社会分工生产者等相关主体，它们对数据要素价值的生产和流通均做出了贡献，对数据产权均有一定的权益。由于整个分工生产的过程相当复杂，目前的数据产权制度并未成型。但根据马克思经济关系先于法权关系的原理，数据产权缺失已导致了经济后果，引发了不少矛盾。个人信息安全保护并不能代替数据资源持有人权益的认定，忽视数据资源持有人权益，将抑制数据要素价值生产周期循环的启动；数据产品生产者、数据商品经营者、数据要素投入者事实上已经形成了分工，他们各自享有不同的权益，他们之间的冲突不利于数据的流通，数据被一方垄断也会损害其他各方的积极性；数据要素投入者与数据要素驱动的社会分工生产者的分离，形成了两者权益的对立。归根到底，数据产权不清晰，数据资源供给不足、流通受阻，导致市场发育不全；产权错配，形成垄断，形成了劳动与数据资本的对立；产权的社会属性被忽视，宏观上导致扩大再生产不可持续。

以下揭示数据生产所涉及的不同主体及其权益之间的矛盾，主要包括信息与数据产权混淆所引发的矛盾、数据使用者与生产者的矛盾、数据要素控制人与数据使用者的矛盾、数据要素控制人与线下劳动者的矛盾、数据要素控制人与线下消费者的矛盾、以平台为中心支配数据要素增值收益所引发的矛盾。

第一节　信息与数据产权混淆所引发的矛盾

信息与数据产权混淆所引发的矛盾体现在两个方面：数据内容权属与物理权属分离所产生的矛盾、信息来源分散与数据生产集中所产生的矛盾。

一、数据内容权属与物理权属分离所产生的矛盾

信息经过数字化处理转化成数据，数据是信息的具体表现形式，反过来，对大数据挖掘有可能生成新的信息。数据记录信息的内容，信息又是数据的内容，信息的内容权属与数据的物理权属既是统一的，也可以是分离的，两者分离产生的矛盾主要体现在两个方面：一方面，存在形形色色的信息侵权行为。例如，App 违法违规收集使用个人信息，扩大范围使用个人或其他组织的信息，利用信息非法牟利，利用信息形成垄断等。在收集信息形成数据时，数据持有者并非信息内容的权属人，存在滥用数据、算法等排除或限制竞争、利用"大数据杀熟"和强制"二选一"等"店大欺客"行为，事实上，这些行为可能侵犯信息内容权属人的利益。另一方面，数据资源持有人的权益被忽视。个人信息安全保护、网络安全以及数据安全并不能代替数据资源持有人权益的认定和保护。忽视数据资源持有人权益，将抑制数据要素价值生产周期循环的启动，数据资源持有权不清晰，将造成数据资源供给不足。因此，应从以下三个方面入手，进一步认清信息内容权属与数据物理权属分离所产生的矛盾（见图 6 - 1）。

（一）信息权是数据产权的来源

数据是信息内容的物理形式，信息是数据的内容，数据采集过程必然伴随着信息采集，信息的传递也离不开数据。两者形影不离，数据与信息

彼此之间相互关联，形成了一种共生的统一体，[1] 但在权属上信息和数据又可能是分离的。信息的内容权属与数据的物理权属分离，可以分为以下两种情形：（1）关于信息的内容权属，拥有数据的物理权属并不意味着自然拥有信息的内容权属，将信息转化为数据必须经过信息内容权属人的同意。（2）关于数据的物理权属，数据虽然来源于信息，但一经信息内容权属人同意，经数字化处理后信息就形成了数据，数据的物理权属就归数据持有人控制。信息和数据既可能是统一的，也可能是分离的。一旦分离，信息的内容权属人就无法左右数据持有人对数据的加工、使用和经营。个人信息保护法赋予了信息主体包括更正权、删除权、可携权等权能在内的个人信息权。个人信息权虽然贯穿于个人数据处理、应用的全生命周期，但由于个人信息主体很难具体参与到这一过程中，实际上他无法全生命周期地行使自己的个人信息权。个人信息的内容权属必须凭借个人数据权利保护才能实现。如果不承认这种事实状态，而将个人数据产权配置给作为信息处理者的企业，很可能会反噬个人信息权。[2] 因此，必须赋予个人信息权人删除权，使其始终具有行使个人信息权的可能。

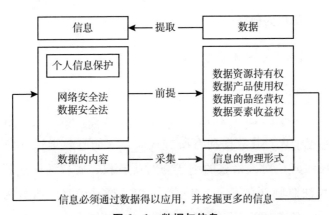

图 6-1　数据与信息

---

① 孔祥俊：《商业数据权：数字时代的新型工业产权——工业产权的归入与权属界定三原则》，载于《比较法研究》2022 年第 1 期。

② 申卫星：《论数据产权制度的层级性："三三制"数据确权法》，载于《中国法学》2023 年第 4 期。

（二）信息权保护是数据合规利用的前提

为了抑制数据的内容权属与物理权属的分离产生的矛盾，落实信息权益保护，出台了一系列法律法规。例如，2021年8月20日，十三届全国人大常委会第三十次会议通过了《中华人民共和国个人信息保护法》（以下简称《个人信息保护法》）。2021年11月1日开始施行的《个人信息保护法》明确了个人信息的所有权。总则第二条规定，"自然人的个人信息受法律保护，任何组织、个人不得侵害"。采集利用个人信息必须"采取对个人权益影响最小的方式"。2016年11月7日，第十二届全国人民代表大会常务委员会第二十四次会议通过了《中华人民共和国网络安全法》，其中规定"维护网络空间主权和国家安全、社会公共利益，保护公民、法人和其他组织的合法权益"。这里所指的合法权益包括信息的内容权益。"网络产品、服务具有收集用户信息功能的，其提供者应当向用户明示并取得同意"。显然这里所指用户包括公民个人、法人和其他组织。因此，信息的内容权属，即谁拥有数据所包含的信息权属，受到《个人信息保护》《数据安全法》和《网络安全法》的规范，所有的数据合规利用均应以保护信息权为前提。

（三）完善数据产权才能促进挖掘更多信息

保护数据产权的起点应该从信息内容权属的保护开始，尤其是对个人信息的保护，没有对个人信息权加以保护，一切数据产权的合法性都失去了基础。只有当个人对其数据拥有所有权时，才能有效地保证信息自决。[1]我国的《民法典》对人格权的阐述与对所有权、质权的阐述就是完全分开的。[2]《民法总则（草案·二审稿）》将"数据信息"拆分为个人信息和数据，分别在第109条和第124条专门加以规定。《民法典》第111条关于个人信息的规定和第127条关于数据的规定，都清楚地表明了立法者

---

① Vgl. Benedikt Buchner. Informationelle Selbstbestimmung im Privatrecht，2006，S. 203.
② 张文魁：《数据治理的底层逻辑与基础构架》，载于《新视野》2023年第6期。

对信息和数据从人格权和财产权进行分置的立场,[①] 强调了数据利益的特殊性, 即其蕴含着人格利益和财产利益, 明确指出了人格利益需要纳入数据利益的谱系。[②]《数据安全法》第七条规定,"国家保护个人、组织与数据有关的权益, 鼓励数据依法合理有效利用, 保障数据依法有序自由流动, 促进以数据为关键要素的数字经济发展。"可见, 信息保护和数据安全并不能落实数据的物理权属, 即谁收集并占有信息的物理载体。没有清晰的产权, 数据的供给就得不到保障, 数字经济就无法得以发展, 就谈不上保护个人、组织的数据相关权益。目前尚未出台相应的法律规定。2022年12月19日, 中共中央、国务院颁布《关于构建数据基础制度更好发挥数据要素作用的意见》, 为明确数据的物理权属做出了指导意见, 其中所涉及的数据资源持有权、数据产品使用权、经营权和数据要素收益权, 都属于一系列的数据物理权属。数据是通过采集信息获得的, 保护个人信息是前提, 数据的物理权属不应侵犯信息主体的利益。信息与数据的传输必须以网络安全法为前提。信息只有通过数据才能得以利用, 也只有从数据挖掘中才能获得更多的信息。"数据二十条"以维护国家数据安全、保护个人信息和商业秘密为前提, 以促进数据合规高效流通使用、赋能实体经济为主线, 以数据产权、流通交易、收益分配、安全治理为重点, 目的就是既保护信息的内容权属, 又承认数据的物理权属。在保护个人信息的前提下, 将个人信息进行匿名化处理并转化成为不可识别的非个人数据, 既保护个人信息权, 又保护数据的相关权益。数据持有者也可以通过差分隐私、同态加密等隐私计算, 实现数据在"可用不可见"的情况下的充分利用。规制和落实数据的物理权属, 才能最终化解数据的内容权属与物理权属分离所产生的矛盾, 加大数据资源供给, 促进更多信息和知识的保护和生产。

[①] 申卫星:《论数据产权制度的层级性:"三三制"数据确权法》, 载于《中国法学》2023年第4期。

[②] 刘清生、黄文杰:《论数据权利的社会权本质》, 载于《科技与法律(中英文)》2023年第1期。

二、信息来源分散性与数据生产集中性的矛盾

信息来源的分散与数据的集中生产决定了分散的信息权与集中的数据生产权之间的矛盾，本质上是分散的信息集中起来形成数据要素的社会化权益与数据生产者之间的权益形成了矛盾（见图6-2）。

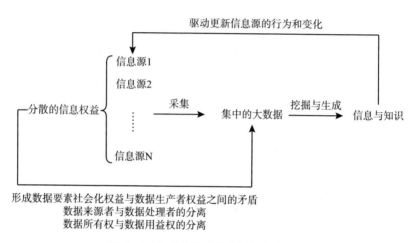

图6-2　信息来源分散与数据生产集中

（一）信息来源的分散与数据生产的集中

数据是信息的具体表现形式，是信息的载体，也是信息采集的产物；信息又是对数据进行加工得到的结果。[1] 数据信息来源者和处理者分离会产生矛盾。信息的来源是分散的，或者所采集的数据的来源是分散的，也就是说，原始数据资源是分散的，那么这些没有收集起来的数据是没有价值的，只是保护信息安全还远远不够。现在数据市场的痛点之一就是数据供给不足。分散的个人或组织可能是信息的权益人，但基本没有能力开发数据，更不可能将其转化为数据要素，分散的信息权益人不是数据的生产者，而数据

---

[1]　张文魁：《数据治理的底层逻辑与基础构架》，载于《新视野》2023年第6期。

的生产者又并不一定是信息的权益人，这两者的分离也形成了对立。只有企业的投入，才有能力集中采集、加工、利用数据，只有把数据集中起来，才能促使数据进行创新、产生知识。须给予一些激励政策鼓励企业收集数据，以保证数据供给。虽然对集中的数据进行生产并大规模地利用，数据开发的边际成本很小，但是初次投入往往比较大，若要形成数据的生产力，则必须赋予数据生产相关者一定的权益。

（二）分散的信息权与集中的数据生产权

集中的数据生产权来源于合规获得的、分散的信息权。威尔（Welp）于 1988 年率先提出数据生产者的概念，即那些通过输入或运行程序产生数据的人为数据所有权人。① 在现行法律体系下，数据使用秩序尚未建立起来，实践中常认为，凡是公开的都是可获取和利用的；凡是可以通过爬虫等技术爬取的，都是合法可用的。② 另外，对于经过清洗和处理之后不能识别用户身份数据的归属，目前法律上暂无明确的规定，在实际交易中默认收集数据的企业对该数据资源享有有限制的所有权。③ 数据生产权过度偏向数据生产企业，忽视了分散的个人用户在数据生产过程中的贡献，必然伤害个人信息权和个人应有的相关数据权益。实际上，分散的信息权益人无法声索被集中起来的其中微小的贡献与权益。为了化解分散的信息权与集中的数据生产权之间的矛盾，互联网之父 Tim Berner Lee 发起了个人可以自行控制个人数据的 Solid 项目，它是一种行使个人信息权和个人数据权益的技术方案。Bergelson 则从提高社会整体福利出发，主张将数据权利分配给数据主体。④ 总之，行使个人信息权和个人数据权益不仅在于他可否同意他人使用自己的

---

① Vgl. Jürgen Welp. Datenveränderung（§303a StGB）- Teil 1，in：IuR，1988，S. 443，447.

② 2024 年 5 月 1 日，荷兰数据保护局（Autoriteit Persoonsgegevens，AP）发布《个人和私人组织数据抓取指南》。该指南为数据抓取设定了严格的框架，与《通用数据保护条例》（GDPR）保持一致，并明确了允许数据抓取的有限情况。该指南强调个人数据抓取普遍非法的基本原则，驳斥了公开数据可以自由抓取的普遍误解，强调法律例外和有限许可原则。

③ 刘震、张立榕：《马克思主义视角下数据所有权结构探析》，载于《教学与研究》2022 年第 12 期。

④ Vera Bergelson. It's Personal but is It Mine? Toward Property Rights in Personal Information. U. C. Davis Law Review，2003（37）：421 -429.

数据，更在于他可否阻止别人使用自己的数据，只有当个人信息权人和个人数据权益人可以排除他人使用数据，才能真正控制和行使自己的相关权益。数据生产需要把分散的信息集中起来，而数据权益不仅要赋予集中生产的相关权益，还要兼顾分散的信息权益人的权益，分散的信息权益人的权益不仅包括信息的人格权，还包括个人数据的经济权益。

（三）分散的信息权引申出数据的社会化属性

分散的信息集中起来，形成了数据要素的社会化权益，数据要素的社会化权益与数据生产者权益之间存在矛盾。一方面，数据生产者享有数据用益权。根据洛克所倡导的劳动产权论，劳动者享有劳动产品的财产权，加工使用数据付出劳动，应当受到财产法的保护，即赋予其数据用益权。在数据采集和加工过程中，数据生产者需要投入巨大的资金及其他成本，赋予其数据用益权是为了调动其市场投入的积极性，避免"公地悲剧"现象。另一方面，数据用益权不能替代数据要素的社会化权益。分散的信息集中起来，形成了数据要素的社会化权益，但数据用益权不能替代数据要素的社会化权益。仅基于劳动和投资便让数据生产者享有数据要素权益尚不具有充分的正当性，因为用益权源于在先的所有权，所以作为源权利人，数据所有权人的授权必不可少。无论数据所有权人是自然人、企业还是国家，数据加工使用者合法处理数据的一个必备的前提条件，就是经数据所有权人的知情同意，而这一点仅在信息保护和数据安全方面作为规定，并没有反映出分散的信息集中起来所形成的数据要素的社会化权益。数据要素驱动社会化劳动引申出数据要素社会化权益主体的缺失问题，形成了数据要素的社会化权益与数据生产者权益之间的矛盾。

第二节　数据使用者与生产者的矛盾

参与使用数据的主体包括生产者、消费者、将数据转化为生产资料的使用者等。当数据使用与数据生产开发分离时，将带来数据使用的非排他性与数据开发成本之间的矛盾，产生数据使用者与数据生产者之间的矛盾。数据的广泛使用和共享是数据要素化的基础，必须厘清数据共享与数据交易的边界，才能促进数据的持续开发和数据的持续供给。

一、数据非排他性与数据开发成本的矛盾

数据是信息的物理表示，数据存储必须以存储的物质为载体（磁盘、U盘等），但数据不是物质本身，当数据转移时，物质并没有被同步转移，数据重复使用也不会被磨损而折旧。数据在形态上是不损耗的，数据并不会像传统资产（例如机器、建筑物或自然资源）那样自然地衰减或耗尽。相反，在使用数据的过程中又会产生新的数据，使用得越多，数据的体量越大。数据的复制成本低（边际生产成本为零或接近零），且同一数据可同时存在于多个位置，几乎可以无限地共享。因此，数据具有非排他性，同一项数据可以由多个数据使用者同时使用。传统生产要素使用权只能属于单个主体，而同一项数据使用权可以同时属于多个主体，也就是说，数据持有者可以让渡数据使用权，不但不影响自身对数据的继续使用，还不影响他继续让渡给更多的使用者使用。数据的价值不会因为使用而减少，反而会因不断挖掘出的新价值而日益增长，数据所有权的收益也将不断增加。[1] 总之，数据使用成本可以很低，越使用价值反而越高，与此矛盾的是，数据的开发却不是没有成本的，如果大家都可以使用低成本甚至免费的数据，谁会付出成本去开发数据呢？虽然从物理上数据的转移与使用是不消耗成本的，数据还可以无限制地使用，投入数据开发的成本都难以回收，还会有谁来继续供给数据呢？

二、数据共享与数据交易的边界

数据集中才能使数据价值最大化，数据交换、流通、共享才能让数据

---

① 赖立、谭培文：《马克思所有权理论视域下数据确权难题破析》，载于《高校马克思主义理论研究》2022 年第 4 期。

流向最需要的地方。作为一种非竞争性的资源，数据被共享得越多、越广，其对于社会的整体价值就越大。但又不能一味强调数据共享，应根据数据资源不同的来源属性，界定数据共享与数据交易的边界，该共享的要共享，该交易的要按交易规则交易。无论数据共享还是数据交易，都需要有明晰的数据产权做支撑。如果数据产权得不到确认，数据开发者无法回收开发成本，不愿分享自己拥有的数据，为了维护自身优势，不愿共享和交易数据，反而导致"信息孤岛"或"数据孤岛"，数据相互割裂。数据确权不仅不会妨碍数据流通、交易与共享，反而会促进数据市场化，促进数据使用与生产。须保障数据生产者的相关权益，通过数据确权和技术保障，让数据从自然的非排他性状态进入到传统的排他性状态。须保障数据开发者的相关权益，促进数据生产者通过市场手段增加数据的流通与利用，让他可以从数据使用者中回收开发成本，同时，让数据使用者在数据使用中获益。保障数据生产者的相关权益，有利于数据生产者持续回收成本，加大数据供给，丰富数据使用者的数据资源。事实上，数据交易本身也是数据共享的一种形态。相反，没有数据产权的支撑，数据使用者与生产者无法形成正向的激励，无法实现供给与需求的良性循环，必然导致数据开发成本和使用成本增加，不仅不利于数据共享，也不利于数据交易，难以实现数据要素价值的最大化。

第三节　数据要素控制人与数据使用者的矛盾

数据生产者生产了数据的使用价值，数据使用者的使用实现了数据的使用价值，但并不意味着就能够实现数据要素的增值，数据要素的转化与生产往往并不是同一个过程，而是分离的，数据被集中在一起，以平台或其他形式参与生产，实现数据向数据要素的转化，组织这一过程的资本实际上控制了数据要素。因此，数据要素控制人与数据使用者、生产者是分离的，由此产生了数据要素控制人与数据使用者的矛盾。

一、数据要素控制人与数据使用者

数据要素控制人与数据使用者的矛盾是中观层面的矛盾。数据使用者广义上包括直接消费以数据为核心的数字产品或服务的个人或者组织，还包括将数据作为生产要素来提供数字产品或服务的个人或组织。直接消费数字产品或服务的个人或者组织，例如公众消费者，利用数据更好地进行选择性消费，提高了消费的收益和体验，但值得注意的是，他们不仅在使用数据，也在生产数据，他们此时既是消费者又是生产者，他们的消费活动也是一种数字劳动，也在提供数据并更新数据。目前更多的是个人或组织把外部云端提供的数据或数据核心平台作为自己生产或管理的生产资料。这一部分个人或组织，自己可能也是一个小平台或者 App，为更多的个人或者组织提供以数据为核心的数字服务，他们是数据的使用者，也为大平台采集并更新数据。

大平台则拥有大量数据资源，结合强大的算力和算法，对外提供数字产品或服务，以此实现数据要素增值。这类大平台是数据要素实际控制人。数据要素实际控制人使用数据的目的不是消费数据产品，而是将数据产品转化为数据要素并获得更大的数据要素增值收益，从这个意义上说，他们将数据作为资本来运作。大平台为了实现数据要素增值收益最大化，必须尽可能地吸引更多数据使用者，如一个个小平台或众多的个人用户。随着平台之间数据与业务合作的不断深化和丰富，数据要素控制人与数据使用者构建起了一个数据互联互通的开放性生态平台（见图 6-3）。与由单一平台构成的生态系统相比，开放性平台的生态由多核心构成，生态系统因此存在很强的共栖关系，而非仅关乎特定企业的个体利益。[①]

---

① 陈兵：《互联网平台互联互通边界及规制方向》，载于《数字法治》2023 年第 5 期。

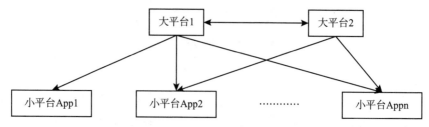

图 6-3　数据要素控制人与大平台主导的小平台的数据使用者

二、数据要素控制人与数据使用者之间的合作与竞争

数据要素控制人与大平台主导的小平台数据使用者之间构成了数据生产、交换和循环既合作又竞争的生态系统。在数据采集阶段，大小平台都是数据的收集入口，但大平台又连接了小平台，它们可以获得小平台的数据，超级平台在自己搭建起来的广阔版图中大肆追踪用户数据，却选择独享这些数据，吝于将之分享给生态系统中的其他合作伙伴。[①] 小平台要获得大平台的数据就必须付出代价，要么必须与之分享数据，要么必须分享小平台为线下提供服务而获得的收益。因此，数据就会越来越向大平台聚拢。一旦大平台获得了数据分配和交换的支配地位，就会如 Ariel Ezrachi 和 Maurice E. Stucke（2016）所说的，"当非洲大草原已经变成了超级平台自家的动物园，羚羊陶醉于超级平台提供的各种应用程序与互联网服务时，俘获猎物之后的分赃过程将越发一家独大。在竞争中败在下风的狮子可以分得的战利品在不断缩水，前景不容乐观。只有那些能够持续带来流量的第三方应用程序才能在超级平台的生态系统中占有一席之地，小心守住自己的生存空间。"[②]

另外，超级大平台为了更好地巩固自己数据要素控制人的支配地位，会对小平台分享数据。因为如果完全垄断数据，将窒息与小平台的合作，就如

---

　　① ［英］阿里尔·扎拉奇、［美］莫里斯 E. 斯图克：《算法的陷阱：超级平台、算法垄断与场景欺骗》，中信出版社 2018 年版，第 222 页。

　　② ［英］阿里尔·扎拉奇、［美］莫里斯 E. 斯图克：《算法的陷阱：超级平台、算法垄断与场景欺骗》，中信出版社 2018 年版，第 223 页。

同一个生态系统没有了多样性，大平台数据增量将会下降。但是，大平台如果大量地对小平台分享数据，可能会将小平台培养成自己的竞争对手，损害其自身利益。大平台争取分配权的逻辑归根到底就是争取数据增量的逻辑：为了获得数据增量，大平台会分享自己的数据，呈现出共享特征；同样地，当小平台对其形成竞争时，它会随时切断对小平台的数据供给，割裂数据的链接。所以，大平台为了维持数据增量，既不会走向数据的完全分享，也不会走向数据的完全垄断（见图6－4）。大平台追求的是数据的支配权，小平台则在它的控制下小心行事。从竞争对手到合作伙伴，再由合作伙伴变成竞争对手，这种动态变化的关系深刻地刻画了平台之间围绕数据这一新的生产资料彼此进行竞合的本质。另外，大平台凭借自己的垄断，试图巩固自己的支配地位，强制小平台分享数据，形成对小平台的依赖，反而削弱了大平台进行投资和创新的动力，丧失了竞争优势；另一方面，小平台也可能在与大平台的合作中丧失创新动力，沦为彻底寄居者。

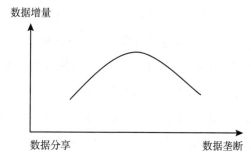

图6－4　数据增量、数据分享和数据垄断之间的关系

第四节　数据要素控制人与线下劳动者的矛盾

　　数据要素控制人与线下劳动者的矛盾是微观层面的矛盾。线下劳动与数据要素控制人更是一组不对等的关系，一方是从工厂、工地或企业的集中劳动中脱离出来的、分散的劳动者，另一方是资本与数据集中的平台，它们之间的关系，就如淘宝与电商、美团与送餐快递员、滴滴与滴滴司机。数据要素控制人的企业与劳动者的关系不是劳动合作关系，也不是平等合作关系。郑广怀团队（2020）将线下劳动者形象地比喻为"平台通过下载劳动创造'平台工人'"，他们总结了平台线下的劳动模式呈现强吸引、弱契约、高监管和低反抗的特点。[①]

一、数据要素控制人对线下劳动者的赋能

数据要素控制人的企业与线下劳动构成的关系，首先表现为强吸引，体现为平台对线下劳动者及其协作的赋能。平台是数据生产资料的开发者，平台尽可能地放弃线下的物资生产资料、放弃雇佣劳动，但又要与它们相结合，才能产生价值，因此利用数据与算法构建的平台要向线下协作赋能，这种赋能主要体现在以下三个方面：（1）流量赋能。线下的劳动者或商家可以借助共享经济平台实现渠道升级，拓大辐射范围，加大用户反馈，增加店铺、商品以及服务的曝光率，实现线上引流。实体店的用户通过移动支付也会成为店铺和平台的粉丝，通过平台或店铺会员群来实时获取门店的活动信息，实现线上与线下两种门店的联动。（2）数据赋能。平台可以通过大数据分析商家的属性特征、行为习惯和消费数据，进行多维度分析，帮助商家发现潜在客户并了解用户。零售门店在数字化、线上化之后，通过数据分析并了解潜在需求，才能对消费者以及消费者的需求进行分类，有针对性并更精准地加强与消费者互动。（3）运营赋能。共享经济平台往往鼓励传统线下门店上线开网店，甚至个人开直播。入驻的商户或网红可以借助平台的资源，将自己的产品或服务迅速拉近消费者，并更好地进行跨地域互动，不仅如此，业务入住平台的过程，也是其业务数字化改造的过程，平台带来的供应链、物流、金融服务等像即插即用的插头，支持线下入住者更轻松地运营，发挥其自身优势。

---

① 郑广怀等：《武汉市快递员外卖员群体调查（下）：平台工人与"下载劳动"》，澎湃新闻，2020年3月30日。

二、数据要素控制人对线下劳动的监督

劳动者从雇佣劳动中解脱出来之后，是进入一个更自主选择的合作状态，还是落入"下载劳动"[①]的状态？目前拥有平台的数据要素控制人对线下协作赋能的过程就是劳动者下载劳动的过程。"下载劳动"是指平台作为巨大的具备反思能力的有机体，将一套精密且动态调整的劳动控制模式"下载"到工人身上，全面塑造乃至取代工人原有的主体性。例如，外卖或快递骑手们通过下载 App 进行工作，表面上，这个 App 只是一个辅佐他们工作的生产工具，但实际上，骑手们下载的是一套精密的劳动控制模式，在这套模式下，"工人原有的主体性被全面塑造乃至取代"，他们看似以更自由的方式工作，但同时却"遭受着更深切的控制"。[②] 在共享经济中，拥有平台的数据要素控制人对劳动的监督，无须"在同一时间同一空间（或同一劳动场所）为了生产同种商品在同一资本家的指挥下工作"[③]。资本却能够凭借共享平台实现对劳动者更加隐蔽且无时间间隙的监督，资本对劳动施加的权威和意志并没有因为对经济资源的"共享"而消失。在共享经济条件下，对劳动者的监督出现了新的发展。对劳动者的监督从过去由雇主直接监督，转变为代理人的监督，再转变成"制度管人"式的监督，到了数字经济时期则转变成为以数据为基础的监督。消费者也被纳入监督队伍，将监督权交给消费者，资本隐退到平台背后，使得原来的劳资矛盾转为拥有平台的数据要素控制人、劳动者和消费者三者的博弈，进一步缓解了劳资的直接矛盾，但仍然回避不了数据要素控制人与线下劳动的矛盾。

三、数据要素控制人对线下劳动合作收益的占有

拥有平台的数据要素控制人通过激励机制、评分机制、监督机制等方面

---

①② 郑广怀等：《武汉市快递员外卖员群体调查（下）：平台工人与"下载劳动"》，澎湃新闻，2020 年 3 月 30 日。

③ 《资本论》第 1 卷，人民出版社 2004 年版，第 374 页。

的设计，对劳动者的工作过程产生了实质控制，使得劳动者的认可多于不满、合作多于反抗，从而实现了资本的再生产。① 不管是绝对延长工作时间还是相对延长工作时间，平台总是有收益的，劳动者则未必，即便产生矛盾，也往往转移为消费者与劳动者之间的矛盾，平台与线下协作所产生的合作收益往往被平台和消费者占有。仍以零工经济从业人员为例，拥有平台的数据要素控制人对线下劳动合作收益的占有主要有以下两种途径：（1）延长工作时间。激励机制和评分机制能够刺激零工经济从业人员延长劳动时间，而对平台工作灵活性的认可是刺激他们延长劳动时间的因素。② 劳动者工作时间延长可以增加收入，但同时必须付出劳动强度和意外风险增加的代价。在共享经济中，劳动者工作时间看似可以更灵活选择，但灵活就业在"人口过剩"背景下，"竞争加在就业工人身上的增大的压力，又反过来迫使就业工人不得不从事过度劳动和听从资本的摆布"③，零工经济从业人员不得不延长劳动时间。（2）缩短送达时间。其实平台追求的并不是工作时间延长，它甚至开启强制模式，要求劳动者停止连续长时间工作。在竞争压力下，为了获得订单而与依附于平台的其他劳动者展开竞争，骑手不断压缩送餐时长，也就意味着压低送单价格，提升平台满意度和竞争力。因此，算法不断追求骑手越跑越快，而骑手们在超时的惩戒面前也会尽力去满足系统的要求，外卖员的劳动越来越快，变相帮助系统增加了越来越多的"短时长数据"，数据是算法的基础，它会去训练算法，当算法发现原来大家都可以越来越快时，它会再次加速，必要劳动时间又被压缩了。

　　不管是工作时间延长还是送达时间缩短，订单数都会不断增加，此时，平台收益规模递增、劳动者收益规模递减（见图 6-5）。因此，一方面，平台利润和平台竞争力不断提高，另一方面，这些提高却是以不断牺牲劳动者的利益为代价换取的。在全球南部国家的贫民窟里兴起了一堆可以让无业者去"打工"的计算机，打工的内容可能是转译录音、在几秒内识别人脸与

---

　　①② 吴清军、李贞：《分享经济下的劳动控制与工作自主性——关于网约车司机工作的混合研究》，载于《社会学研究》2018 年第 4 期。

　　③ 《资本论》第 1 卷，人民出版社 2004 年版，第 733 页。

景物、标识出不同的路面等。随着 Deepseek、ChatGPT 等人工智能的兴起，在全球领域兴起了"有个电脑就能挣钱"的美好宣传。这是一个平台，服务不是它提供的，也不是它的雇员提供的，而是一个个自然人——没有工资、没有社保、没有合同保障的弱者。所以，会产生什么样的社会群体呢？众包平台中的工作者是"没有劳动者群体力量的工人"，网络、主机和一个人所构成的封闭的数字世界，代表着新自由主义幻想的极点：一个没有工会、工人文化和工人机构的资本主义，一个没有任何工人能够挑战资本的资本主义。这些平台实现了资本主义的狂热梦想，破坏了工资契约、独特的职业和工人知识，还摧毁了作为一个团结的、反抗的群体的劳动者的力量。

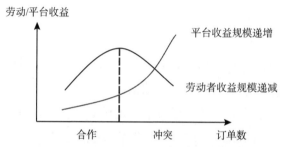

图 6 – 5　拥有平台的数据要素控制人与线下劳动者之间的合作与冲突

第五节　数据要素控制人与线下消费者的矛盾

尽管马克思很早就意识到生产、交换、消费和分配过程的联系，但只有在数据成为生产资料的共享经济背景下，消费者才如此直接地进入劳动者的生产过程中来，由数据导致控制权得重新分配，"平台公司退居幕后，看似放弃了对劳动的直接管理，实则淡化了雇主责任，还把劳资冲突转嫁到平台系统与消费者身上。"[①] 消费者不仅为平台贡献了其需求数据，更

---

① 陈龙：《"数字控制"下的劳动秩序——外卖骑手的劳动控制研究》，载于《社会学研究》2020 年第 6 期。

提供了其偏好数据，并通过点评为平台提供了对服务的监督数据。可以说，平台以数据而生，主要以消费者的数据而生，消费者在分配中的地位得以提升，体现了数据生产资料对分配的影响。即便如此，只有集中起来的数据才真正具有分配主导权。消费者虽然获得信息分享等共享经济中数据带来的红利，但更多消费者的无偿劳动被拥有平台的数据要素控制人悄悄地占有，同时，消费者往往在个性化定制迷局中掉入平台所设计的价格歧视陷阱中。

一、信息分享与消费者的无偿劳动

共享经济中众多信息得到分享，通过产品和服务的比价，信息更加透明，因此带来消费者剩余①。这是消费者愿意给平台分享自己数据的原因，他们希望通过分享而获得消费者剩余。这是共享经济积极的一方面，但也有另一面，平台收集消费者数据，挖掘消费者意愿，据此不仅可以直接向消费者推送产品和服务，还可以将信息提供给其他平台而获得收益。克里斯蒂安·福克斯（2020）分析了"消费者的无偿劳动时间，称之为非雇佣劳动的无偿劳动时间"。平台不仅获得线下劳动的无偿劳动时间，还获得了消费者非雇佣劳动的无偿劳动时间。2015年，美国人平均每天4.9小时用于观看广告、12.4小时用于使用商业社交媒体。② 可见，所有消费者为平台贡献的流量中相当一部分成为平台非雇佣劳动的无偿劳动时间。脸书和谷歌就是全球最大的广告代理商，它们都从数字劳动和用户信息的大数据商品中获得巨大利益。③ 这一部分收益往往被拥有平台的数据要素控制人占有而被分散的消费者或非雇佣劳动者所忽视。"在数据收集中，互联网平台用户的休闲时间成为平台资本家攫取剩余价值的工作时间，用户生产的数据产品也被互联网平台无偿占用，并通过数据精准分析推送给广告商，广告

---

① 消费者剩余（consumer surplus）又称为消费者的净收益，是指消费者在购买一定数量的某种商品时愿意支付的最高总价格和实际支付的总价格之间的差额。

②③ ［英］克里斯蒂安·福克斯：《大数据资本主义时代的马克思》，罗铮译，载于《国外理论动态》2020年第4期。

商再对用户精准分析，形成一个'三角贸易'，而普通的互联网用户变成数据要素控制人——数据资本家争抢的肥肉。"①

二、信息透明与数据杀熟

数据要素控制人与线下消费者的关系中，平台为了吸引更多链接，充分地分享信息，提升了消费者的信息获取能力。消费者获取信息的能力提升后，降低了交易的不确定性，就有可能扩大交换，消费者获得收益。平台因而吸引更多链接，拥有平台的数据要素控制人与消费者呈现共赢合作的状态。随着消费者信息获取能力的进一步提高，消费者获得更多收益，但因为信息的过于透明，拥有平台的数据要素控制人将无利可图。平台这时会利用掌握的大量链接数据以大数据杀熟的方式来确保自己的收益。亚马逊是大数据杀熟的"始作俑者"。2000 年，亚马逊针对同一张 DVD 碟片施行了不同的价格政策，新用户看到的价格是 22.74 美元，如果是算法认定有购买意愿的老用户，价格会显示为 26.24 美元。如果删除这样的推送插件，价格马上又回落到 22.74 美元。为了避免消费者识别出这样简单的大数据杀熟，平台又推出了个性化定制功能。无差别的服务已经不能满足消费者的需求，随着数据的挖掘，平台可以按消费者的差异定义不同的产品和服务，显然提升了消费者满意度。通过获取不同客户分组中消费者的偏好、弱点和需求弹性等，平台形成了个性化定制，根据不同类别的消费者制定不同的价格，这事实上就形成了新的信息不透明。个性化定制通过算法推荐产品和价格，消费者几乎无法区分是个性化定制还是大数据杀熟。数据要素控制人从开始帮助消费者提高获得信息能力，到通过新的手段制造新的信息不对称，呈现出对线下消费者既分享又攫取的矛盾（见图 6 - 6）。

---

① 刘允秀、夏庆波：《数字资本主义视域下数据驱动机制的批判——基于马克思劳动过程理论》，载于《西安电子科技大学学报（社会科学版）》2023 年第 3 期。

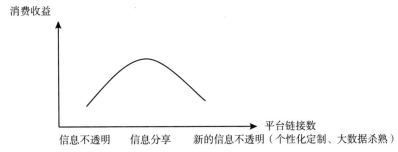

图6-6 拥有平台的数据要素控制人与消费者既分享又攫取的矛盾关系

第六节 以平台为中心支配数据要素 增值收益所引发的矛盾

从马克思产权理论中关于经济关系先于并决定法权关系的原理来看，目前数据要素权属界定不明，平台不是数据要素的所有权人，却集使用权、管理经营权和收益权于一身，以平台为中心配置数据要素这一现实的经济关系已经决定了平台数据要素权属错配的现状。平台对数据要素实际控制权带来更大规模社会化协作分工的同时，也带来了负面的外部性。平台数据要素参与分配的机制不合理，数据流通交易规则不清，市场发育困难，平台数据要素监管体系不完善，国家数据主权以及个人数据权益保护面临挑战。运用马克思产权理论中关于经济关系先于并决定法权关系的原理，可以更好地理解为什么平台数据要素权属安排尚未定型、但在平台经济协作分工形态下的经济关系业已发生作用，可以更好地理解以平台为中心的数据要素配置及其矛盾。

一、以平台为中心的数据要素配置

数据要素的生产起源于某一特定应用场景，最初数据与数据要素是难以分离的，平台既是数据资源的采集者，又是数据的加工使用者，也是数据产品的经营者，还是数据要素的转化者。另外，为谋求竞争优势，一些平台刻意将数据要素的生产与应用场景绑定，将数据资源开发过程与数据要素的转化过程集于一身，形成竞争壁垒，更好地垄断数据要素产生的增值收益，这一局面不利于数据互联互通，也不利于数据要素市场化。以平台为中心配置数据要素，就是平台集中数据要素来驱动协作分工，并以垄断数据要素来主导分配交换，占有社会分工创造出的超额利润。

传统经济总是依赖对物质生产资料的集中来实现劳动生产力的集中，进行规模生产，提高协作分工的"集体力"①。但随着物质生产资料的集中，资本有机构成增大，必然导致平均利润率下降。由于信息技术的发展，产生了新的生产方式，为了突破传统资本集中的限制，平台企业放弃了物质生产资料的集中，以避免迟早会到来的规模递减。与传统资本集中形成社会化协作不同，在平台经济中，将物质生产资料与数据要素分离，物质生产资料、劳动力甚至资本都可以分散，只有数据要素是集中的，因此，平台经济的协作分工规模取决于数据要素的规模和集中程度，更为重要的是，集中的数据要素在算法的加持下形成的协调能力比传统资本集中形成的协调能力更为强大，驱动了更大规模的线下协作分工，左右更大规模的线上分配交换，实现投入资本的更大增值，进而促进平台从追求对物质生产资料的垄断转而追求对数据要素的垄断。比起传统经济，运行在互联网上的平台经济更容易形成"富者越富"的垄断局面。正如马克思指出的，"所谓分配，不是通常意义上的消费资料的分配，而是生产要素本身的分配，其中物的因素集中在一方，劳动力则与物的因素相分离，处在另一方。"② 与物质生产资料的垄断一样，数据这一新的生产要素的垄断，必然使得平台在平台经济的分配关系中占据主导地位，从而攫取更大的超额利润。

二、平台数据要素的所有权人缺失

平台企业是平台数据要素的主要管理者，也是实际控制人，但平台数据要素是由整个社会分工各主体共同参与而生产出来的，平台企业不是数据要

① 《马克思恩格斯全集》第23卷，人民出版社1972年版，第362页。
② 《马克思恩格斯全集》第24卷，人民出版社1972年版，第40页。

素的所有权人。在平台经济中，数据更多地来源于消费者和劳动者，然而，分散的数据无法自动进入社会化大生产并形成数据要素，局部的、分散的数据资源持有权人对数据要素形成的贡献难以单独计量，实际上也难以行使其在社会化大生产形成的数据要素中所应享有的权益，因此导致平台经济中具有社会属性的数据要素的所有权人缺失。正如闫境华、石先梅（2021）所指出的，"单个私人数据过于微小，索取回报之小、维权成本之大使得私人倾向于放弃数据权利。"① 因此，由于数据要素确权困难，会出现损害数据要素所有者利益的问题。② 虽然分散的权利主体实际的所有权权益往往被忽视，但源源不断地来源于全社会消费者和劳动者的数据却进入到社会的分工协作中，其所形成的数据要素、所产生的巨大价值是不能忽视的，平台数据要素的所有权人缺失问题不容忽视，必须寻找反映这一分工形态的权属安排，找回平台数据要素的所有权人。

三、数据要素投入者与社会分工参与者之间的对立

数据要素投入者与数据要素驱动的社会分工参与者之间的对立是宏观层面的矛盾。以平台为中心配置数据要素，导致了协作分工进一步社会化与数据要素私人垄断之间的矛盾。以平台为中心配置数据要素，由于数据生产资料与物质生产资料相分离，线上平台经济既独立于线下实体经济，又无法离开线下实体经济而独立发展。当数据要素的垄断越来越严重，扩大的协作分工规模越大，积累的线上与线下的矛盾就越为激烈，最终反过来将抑制线下的协作分工，甚至达到使之无法持续的地步。平台经济中数据要素比其他传统生产资料更具有社会的属性，数据要素只有来自社会并被集中起来才能反映社会。数据越集中，越会瓦解传统的私人资本；数据越集中，其社会化程度越高；数据越集中，越需要寻求数据要素新的社会化实现形式。只有化解

① 闫境华、石先梅：《数据生产要素化与数据确权的政治经济学分析》，载于《内蒙古社会科学》2021 年第 9 期。
② 张存刚、杨晔：《数据要素所有者参与价值收益分配的理论依据》，载于《兰州财经大学学报》2021 年第 8 期。

协作分工进一步社会化与数据要素私人垄断之间的矛盾，才能促进平台经济健康可持续地发展。

与此同时，我们可以发现，数据要素的运用所带来的大量社会剩余增加仍然主要来自相关实体产业部门劳动者的劳动。[①] 数据要素驱动的社会分工参与者创造数据要素增值收益与数据要素投入者主导分配数据要素增值收益之间存在明显的对立。

四、数据要素公共属性与私人属性的矛盾

平台的构建起始于私人资本的投资，是一个私主体。平台收集的数据来源于公众，而且，越是反映公众生产和生活的数据，就越能驱动公众的生产和生活。平台充当着管理者和分配者的角色，不再局限在平台企业内部，其拥有的数据要素不再仅具有私人属性，还具有公共属性，平台企业也不再是普通的市场主体。平台数据要素的公共属性与私人属性的二重性难以简单而彻底地拆分。因此，在没有反映数据要素公共属性的数据要素增值收益分配制度的保障下，平台垄断了数据要素增值收益的分配，必然导致数据要素公共属性与私人属性的矛盾。单一地引入公共性和私主体性作为平台身份描述的规制理论基础，会引发平台经济在"一放就乱，一管就死"的治理困局中摇摆。[②] 如何通过数据产权安排化解数据要素公共属性与私人属性的矛盾也是值得研究的问题。

第七节 本章小结

本章运用马克思关于经济关系先于法权关系原理，分析数据产权缺失导

---

① 王宝珠、王朝科：《数据生产要素的政治经济学分析——兼论基于数据要素权利的共同富裕实现机制》，载于《南京大学学报》2022 年第 5 期。

② 刘凯：《数字平台公共性的理论重塑及其生态治理路径》，载于《比较法研究》2023 年第 6 期。

致的经济后果及引发的矛盾。

第一，信息与数据产权混淆引发的矛盾，包括数据内容权属与物理权属分离所产生的矛盾、信息来源分散与数据生产集中所产生的矛盾；第二，数据使用者与生产者的矛盾，包括数据非排他性与数据开发成本的矛盾、数据共享与数据交易的矛盾；第三，数据要素控制人与数据使用者的矛盾，主要表现为数据要素控制人与数据使用者围绕数据而展开的合作与竞争；第四，数据要素控制人与线下劳动者的矛盾，包括数据要素控制人对线下劳动者的赋能与数据要素控制人对线下劳动的监督之间的矛盾、数据要素控制人对线下劳动者的赋能与数据要素控制人对线下劳动合作收益的占有之间的矛盾；第五，数据要素控制人与线下消费者的矛盾，包括信息分享与消费者的无偿劳动之间的矛盾、信息透明与数据杀熟之间的矛盾。以上矛盾最终表现为以平台为中心的数据要素配置，平台数据要素的所有权人缺失，数据要素投入者与数据要素驱动的社会分工参与者之间的对立，数据要素公共属性与私人属性的矛盾。因此，必须运用马克思产权理论配置数据产权，以化解以上矛盾，促进数字经济健康发展。

第七章

数据产权结构性分置管理

信息与数据的分离，涉及个人权益保护与收益分享；作为数据产品的交换收益与作为数据要素分配的增值收益是不同的，相应地，必须分别构建数据产权结构性分置制度与数据要素收益分配制度。本章重点研究数据产权结构性分置制度。为促进数据向数据要素的转化（见图 7-1），数据产权结构性分置可以更好地促进数据流通。本章首先区分哪些数据应该开放、哪些数据适合共享、哪些数据适合交易。为了促进数据市场的形成，更有效地激励数据交易和共享，从马克思产权分置理论分析数据产权结构性分置的原则、机制和路径，提出深化数据产权结构性分置的安排。由数据经纪商、数据运营服务商和数据托管服务商等各类数商提供中介性服务，在数据产权结构性分置制度基础上，构建多层次的数据市场，以便激活数据资源供给、降低数据生产和流通成本、匹配数据供给和需求、拓展数据应用场景。最后，为数据产权结构性分置提供技术保障，探索数据确权和保障数据权益的技术手段，探索支撑数据交易平台的技术路径。

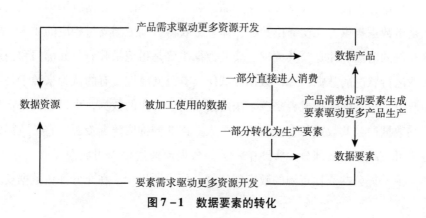

图 7-1　数据要素的转化

第一节　数据流通是数据要素转化的必由之路

数据产品要转化为数据商品，转化为数据资产，投入社会化大生产中，转化为数据要素，必须将数据流通起来，按供需关系来配置。数据流通有开放、共享、交易三种供需模式。流通的对象可以是数据资源，也可以是数据产品，区别在于数据（数据资源或数据产品）需求方获取数据所支付的成本不同。公共数据、企业数据和个人数据不是相互独立、彼此排斥的，而是相互联系、相互影响的，应将数据以公共数据、企业数据和个人数据分类来界定哪些数据开放、哪些数据共享、哪些数据交易。公共数据流动主要采用数据开放的模式；企业数据主要采用交易或共享模式；个人数据主要采用交易模式。界定哪些数据开放、哪些数据共享、哪些数据交易的目的是界定哪些数据资源或产品应该纳入数据交易，构建相应产权安排应由市场机制主导，才能更好地促进数据流通，提高数据利用的效率。

一、公共数据的开放性

开放数据产品和服务，是指自然人、法人和非法人组织通过对开放数据资源投入实质性劳动形成的产品和服务，包括但不限于数据集、数据服务接口、数据分析报告、数据可视化产品、数据模型算法、数据应用等。数据开放是指数据提供方无偿提供数据，需求方获得数据无须支付相应的成本。数据开放的对象往往是公共数据。公共数据主要是指记录政府公共部门和公用事业运行状况的数据，这些数据的载体具有公共属性，有的认为来源于公共财政资金收集的数据或者来源于法定公共行为产生的数据，也可以被认定为公共数据。公共数据与企业数据、个人数据共同构成数据资源，它是数据资源不可或缺的组成部分。实践中，公共数据流通主要采用数据开放的方式，通常由掌握公共数据资源的政府部门或公用事业机构，在充分评估数据安全等因素的前提下，有选择地向公众开放数据。[①] 公共数据流通可以分为公共部门之间的数据流通和交换以及面向社会的数据开放。美国一些地方政府率先于 2009 年建立了统一公共数据开放平台。欧盟在 2011 年通过了 "开放数据战略" 以及《公共数据数字公开化决议》，推动公共数据开放，2021 年，整合各类分散的公共数据开放网站，推出欧盟公共数据开放官方门户。[②] 我国 2015 年明确提出实施 "国家大数据战略"，近几年，各地陆续出台了公共数据开放的管理办法，推进公共数据平台落地和公共数据法律法规的建设。公共数据开放除了要关注数据安全和分级管理以外，还要重点关注公共数据开放的主体。公共数据开放的主体虽然是政府的各个部门，但不管是数据开发还是利用都应积极与各市场主体合作，推动数据更有效的流通，归根到底，是要推动公共数据产品化，更好地与应用场景结合，使得公共数据转化成为驱动社会化大生产的数据要素。

（一）数据开放和数据安全的分级管理

数据安全的分级管理成为数据开放重要的前置条件。《上海市公共数据开放实施细则》对公共数据开放提出了遵循 "创新驱动、需求导向、场景牵引、公平公开、安全可控、分级分类、统一标准、便捷高效、流程规范" 的原则；[③] 对公共数据进行分级分类，确定开放类型，规定开放条件，提出监管措施。公共数据按开放类型分为不予开放类、有条件开放类、无条件开放类三种，制定公共数据开放清单，建立开放清单动态调整机制。制定有条件开放的申请、审核和监督方式。公共数据开放主体应当依据有关技术标准和要求，对公共数据进行脱敏。对于有条件开放类的公共数据，《深圳市公共数据开放管理办法（征求意见稿）》第二十七条规定了有条件开放的使用方式：（1）在指定的数据开发利用环境下使用数据，确保原始数据不出域；

---

① 蔡跃洲、马文君：《数据要素对高质量发展影响与数据流动制约》，载于《数量经济技术经济研究》2021 年第 3 期。

② 其网站网址为：https：//data. europa. eu/en。

③ 上海市经济信息化委、市互联网信息办公室：《上海市公共数据开放实施细则》，2022 年 12 月 31 日。

（2）在指定的数据开发利用环境下，以原始数据不可见的方式使用数据；（3）在指定的数据开发利用环境下，公共数据利用主体使用算法模型获取结果数据；（4）其他合理的使用方式。数据开放可采用平台的方式，建设统一的公共数据开放平台，为开放工作提供数字化能力支撑。明确数据开放相关者的责任，对隐私信息安全保护制定统一的规范。政府部门在数据安全和隐私保护方面相互协同、相互监督。提高数据泄露的惩治成本，规范数据流通合规审查和伦理审视。

（二）数据开放和市场主体的合作

公共数据开放可以与市场机制结合。通过公共数据授权运营、采用市场化与政府定价相结合的方式开放公共数据。与其他非公共数据产品一样，公共数据资源的采集、加工必须付出数据采集、加工成本，只有通过市场机制，才能收回必要的成本。这样既激励更多市场主体参与公共数据的开发和流通，又为公共数据持续开发提供更多的资金来源。"在国内外实践中，公共部门往往会引入商业机构参与公共数据的加工整理，涉及的部分数据服务也会引入一些商业机构。例如，英国将公共部门信息的持有者（Public Sector Information Holders，PSIHs）划分为三类：（1）免费提供未经信息精炼的 PSI① 机构；（2）使用 PSI 数据改进或支持内部活动的机构；（3）具有商业激励的 PSI 创收机构。其中，第（3）类机构在对第三方提供基于原始公共数据形成的数据产品或数据服务时往往会采取收费模式。"② 欧美国家在建设数据开放平台时有两方面的经验值得借鉴：第一，建立数据标准体系。统一的数据标准是数据开放共享的基础，在数据的命名、定义、结构和取值范围等方面应有统一的规则和基准，以提升不同数据系统之间的互操作性。第二，加强政府机构与市场主体的合作。通过开放 API③ 等方式，持续优化平台的易用性，降低平台的使用门槛，确保数据可以便捷查找和调取，让开放

---

① PSI：Private Set Intersection，译为"隐私保护集合交集"，是一种加密数据求交的方式。

② 蔡跃洲、刘悦欣：《数据流动交易模式分类与规模估算初探》，载于《中国经济学人》2022年第6期。

③ API：Application Programming Interface，译为"应用程序编程接口"。

的数据集真正能够应用起来。加强政府机构与市场主体的合作，释放数据价值。值得指出的是，政府是数据开放的协同者，而企业作为市场主体，无论是从数据提供还是数据应用层面，都是关键的参与方。能否调动企业的积极性在很大程度上决定了一个国家数据开放事业的成败。一个优秀的企业，对社会的数据开放大有裨益。数据开放共享，对于推动相关产业发展具有重要作用。以欧美的经验来看，政府和企业应该携手共建各个领域的数据集，企业再基于这些数据集进行应用开发和模型训练，然后通过商业应用推动相关产业的繁荣。

目前，我国各地公共部门正运用市场机制积极探索公共数据授权运营，以充分挖掘公共数据的潜在价值。例如，《上海市数据条例》提出促进公共数据社会化开发利用，《深圳市公共数据开放管理办法（征求意见稿）》第五十三条提出公共数据授权运营，《浙江省公共数据条例》提出，县级以上人民政府可以授权符合相关规定的法人组织或非法人组织运营公共数据，授权运营单位应当依托公共数据平台对授权运营的公共数据进行加工，对加工形成的数据产品和服务，可以向用户提供并获取合理收益，但公共数据"授权运营在性质上类似于公共服务的特许经营，其收费标准应以弥补公共服务提供必要成本为限。"[1] 对于具有较高社会价值和经济价值的公共数据，鼓励探索开展公共数据授权运营。公共数据授权运营强调市场化参与，因此必须形成充分的市场竞争，而不是只能特许开放。鼓励公共数据利用主体对接政府开放的应用场景，结合人工智能、数字孪生城市等专项工作需要，形成基于公共数据资源开发利用的应用场景开放清单，主动向社会开放，研发相应的开放数据产品和服务。公共数据授权运营不得危害国家安全和公共利益，不得损害他人的合法权益。

二、企业数据的交易与共享

作为数据收集者和所有者，企业出售或共享其数据资源或数据产品的动

---

[1] 常江、张震：《论公共数据授权运营的特点、性质及法律规制》，载于《法治研究》2022 年第 2 期。

机大致可分为三种：（1）直接出售数据产品或数据服务以获得营业收入；（2）提高与关联企业之间的协同水平，优化产业链供应链，开发产品、改善服务、创新商业模式；（3）实现更高效的供需匹配。① 企业数据到底是共享还是交易，取决数据的应用场景是竞争关系还是互补关系，取决于共享或交易这两种模式的成本比较。

（一）企业数据共享

数据共享是指参与主体互为数据供需方，为了共同的利益愿意相互分享数据，而不体现为以货币为媒介的交易。数据共享既可能发生在政府间，也可能发生在企业、行业间。数据共享是数据交易或交换的特殊形态，虽然没有以货币为媒介，但依然是利益的交换，尤其对于企业之间的数据共享，没有互利的交换是难以持续形成共享的关系的。企业数据不仅包括企业内部日常人、物、事所产生的数据，还包括归企业所有、用于企业生产和管理所需的机器、设备、传感器等所产生或收集的数据。由于企业的生产资料归企业所有，因此，企业数据归企业生产资料载体的所有权人所有。欧盟委员会发布的《数据法》规定了在企业物联网背景下，企业对企业和企业对消费者的数据共享义务；还规定企业之间共享数据的条件以及企业向政府共享数据的具体要求。企业数据共享促进数据流通，不仅给共享企业双方带来收益，也提高了数据利用效率，降低了数据开发和使用成本，从而大大提高了整体社会的福利水平。即便如此，企业数据共享不一定能自发产生，由于企业之间的竞争，可能导致企业之间的合作陷入囚徒困境。因此，企业数据共享往往出现在产业链上下游的企业之间，也发生在企业数据共享所产生的合作收益极为明显的使用场景中。为了避免合作陷入囚徒困境，避免形成一座座"数据孤岛"，避免阻碍数据价值的释放，应积极在企业之间构建企业数据共享的促发机制。例如 AI 训练的准确率依赖于数据来源的多样性，只有多方的共享数据，才能丰富并提升数据集，才能提升 AI 的应用，而应用又反

---

① 蔡跃洲、刘悦欣：《数据流动交易模式分类与规模估算初探》，载于《中国经济学人》2022年第6期。

馈了新的数据，才能进一步提高迭代准确率，才能最终实现数据的价值。然而，这一系列过程不能由一个企业来完成，它甚至会波及整个社会。因此，既要政府加强相关法律法规体系和开放平台的建设，又要企业作为市场主体深度参与数据开放共享进程，共建数据开放标准，有效利用开放数据集进行开发应用，才能结合具体业务场景释放数据价值。

（二）企业数据交易

来自金融、互联网、电信、制造、医疗等各个领域的企业开放共享数据集，并基于共享数据集探索自身业务应用场景，才能实现数据开放和应用的正反馈循环。数据可能在没有货币为媒介的情况下进行共享或交换，但没有清晰产权为基础的共享，无法做到"亲兄弟明算账"，会严重影响企业数据共享，企业的数据共享意愿将会不足。在没有明晰数据产权的条件下，每个企业都希望别家企业向自己开放数据，自身却不想开放数据。企业对数据开放秉持谨慎态度是出于保障数据安全的考虑，更重要的是，企业将数据视为其重要的资产，不愿意轻易与人分享，另外，企业此时还看不到资产变现的价值。因此，相较于数据共享，企业更愿意接受"一手交钱一手交货"的可变现的数据交易形式。作为数据需求方的企业，购买符合自己需求的数据资源或产品，通过数据市场的竞争机制更容易获得公允的价格；作为数据供给方的企业，则通过出售自己采集的数据资源或自己生产的数据产品，可能较快地收回成本并获得收益，驱动更大规模的数据再生产。相较于数据开放和共享，交易中数据提供方有偿提供数据，需求方通过支付货币等形式有偿获得数据。通过数据交易，数据供求双方形成良性循环，数据交易会成为数据流通的主要渠道，它更容易激发市场参与主体的积极性。因此，必须构建多层次、多场景的数据市场，促进数据交易，促进数据流通，促进数据向数据要素转化。

三、个人数据的交易

《中华人民共和国网络安全法》第 76 条第 5 项将个人信息界定为"以

电子或者其他方式记录的能够单独或者与其他信息结合识别自然人个人身份的各种信息"。① 因此，可识别性被视为个人数据与非个人数据的分界线。完全匿名的、不可识别的个人数据固然仍有使用价值，但并不能作为个人数据来考虑。只有包含个人信息的个人数据才能挖掘其中完整的数据使用价值，因此，个人数据的交易往往是包含个人信息的各类与个人活动相关的数据。个人数据包括个人原始数据、脱密后可识别的数据和不可识别但可计算可使用的数据产品。个人信息的原始来源者虽然属于自然人，但没有被采集、加工、集中是难以流通与利用的。也就是说，自然人虽是个人信息的主体，却不是个人数据的持有人。蔡跃洲、刘悦欣认为个人行为数据交易模式涉及三方主体和两重交易。三方主体是指个人、数据收集者和数据使用者，两重交易包括个人与数据收集者之间的交易、数据收集者与数据使用者之间的交易。②

（一） 个人与数据收集者之间的交易

第一重交易发生在个人与数据收集者之间。数据收集者可以是平台或 App 的应用提供方，通过提供数字服务获得和收集个人数据，在这个过程中平台或 App 的应用提供方通常以服务交换数据，也有以给付的方式换取数据。在消费者行使同意权后，消费者用户以其个人隐私为代价换取互联网平台的免费服务，并让渡了个人数据的使用权，这一过程属于"复合交易"（Composite Transaction）③。不管是以服务交换数据还是以给付的方式换取数据或新用户优惠等，实质上都是一种个人数据的交易。

（二） 数据收集者与数据使用者之间的交易

第二重交易发生在数据收集者与数据或服务使用者之间。获得个人数据

---

① 《中华人民共和国网络安全法》，第十二届全国人民代表大会常务委员会第二十四次会议通过，2016 年 11 月 7 日。

② 蔡跃洲、刘悦欣：《数据流动交易模式分类与规模估算初探》，载于《中国经济学人》2022 年第 6 期。

③ Malgieri, G., and Custers B. Pricing Privacy – The Right to Know the Value of Your Personal Data. Computer Law & Security Review, 2018, 34（2）：289 – 303.

的收集者收集加工个人原始数据，也可以对原始数据进行清洗、整理、分析挖掘，生产个人数据产品，以数据商品的形式出售，还可以以定制数据产品或数据服务的形式对外销售。

（三）个人数据信托

让渡了个人数据的使用权，企业获得了数据持有权，进而获得加工使用权，由于个人在提供数据给企业使用后，很难监督和控制使用者的后续使用行为，因而很难维权。在国外，已开始探索由专门机构监督管理的个人数据信托实践。"数据二十条"第六条提出"探索由受托者代表个人利益，监督市场主体对个人信息数据进行采集、加工和使用的机制"。鼓励建立个人数据信托制度，发展个人数据信托业务。个人数据信托制度有利于个人信息权益的保护，有利于规范个人信息数据的使用行为，促进个人数据的交易和流通。

第二节　数据产权结构性分置是数据市场化的制度保障

上一节介绍公共数据、企业数据和个人数据的流通形式，本节重点聚焦数据产权结构性分置以及该制度下的数据市场化。目前数据产权结构性分置的制度安排是建立淡化数据所有权、聚焦数据用益权"两权分离"的基础上的，关注促进数据加工、使用和流通环节的产权安排。也就是说，目前数据产权结构性分置的制度安排主要针对作为产品的数据商品生产、流通和使用过程中的产权。客观事物的复杂性决定了数据的复杂性，数据所有权很复杂、难界定、有争议成为普遍共识，当前采取搁置所有权争议的做法是一种务实之举。涉及作为资本的数据商品的增值收益分配，将在本书后两章里继续讨论。

一、数据产权结构性分置

（一）数据产权结构性分置的理论依据

马克思产权理论包含了以下三个原理：劳动创造价值并决定产权归属，社会分工导致产权分离，不同一生产要素产权之间既分离又结合。这三个原理为数据产权结构性分置研究提供了理论依据。

1. 劳动创造价值并决定产权归属

数据产权结构性分置符合马克思产权理论关于产权来源于劳动的观点。"正像自己的劳动实际上是对自然产品的实际占有过程一样，自己的劳动同样也表现为法律上的所有权证书。"[①] 马克思劳动价值理论告诉我们：劳动不仅创造了商品的使用价值，还形成了商品的价值。在数据生产过程中，劳动直接参与了原始数据的收集，将原始数据集中整理，形成数据资源，劳动直接参与了加工使用数据资源，将数据资源生成为数据产品，劳动参与了数据流通和经营，劳动直接参与了数据的安全管理和治理，不仅如此，存储、传输、处理数据的设备、网络、算法和程序等都是劳动创造的。不同的劳动主体对数据商品的使用价值和价值生产投入劳动和时间，均做出了各自不同的贡献，也为数据转化为数据要素做出了贡献。因此，应坚持马克思劳动价值论，从劳动创造价值并决定产权归属出发，对数据产权进行结构性分置。

2. 社会分工导致产权分离

数据产权结构性分置符合马克思产权理论关于产权产生于社会分工的观点。数据向数据要素转化的过程就是社会分工的过程，涉及数据的收集者、存储者、传输者、加工者、分析者、使用者等众多参与者，这些参与者在数据生成的不同阶段所扮演的角色和所做的贡献不尽相同，参与劳动创造的价值也不尽相同，社会分工导致数据的收集者、存储者、传输者、加工者、分析者、使用者的权益分离，用单一产权自然就很难准确反映出不同参与者的

---

① 《马克思恩格斯全集》第 31 卷，人民出版社 1998 年版，第 349 页。

贡献，产权分配结果也很难公平，与一般意义上具有有形可直接占有的物权客体不同，难以借助简单的"一物一权"模式界定数据财产权。① 因此，应将单一产权根据不同分工的环节、根据不同主体贡献的来源和程度进行分割，分成数据持有权、数据加工使用权和数据产品经营权，在法律上明确数据主体的相应权属和相应的收益分配。数据产权结构性分置制度，是"数据二十条"规定的数据产权构造的核心内容和重要创新。针对"建立保障权益、合规使用的数据产权制度"，"数据二十条"明确提出要"探索数据产权结构性分置制度"，"建立公共数据、企业数据、个人数据的分类分级确权授权制度。根据数据来源和数据生成特征，分别界定数据生产、流通、使用过程中各参与方享有的合法权利，建立数据资源持有权、数据加工使用权、数据产品经营权等分置的产权运行机制"。

3. 不同一生产要素产权之间既分离又结合

产权的分离有利于数据在不同场景中与其他要素结合，促进生产关系更适应生产力的发展。若没有数据来源与数据收集者分离，就不可能产生数据资源，如果没有数据资源与数据加工者结合就不可能生产出数据产品和服务。数据产权的分离更有利于数据在不同的应用场景中与其他要素结合。土地所有权、土地承包权、土地经营权三权分置的农村土地产权制度改革为数据三权分置的产权安排提供了范例。土地产权分置将土地的所有权、承包权、经营权分别赋予不同的主体，使得土地的流转更加灵活，可以根据土地的不同用途与不同的要素进行结合，极大地提高了土地的利用效率，促进了农业农村的发展，促进了生产力的发展。借鉴这一经验，可以将数据产权中的数据所有权和数据用益权分离，再进一步将数据用益权分割，形成数据资源持有权、数据加工使用权、数据产品经营权在不同阶段的三权分置模式，呈现出数据这同一要素在不同场景分离后又与不同要素结合的过程。

(二) 数据产权结构性分置的意义

数据产权结构性分置从数据控制、数据流通、数据利用三个方面确保数

---

① 王利明：《论数据权益：以"权利束"为视角》，载于《政治与法律》2022年第7期。

据生产者、数据经营者、数据使用者的相应权益。数据产权结构性分置可以激励数据生产。确定数据生产者的数据资源持有权、数据加工使用权，保护数据生产投资者相应的权益，保护数据生产投资者从数据生产中获得利益的合理预期，激发他们再投资、再生产数据的更大意愿，推进数据扩大再生产。数据产权结构性分置可以促进数据流通。确定数据经营者的数据产品经营权，保护数据经营者从数据流通中获得利益的合理预期，促进数据流通，加速数据商品化，促进数据市场繁荣，推进数据资产化。数据产权结构性分置可以促进数据利用。确保数据使用者从数据加工使用中获得利益的合理预期，促进数据与更多应用场景结合，推动数据驱动社会化分工劳动，促进数据转化为数据要素，保护数据生产者、经营者、数据使用者和更广泛的参与者分享数据要素增值收益的预期，激励数据要素扩大再生产。

数据产权结构性分置归根到底是为了数据产权安排能够更好地适应数字经济发展的要求。数据产权结构性分置应更好地适应数据生产对分工的要求，促进不同的市场主体参与到数据生产的分工协作中，保护数据权益，加大数据资源供给，促进数据流通和交易，交换并分配不同数据主体之间的利益，促进数据利用、开放和共享，赋能数字经济，共享数字经济的发展红利。

（三）数据产权结构性分置的基本内容

"数据二十条"的核心思想是"根据数据来源和数据生成特征，分别界定数据生产、流通、使用过程中各参与方享有的合法权利，建立数据资源持有权、数据加工使用权、数据产品经营权等分置的产权运行机制"。这一思想也被概括为淡化所有权、强调使用权，聚焦数据使用权流通的"三权分置"的数据产权制度框架。[①] 也就是在所有权与用益权两权分离基础上，又将用益权分置为三权。从客体、主体、内容三层横向对数据与信息、数据的来源者与处理者、来源者所有权与处理者用益权进行分离；纵向按照数据生

---

① 《构建数据基础制度　更好发挥数据要素作用——国家发展改革委负责同志答记者问》，https：//www.ndrc.gov.cn/xxgk/jd/jd/202212/t20221219_1343696。

成的周期，将数据生成区分为数据资源采集、数据集合加工利用和数据产品经营三个不同阶段；在尊重数据来源者初始数据所有权的同时，以企业数据用益权为基础权利，为数据采集、数据加工利用、数据产品交易构建数据资源持有权、数据加工使用权、数据产品经营权三阶段分层确权格局。[①]

1. 数据资源持有权

所有权与用益权两权分离的具体实施过程是，根据《个人信息保护法》的要求，在用户授权同意的前提下，对个人数据进行采集，加工使用数据的范围必须保证不超出用户授权同意的范围。以此为基础将来源者所有权分离，并获得数据资源持有权。相较于所有权，数据资源持有权更加强调持有与控制，而非所有。"数据二十条"明确规定，要"充分保护数据来源者合法权益，推动基于知情同意或存在法定事由的数据流通使用模式，保障数据来源者享有获取或复制转移由其促成产生数据的权益。合理保护数据处理者对依法依规持有的数据进行自主管控的权益"。

数据资源持有权是指数据持有者对于通过合法途径获取的数据，无论是基于业务运营的需要采集以及产生的数据，还是通过采购、共享等方式获取的数据，有权依照法律规定或合同约定自主管控所取得的数据资源，并拥有排除他人对控制状态侵害的权利。数据资源持有权是其他数据权利的基础，标志着信息与数据的分离，是数据向要素转化的起点，之后的数据加工使用权和数据产品经营权必须在获得数据资源持有权或在数据资源持有权人允许的基础上获得。所以存在两种情况，第一种情况，数据资源持有权人可以不进一步参与数据加工、使用，而将数据持有权转让出来或者只是转让分离出数据加工使用权。数据加工使用者和数据产品经营者可以在获得数据资源持有权基础上进行加工、使用和经营。第二种情况就是数据资源持有权并没有被转移，只是在数据资源持有权人允许的情况下进行加工、使用和经营。"'持有权'强调'持有'是动态的，与数据的流动属性契合，数据权益随数据流通而流动，赋予数据权益的动态属性，形成动态数

---

① 申卫星：《论数据产权制度的层级性："三三制"数据确权法》，载于《中国法学》2023年第4期。

据与动态权益的对应。"①

2. 数据加工使用权

数据加工使用权是指在获得数据资源持有权或在数据资源持有权人允许的基础上，投入资金、技术和劳动对数据开展加工、分析、计算等处理活动，因从事数据加工使用而获得收益或与此活动相关的权利。数据加工使用权可以再细分为数据加工权和数据使用权，数据加工使用权是数据生产分工的结果，数据的加工使用被更细化地分工，有利于不同的市场主体根据自身的需求挖掘数据价值，生产出更丰富的数据产品，与更多的使用场景结合，赋能更多产业，驱动数据转化为数据要素。

3. 数据产品经营权

数据产品经营权的基础是数据产品，是在被加工使用的数据基础上继续投入，尤其经过标准化、产品登记，形成数据产品或产品化的数据服务。数据产品经营权是指权利人对通过合法途径获取的数据资源，在法律规定或合同约定的范围内，对经过加工处理而形成的数据产品或服务，享有在合法范围内进行营销、销售和获取收益的权利。数据产品经营权人可以是数据产品开发提供商或数据产品销售商，数据产品经营权不仅包括数据产品经营权人参与数据产品开发、营销、销售和收益的权利，还包括数据产品经营权人许可他人开发、营销、销售数据产品的权利。确立数据产品经营权，有利于激励数据产品开发和流通，保护数据产品经营者的经营活动以及他们获得收益的权利，促进数据市场的繁荣发展。

4. 数据资源持有权、数据加工使用权、数据产品经营权分置

数据要素的生产起源于某一特定应用场景，最初数据与数据要素是难以分离的，平台既是数据资源的采集者，又是数据的加工使用者，也是数据产品的经营者，还是数据要素的转化者。另外，为谋求竞争优势，一些平台刻意将数据要素的生产与应用场景绑定，将数据资源开发过程与数据要素的转

---

① 商建刚：《数据要素权益配置的中国方案》，载于《上海师范大学学报（哲学社会科学版）》2023 年第 3 期。

化过程集于一身，形成竞争壁垒，更好地垄断数据要素产生的增值收益，这一局面不利于数据互联互通，也不利于数据要素市场化。为促进数据交换和利用，规范数据流通规则，必须落实数据资源持有权、数据加工使用权、数据产品经营权分置的产权运行机制。

（1）数据资源持有权、数据加工使用权分置。

为避免平台集中过多的数据资源而形成垄断，应培育专业的数据托管商，将数据资源的管理从数据的具体加工使用中分离出来。具体应用平台与专业的数据托管商形成的合作关系类似 TikTok 与甲骨文、苹果与云上贵州的关系，核心的算法技术以及数据要素的转化过程仍留在 TikTok、苹果等平台企业里，而将数据资源托管给甲骨文、云上贵州等专业的数据托管商。实现数据持有权与使用权分置，让数据"可用不可见"，实现"数据可控可计量"，鼓励更多市场主体在数据与更多应用场景结合中获得收益。

（2）数据加工使用权与数据产品经营权分置。

培育专业的数据交易服务商，将数据经营从具体的数据开发、生产、加工和使用中分离出来，鼓励生产可互联互通的标准化数据产品，对为数据供求双方提供交易服务的企业，授予其数据产品经营权，鼓励数据交易服务商从数据要素的流通、交换及更有效利用中获得收益，催生数据市场，促进数据生产价格机制的形成，才能有利于数据在各分工主体中进行有效配置，促进数据更好地转化成数据要素，充分挖掘数据要素的价值。

二、数据产权结构性分置制度下的数据市场化

数据产权结构性分置制度有利于形成围绕数据收集、加工、产品化以及应用的分工。数据资源收集、数据加工使用以及数据产品的经营可能被一体化在了一个平台上，随着数据产权结构性分置的提出与逐步落地，将出现彼此之间的分离，出现数据资源服务商、数据元件开发商、数据产品开发商和数据交易经纪商，其中，数据元件开发商把数据资源加工生产为可流通交易的数据元件，数据交易经纪商专注于数据流通。数据资源持有权与数据加工使用权、数据产品经营权结合的不同形态，形成了不同数据的不同流通业

态，包括提供数据技术服务的数据技术提供商、提供数据加工的数据服务提供商以及提供数据产品的数据开发商。基于目前数据流通发展现状和数据流通普遍存在的问题，聚焦不同数据流通参与主体的权利、责任和收益的分配机制，深入研究我国"三权分置"数据产权制度框架在产业实践中的实施路径。结合当前的产业实践，将数据流通路径分为三种模式，分别为数据技术提供商主导的数据流通模式，数据服务提供商主导的数据流通模式和数据应用提供商主导的数据流通模式。[①]

（一）数据技术提供商主导的数据流通模式

数据技术提供商主导的数据流通模式是合规获得数据资源，在获得数据资源持有权基础上，联合数据技术提供商供给数据的流通模式，在这个模式中，数据资源持有权人不转移数据资源持有权，"原始数据不出域"，数据技术提供商仅享有合同约定范围内的受托加工权（见图 7-2）。数据技术提供商仅为数据资源供需双方之间的数据融合分析提供相应的技术服务，例如数据安全技术、安全多方计算、联邦学习、数据融合计算、区块链等技术，并不能够自主决定如何加工使用供需双方的数据资源，也不能自主地对数据提供方的数据资源或数据产品进行经营。据此，数据技术提供商作为第三方服务商，基于数据资源供需双方的委托，提供数据处理的安全计算环境，基于三方之间的合同约定，仅享有合同约定范围内的受托加工权。数据资源需求方仅享有合同约定范围内的数据使用权。数据资源需求方作为数据流通的终点，基于自身需求通过数据技术提供商提供的技术能力与数据提供方进行数据融合计算，获取所需的数据计算结果，其可在合同约定的范围内使用获得的计算结果类数据。至于数据资源需求方对所获得的计算结果享有的加工处理、分析使用等权利的范围，要依据与数据资源持有权人签订的合同来确定。

---

① 上海社科院互联网研究中心、赛博研究院、阿里巴巴法律研究中心、瓴羊智能科技有限公司：《数字经济生产关系构建——数据要素"三权分置"理论范式及其实践路径研究》，2023 年 9 月 9 日。

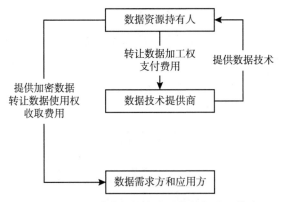

图 7 - 2 数据技术提供商主导的数据流通模式

数据资源持有权人基于提供的数据标的价值（包括数据的规模、属性、稀缺性和可替代性等数据质量、应用和成本因素），综合考虑成本和预期收益，从需求方处获得数据使用价值带来的收益。数据技术提供商由于提供算法、算力等技术服务，形成了有价值的结果数据，因此应按提供的具体技术服务内容获得相应的收益。

（二）数据服务提供商主导的数据流通模式

数据服务提供商主导的数据流通模式是以数据服务提供商为中介的流通模式，在这个模式中，数据资源持有权人虽然转移原始数据资源，但并没有转移数据持有权，数据服务提供商对数据资源提供方的数据资源仅能在合同约定范围内进行加工处理，仅享有受限的受托加工权，数据服务提供商应对持有的供需双方数据负安全保护责任（见图 7-3）。数据服务提供商基于数据资源提供方的委托开展相应的数据加工处理、数据融合计算并对外提供数据服务，因此其仅能对外提供委托范围内的数据服务种类，不得未经数据资源持有权人同意擅自增加额外的数据服务类型，且数据服务提供商对数据服务仅享有委托经营权，不享有独立自主的经营权。也就是数据服务提供商虽然实际获得数据资源的控制权，但不具有合法的数据持有权，因此，就不可能转移数据持有权。

数据服务提供商基于数据资源持有权人的委托，对数据进行加工处理、数据融合计算并代其对外提供数据服务，收费模式由数据服务提供商基于服务类型进行确定。收益产生于需求方对数据服务的需求，由于数据服务提供商是直接提供数据服务的一方，因此收益从需求方首先流向数据服务提供商。数据服务提供商将服务收益按约定的模式分配给数据资源持有权人。

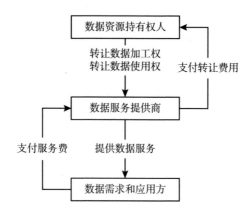

图 7 - 3 数据服务提供商主导的数据流通模式

（三）数据产品开发商主导的数据流通模式

数据产品开发商主导的数据流通模式是以数据产品开发商为中介的流通模式，在这个模式中，数据资源持有权人不仅转移原始数据资源，也转移了数据资源持有权，数据资源持有权人保留了对数据资源的监督管理权（见图 7 - 4）。数据产品开发商基于合同的授权，拥有相对独立的数据加工权和产品经营权。为让数据产品开发商充分开发挖掘数据资源的价值，发挥数据产品开发商在数据加工和分析技术方面的专业性，数据资源持有权人可基于合同，授权数据产品开发商享有独立的数据加工权和数据产品经营权，同时，基于隐私安全的考虑，也应通过合同让其承担一定的数据隐私保护责任，包括对于数据资源提供方提供的粗加工数据集，基于合同承担数据保护义务；开发形成的数据产品应满足数据流通安全要求；不可通过粗加工数据集或数据产品重新标识个人信息主体；因违反合同而侵害个人信息主体权益的，应当对个人信息主体承担责任，并赔偿由此给数据资源持有权人造成的全部损失。

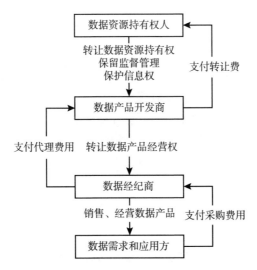

图 7 - 4 数据产品开发商主导的数据流通模式

数据资源持有权人投入了数据资源，数据产品开发商贡献了技术、人力和经营等方面的成本，并承担了一定的市场风险，因此，双方应基于流通的数据标的价值（包括数据的规模、属性、稀缺性和可替代性等）和预期收益，数据产品开发商投入的技术、人力、经营等相关成本以及数据产品开发商承担的收益风险，经过协商并通过合同约定数据产品经营获得的收益在双方之间如何分配。

第三节　数据产权结构性分置的技术保障

数据与传统有形的物质资料不同，原始数据往往难以直接流通，尤其难以直接交易，因此，市场化流通不仅需要建章立制，还需要从数据源到数据需方、从数据加工到数据流通全环节搭建互联互通的、可信的技术数据价值网络，落实数据产权结构性分置的技术路径，构建数据流通体系的技术保障体系。通过技术分离数据的使用价值和信息价值。数据流通的不再是明文数据本身，而是有效控制数据的实际使用目的、方式和次数，实现可控可计量的数据流通。对数据要素流通通用技术进行规范，规范连接数据供需两端的数据元件技术，规范将数据转化为具有排他性唯一性的标的物的数据隐私技术，规范将数据转化为具有可识别性、可计量并能进行确权登记的数据登记技术，规范将数据转化成具有限制移动、限制访问的标的物的数据限制发布和使用控制技术，构建信任保障、互联互通的数据空间技术等。

一、数据元件技术

（一）数据元件技术连接数据供需两端

未经加工的数据资源很难使用、很难与应用场景结合，其价值高度不确定，因此，也难以直接流通。由于需求不同，应用场景不同，涉及的加工、使用主体复杂，又要求原始数据不公开、不出域，数据确权涉及隐私权、财产权、安全权等多种权利，在直接交易原始数据的情况下，数据确权难度很大。因此，出现了连接数据供需两端的桥梁，介于数据资源与数据产品之间"中间态"的数据初级产品、可交易的标的物，被定义为数据元件。为实现数据资源持有权、数据加工使用权与数据产品经营权分置，通过引入数据元件，将数据资源持有权转化数据元件加工使用权，或者将数据资源持有权转化为数据元件经营权，实现数据元件加工使用权、数据元件经营权确权、计量、定价、监管和安全流通。建立数据资源市场、数据元件市场和数据产品市场三级市场，有利于实现数据资源的产品化流通和规模化应用，有利于将数据资源最终加工成为与应用场景相结合的数据产品，实现结合应用场景的数据要素市场化高效配置。

（二）数据元件技术特征

连接数据供需两端的数据元件技术包括以下特征（见图7-5）：（1）可确权。数据元件技术让数据资源经过数据脱敏降低隐私和安全风险，实现从数据资源转化而来的被加工使用数据的可确权，赋予数据元件加工使用权或数据元件（数据初级产品）经营权。（2）可计量。在数据资源向数据资产转化的过程中，数据元件还是数据资产计量和定价的基本单元。通过对数据元件建立统一的标准来规范数据元件的范围、颗粒度和体量，配合安全审核程序和流通协议要求，确定数据元件这一交易标的物的规格和属性以及用途和交付方式，对交易的数据元件进行计量。（3）可定价。数据元件虽不是最终的数据产品，但相较于原始数据和数据资源提升了数据价值密度，是具有稳定形态的数据初级产品，实现了数据资源到信息的转换，可通过其所蕴含的信息量来评估数据元件的价值，从而确定数据元件的交易价格。数据元件的价值是采用香农信息论的评估方法，通过元件的信息密度、体量和质量构建数据元件价值模型，从而对数据元件价值进行评估。与数据产品一样，数据元件定价以元件中的"信息"为价值基础，以成本法、收益法、市场法为依据形成数据元件定价体系。（4）可监管。通过将数据资源转化为数据元件，对数据资源进行统一归集和规范管理，将变动的、分散的、海量的数据资源转化为稳定形态的流通标的物，从而可对数据资源进行风险隔离，对数据元件进行精准监管，实现数据的安全流通和风险管控。

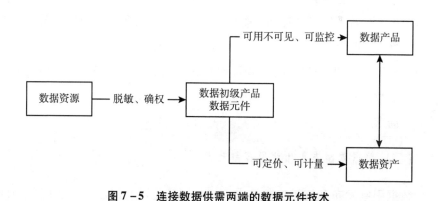

图 7-5　连接数据供需两端的数据元件技术

二、数据确权技术

与传统生产要素不同，数据是无形的、可无限复制的，因此，数据确权必须将数据转化为具有排他性、唯一性的标的物。数据虽然是无形的，但具有物理的存储地址，因此，数据确权必须将数据转化为具有限制移动、限制访问的标的物。数据确权赋予数据具有排他性却不能影响数据可用性和可流通性。与其他有形的标的物确权一样，数据应具有可识别性、可计量并能进行确权登记。

（一）隐私加密技术

隐私加密技术可将数据转化为具有排他性唯一性的标的物，主要包括差分隐私、数据脱敏、数据失真技术等。在数据接入、存储和传输过程中，应用数据失真技术，在敏感数据上添加噪音，避免在数据发布中的数据隐私暴露，该类技术与数据限制发布类技术的功能类似。运用多方安全计算、联邦学习、可信执行环境、同态加密、零知识证明等技术进行隐私加密，还实现了数据可用不可见，分离了数据的持有权和使用权，实现多方数据在保护隐私的前提下联合计算，使数据需求方在不接触原始数据的情况下获得数据的增值价值，降低隐私泄露风险。这一类技术与计算功能的实现原理不同。多方安全计算和同态加密主要是将原始数据转化为密文或中间因子进行流通；联邦学习将原始数据转化为中间参数；可信执行环境将数据放在可控的硬件环境中进行计算。隐私计算和可验证技术都是为了降低隐私泄露风险，但也有不同之处，隐私计算侧重在保护数据隐私基础上进行数据分析和计算，零知识证明侧重"可验证"。零知识证明具有高效的可验证特性，再加之可以保护特定数据不被验证方看见，因此在一定程度上满足了隐私保护和可验证的双重需求。

（二）数据限制发布和使用控制技术

数据限制发布和使用控制技术可将数据转化具有限制移动、限制访问的标的物。基于数据限制发布的技术，有选择地发布原始数据、不发布或者发布精度较低的敏感数据从而实现隐私保护，包括数据脱敏以及各类去标识化技术，如掩码、抑制、泛化、截断、混淆等。这类技术一般在数据提供方本地即可完成对数据的安全处理，处理完成后的数据可进行对外发布并流通，因此该类技术大多都在数据接入时发挥作用。使用控制技术主要包括访问控制、使用控制策略、智能合约、数据沙箱等技术，在计算控制层发挥作用。使用控制类技术是将数据提供方和数据使用方之间关于数据如何被使用的条款和条件，在跨系统、跨应用等开放、复杂、分布式环境中提供机器可执行的技术手段。这些保证条款和条件可以被计算机执行和评估，最终达到为数据提供方保护数据、使使用方如约使用数据的目的。

（三）数据登记技术

数据登记技术可将数据转化为具有可识别性、可计量并能进行确权登记。数据确权登记是数据产权确立的有效措施，数据确权可以参照不动产、专利进行登记，数据确权登记可以是数据资源、数据产品、数据资产以及相应的不同权属。与数据产权制度结合，配合相应的隐私计算、区块链等技术手段，通过发放数据（产品）登记凭证，进行数据确权，对数据持有、加工、使用和经营的行为进行规范和限制，以此保护数据主体的利益。登记的目的在于合法性确认，申请所持有数据成为资产的企业自愿在登记平台上备案形成存证，为潜在的数据权益纠纷和数据来源争议留存证据。数据登记是指权利人出于维护合法权益的需要，避免数据需求方采购到数据来源不合法的数据。隐私技术是在技术上实现将数据转化为具有排他性唯一性的标的物，数据登记则是在法律上将数据转化为具有排他性唯一性的标的物，也是技术手段与法律手段的结合。数据登记是依照法规在登记系统内将所持有数据的控制状况予以记载并通过登记系统进行公示的行为。数据登记主要包括以下内容：（1）说明数据集基本信息，包括名称、所属行业类别、数据类型、哈希值①等。（2）描述数据来源，如外购或授权得到，可提供交易凭证或许可文件；如爬取得到，需提供爬取对象的基本信息，包括但不限于网址或数据库地址、授权许可关系等；如由企业自生，可简要描述产生于

---

① 哈希值：HASH VALUE，哈希值可以看成是数据的身份证，哈希算法是一种将任意长度的数据转换为固定长度值的算法。

生产流程中的哪一环节等。（3）描述数据实现收益途径，包括数据用途、稀缺性、开发可行性等。（4）说明数据权属关系，是否享有使用权或经营权。（5）说明数据是否涉密及是否存在法律争议。（6）登记机构通过线上随机采样或现场核验等方式进行审计，核验通过后颁发数据资产证书，完成资产登记。

隐私加密技术、数据限制发布和使用控制技术、数据登记技术并非相互独立的技术，而可能相互交叉，各有侧重，共同构成了数据确权技术。

三、数据流通空间技术

（一）数据流通空间技术的关键目标

数据流通空间技术是在隐私加密技术、数据限制发布和使用控制技术基础上构建信任保障、互联互通数据流通网络的技术。数据流通空间是数据生产者到消费者之间的一个可控可追溯的通道，是数据生产者、处理者和消费者之间建立信任、促进数据流通、消除数据孤岛、增加数据价值、构建数据市场的基础。构建可信的数据流通空间，将有效平衡"数据垄断"与"数据流通"的关系。数据流通空间技术的关键目标，一是构建安全可信的共享环境，降低参与主体间的信任沟通成本；二是实现流通全流程可控，有效避免传统基于单域访问控制等所带来的透传或泄露的风险；三是实现开放的市场交换，实现供需双方自由匹配，参与主体可自主选择符合需求的数据资源进行利用，极大地提高数据流通的范围和效率。

（二）数据流通空间技术的核心能力

数据流通空间技术的三大核心能力是实现数据流通全过程可信、可控、可证。其关键技术包括以下三个方面（见图7-6）：第一，信任保障。信任保障类技术主要是以满足实体交互过程的数字信任为目标，以重构人对技术、平台和机器的信任为方向，以数字信任相关技术融合创新为路径，推动实现数据流通全流程、全周期的安全可信。它通过运用身份认证、可验证计算、存证溯源等技术，确保数据协作的可信性、完整性和安全性。同时，信任保障技术的应用也需要与法律、政策和伦理等方面的规范相结合，以确保数字化的公正、透明和可持续发展。这些技术大都在流通服务层发挥作用。第二，互联互通。互联互通是指通过各种技术手段和协议，使不同的网络、系统或设备能够相互连接和交互，包括数据资源、计算算法、应用服务等方面的互联协同。例如，当应用隐私计算技术时，由于目前隐私计算产品百花齐放，产品系统在算法协议、任务调度和管理等方面存在较大差异，需要从"通信—算法交互—应用流程"的角度出发，建立统一的技术接口和协议规范。第三，去中心化。当应用去中心化区块链技术时，需要通过相关技术工具或统一的接口协议，实现链上信息、数据、资产等跨区块链网络的流转以及区块链网络之间的互操作。采用区块链技术，实现数据流通，数据流通空间技术是集信任保障、互联互通和去中心化于一身的解决方案。作为去中心化的可信第三方，数据流通空间技术保存了数据操作所有区块链记录，起到信用背书的作用，为数据流通的各参与方提供了可信、可流通和共享的数据流通平台，可以打破数据垄断，为数据流通和产权交易提供技术保障。

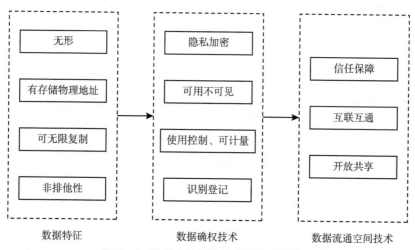

图 7-6 数据产权结构性分置的技术保障

第四节　本章小结

　　本章从马克思产权分置理论分析数据产权结构化分置的原则、机制和路径，提出深化数据产权结构化分置安排，探索保障数据产权的技术手段和支撑数据交易平台的技术路径。

　　目前的数据产权结构性分置制度安排是建立在淡化数据所有权、关注数据用益权"两权分离"的基础上的，聚焦于促进数据加工、使用和流通的产权安排。客观事物的复杂性决定了数据的复杂性，数据所有权复杂性强、界定难、争议大成为普遍共识，当前所采取的搁置所有权争议的做法是务实之举。马克思产权理论认为产权统一与分离的初衷是为了让生产资料与劳动更好地结合。从劳动创造价值决定产权归属、社会分工导致产权分离、不同一生产要素产权之间的分离与结合等三个方面论述数据产权结构化分置的必要性。最后指出，与传统有形的物质资料不同，数据往往难以直接流通，尤其难以直接交易，数据市场化流通不仅需要建章立制，还必须从数据源到数据需求方、从数据加工到数据流通全环节互联互通，搭建可信度高的数据价值网络，才能落实数据产权结构性分置的技术路径，提供构建数据流通体系的技术保障。

第八章

数据要素的收益与分级管理

数据可以分为作为数据产品的商品和作为数据生产资料的商品，因此，数据收益的来源也主要可以分为两种类型，一种是在数据产权结构性分置基础上，促进数据产品生产，促进数据商品交易，各参与主体从数据流通中获得收益，在第七章重点研究了这一部分的产权分置、数据流通和收益分配；另一种是采购数据商品，计入数据资产，将其作为生产资料，驱动社会化分工协作，获得更大的增值收益，也就是数据转为资本获得增值价值的过程，这一章将重点研究这一部分数据要素权属收益的分配。马克思产权理论关于收益分配包括两个方面：一方面是"生产资料或生产条件的分配，以及收入分配"[①]；另一方面是"消费资料的任何一种分配，都不过是生产条件本身分配的结果；而生产条件的分配，则表现生产方式本身的性质"[②]。同样地，数据作为生产资料，其分配结构将决定数据商品交换中所获得的收益，反过来，数据商品交换中所获得的收益又将影响数据产品的生产和数据资产的投入，影响数据作为生产资料的分配结构。本章重点分析作为生产资料的商品即数据要素的收益分配。首先确立在市场经济条件下"谁投资谁收益"原则，数据商品交易的各参与主体从中获得收益；如果数据商品计入数据资产并将其作为生产资料，就形成了数据作为生产资料的投资结构，也就形成以此为基础的分配结构。其次，厘清数据资源来源人与数据资产投入者的区别，明确数据要素收益控制权人。最后，考虑到数据要素的社会化属性，提出数据要素收益分配分级管理制度的思路，避免数据要素收益控制权人完全

---

① 洪银兴、葛扬：《〈资本论〉的现代解析》，经济科学出版社 2011 年版，第 437 页。

② 马克思：《哥达纲领批判》，人民出版社 2015 年版，第 16 页。

占有由社会化分工形成的增值收益。

第一节　数据资产的形成是数据要素收益的基础

本书前面描述了从数据资源向数据要素转化的过程，可以分为数据生产、数据商品流通、数据资产的形成与数据要素化等阶段。经由原始数据、被加工的数据、数据产品、数据资产，最终转化为数据要素。原始数据、被加工的数据、数据产品的供给方通过数据商品流通获得交换价值的收益，而需求方通过数据应用获得使用价值的收益，或者进一步形成数据资产，作为生产资料，驱动社会化大生产而获得数据要素的增值收益。因此，在信息数据化阶段，反映人类工作、生活和环境的信息被采集，形成原始数据，原始数据加工生产是数据产品形成的基础，数据产品交换是数据商品形成的基础，数据商品流通、形成数据资产是数据要素收益的基础。分析数据要素收益应从数据商品流通的交换收益开始，进而讨论数据要素收益分配问题。

一、数据市场化与数据收益的形成

落实数据资源持有权、数据加工使用权、数据产品经营权分置的产权运行机制，有利于加快数据流通，使数据生产和流通的相关各方从中获益。

（一）数据资源持有权的落实

笔者主张数据资源持有权归拥有数据载体的所有权人所有，包括个人数据资源、公共数据资源和企业数据资源。任何主体开发使用数据时均需得到数据资源持有权人的同意，才能无偿或有偿获得数据加工使用权。为了落实数据资源持有权，鼓励技术创新，探索保护数据资源持有权的技术方案，数据资源持有权应包含标示权、同意权两个基本权项。标示权即表明权利人身份信息的权利，区块链、电子身份（e ID）确权认证等技术为数据确权提供了技术条件，让数据资源持有权回到数据载体的所有权人手中，且必须在数据资源持有权人行使其同意权的前提下才能对数据进行开发利用。数据资源持有权人以拥有数据载体的所有权为依据拥有数据持有权,当转让数据持有权时,可以此为依据索取相应的收益。由于此时数据处在原始状态,往往收益很低,即便这点收益,由于极为分散,很难得以合理分配。应该培育专业的数据托管商,将数据资源的管理从数据的具体加工使用中分离出来,作为数据资源来源发现者和代理人为各类型分散的原始数据资源持有权人争取应有的权益。

(二) 数据要素收益向数据价值和使用价值的创造者合理倾斜

"数据二十条"提出"推动数据要素收益向数据价值和使用价值的创造者合理倾斜",数据价值和使用价值的创造者首先指的是数据生产者、使用加工者。数据生产者获得数据资源加工使用权之后,将数据进行加工处理、转化为数据产品,对数据进行加工处理的投入是其获得收益分配的依据。作为数据产品的商品应按照"谁投入、谁贡献、谁受益"的原则,收益向数据生产者和使用加工者合理倾斜,支持数据生产者提供更多、更高质量的数据产品。影响数据生产者收益的因素包括数据质量、规模、系统性、集中度等。虽然有许多方法用以评估数据产品应获得的收益,如成本法[①]、收益法[②]、市场法[③]、综合法等,但真正有效的公允方式还是通过市场交换来实现,不管投入多少前期成本,所有的收益必须通过市场得以实现。《中共中央 国务院关于构建数据基础制度更好发挥数据要素作用的意见》强调了市场在数据流通中的主导作用,为了发现更多数据需求方和应用场景,为避免平台集中过多的数据资源而形成垄断,专业的数据托管商将数据持有权与使用权分置。具体应用平台与专业的数据托管商形成的合作关系类似 TikTok

---

[①] 成本法:其计算方式为加总数据生产活动中的各项成本投入,如劳动者报酬、中间投入、固定资本消耗、资本净收益和其他生产税净额等项目。

[②] 收益法:其计算方式为将数据资产经济寿命期内各期收益额折现并加总。在实际使用中,数据资产使用期限不明确,且在数据增强型企业中,数据资产本身不直接产生收益,而与企业其他资产共同产生现金流,导致相关收益难以区分。

[③] 市场法:其计算方式为参照活跃的交易市场中形成的数据资产价格。优点是当市场中直接存在报价时,价格很容易确认。缺点是市场价格除了反映数据本身价格外,还包含了交易成本。

与甲骨文、苹果与云上贵州的关系。核心的算法技术以及数据要素的转化过程仍留在 TikTok、苹果等平台企业里，而将数据资源托管给甲骨文、云上贵州等专业的数据托管商。要实现让数据"可用不可见"，实现"数据可控可计量"，鼓励更多市场主体在数据与更多应用场景结合中获得收益。

（三）大力培育专业的数据交易服务商

"数据二十条"提出"推进数据交易场所与数据商功能分离，鼓励各类数据商进场交易"，有利于促进数据要素流通，构建多层次数据市场，促进数据价格的形成。数据交易场所与数据商相分离，有利于培育引导具备一定资质的数据商和第三方服务机构，提升数据流通和交易全流程服务能力。将数据经营从具体的数据开发、生产、加工和使用中分离出来，鼓励生产可互联互通的标准化数据产品，对为数据供求双方提供交易服务的企业，授予其数据产品经营权，鼓励数据交易服务商从数据的流通、交换及更有效利用中获得收益，催生数据要素市场，促进数据要素价格机制的形成，才能有利于数据在各分工主体中进行有效配置，促进数据更好地转化成数据要素，充分挖掘数据要素的价值。搭建出从数据提供者到数据使用者之间的价值链条，从而大大提升数据要素市场的配置效率。

（四）拓展数据交易服务商的多种业务形态

为拓展数据交易服务商的多种业务形态，《深圳市数据商和数据流通交易第三方服务机构管理暂行办法》不仅界定了直接参与数据交易活动的数据商，还界定了辅助数据交易活动的数据流通交易第三方服务机构。数据流通交易过程包括资产开发过程、数据产品或资产发布过程和数据销售过程。（1）资产开发过程，即"从各种合法来源收集或维护数据，经汇总、加工、分析等处理转化为交易标的"的过程，包括"数据源开发和数据产品、数据服务、数据工具增值开发"。（2）数据产品或资产发布过程，即"发布或代理发布交易标的，面向发布委托人开展辅导推荐、监督审核和名义担保等活动"。（3）数据销售过程，即"销售或代理销售交易标的，包括产品推广、产品议价、可信流通等活动"。^① 因数据商的业务侧重点不同可分为数据开发商、数据分发商和数据承销商。另外，数据流通交易第三方服务机构"可以依法从事法律服务、数据资产化服务、安全质量评估服务、培训咨询服务等业务"，其中数据资产化服务包括数据资产评估、数据保险、数据资产融资、数据资产信托等服务，是促进数据流通交易的重要环节。

以上数据交易服务商的多种业务形态可以独立出现，也可以在数据提供方、数据商和需求方之间形成不同的合作模式。数据提供方与数据商的合作模式可分为两类：一是全业务全权代理模式。数据提供方的数据由数据商全权代理，对数据资产进行开发、后续数据发布、承销直接都由数据商负责，数据的销售及合同签订也由数据商直接与需求方完成。全业务全权代理模式责、权、利清晰，但全业务全权代理模式的数据商，承担业务服务范围广，综合能力要求高，单靠一个数据商，往往难以胜任，因此必然形成分工协作的模式。二是协作开发模式。数据开发商、数据分发商、数据承销商和数据流通交易第三方服务机构在数据需求方的驱动下分工协作，发挥各自专长，对接数据提供方，数据的销售及合同签订由数据提供方、数据商和需求方三方共同参与。协作开发模式必须由其中一方主导，分清责、权、利，才会有利于实施协作开发模式。

二、数据入表是数据资产形成的基础

数据入表并规范入表的流程，使得数据可计量，才能真正形成可量化的数据资产。

(一) 数据入表将数据向可计量资产转化

数据资产是在收集、存储、加工、使用和流通中获得的数据，能够为企业带来潜在的经济利益。与传统的物质资产不同，数据不具有有形的物质形

---

① 深圳市发展和改革委员会：《深圳市数据商和数据流通交易第三方服务机构管理暂行办法》，http://fgw. sz. gov. cn/zwgk/zcjzcjd/zc/content/post_10454297. html，2023 年 2 月 24 日。

态，因此，只有通过流通和应用才能显现出来，数据入表是数据资产形成的关键环节。《企业数据资源相关会计处理暂行规定》指出，数据资源要被确认为资产，必须满足以下条件：第一，由过去的交易或事项形成的资源。资产必须源于已经发生的交易或事项，意味着数据资产应该是基于历史活动或交易产生的，而非基于未来潜在的或预期的活动。第二，由企业拥有或控制。数据资源必须在企业的控制之下，即企业有权决定数据的使用和分配，包括对数据的访问权、修改权和使用权。第三，预期会给企业带来经济利益。数据资源应能够直接或间接带来现金流入，例如改进业务流程、增强客户体验或创造新的收入渠道。第四，成本或价值能够可靠地计量。企业应能够准确地测量数据资源的成本或价值，这对于资产的初始和后续计量至关重要。

数据入表应具有几个前提：第一，充分的市场化。只有充分的市场化，才能形成更多经过交易获得的数据。第二，具有明晰的数据产权。只有具有明晰的数据产权，才能明确数据的访问权、修改权和使用权。第三，具有明确的数据应用场景。只有具有明确的数据应用场景，才能预期数据的经济价值。第四，数据必须标准化、产品化。只有标准化、产品化的数据才能更可靠地计量。数据要素资源在较为清晰的法律法规权益框架下进行流通、配置、应用，其潜在的使用价值和交换价值得以体现，数据要素资源本身及其相关附属产权作为数据资产的内容，形成了以产权保护、产权约束为基础的管理体制，实现了从资源管理到资产管理的跃升。①

(二) 规范数据资产入表

"数据资产入表"是指在企业的会计和财务报告中，将数据资源作为资产进行确认、计量、报告和披露的过程。这是推动数据资产化的第一步，也是数据要素市场发展的关键一步。② 它标志着数据资源从单纯的运营资源转变成为企业可以在会计和财务上确认并有效利用的资产，使数据的价值在企

---

① 杜庆昊：《数据要素资本化的实现路径》，载于《中国金融》2020年第22期。
② 于祥明：《数据资产"入表"数据要素市场将迈出关键一步》，载于《上海证券报》2023年12月8日。

业的资产负债表上得到体现，为企业提供了在市场上更准确地展示其资产价值的机会。这一转变为企业带来了新的价值创造和增长的机会，也使企业拥有了丰富的数据资源。数据资产入表主要包括以下步骤：（1）入表形成原始资产。建立数据资产管理体系，通过数据治理统筹相关数据基础工作，将系统建设及数据生成等所产生的成本费用以成本法入表，据此构成数据资源的初始资产价格。（2）形成无形资产收入。分析评估数据资产商业价值，据此设计数据产品并建立合理的利益分配机制，搭建数据产品运营生态体系。

三、数据资产化是数据要素参与收益分配的依据

数据资产化不仅有利于促进数据资产与其他要素的结合，促进数据资产进一步向数据要素转化，也让数据要素增值收益按要素分配时有量化的依据，有利于数据资产进入资本市场，促进数据要素价值扩大再生产。

（一）促进数据资产与其他要素的结合

数据在经济现实层面与其他要素结合，驱动更大规模的分工协作而产生增值收益。例如数据与劳动结合，通过平台优化研发创新生态系统和技术迭代，通过强化社会工人的协作提升劳动的社会生产力，通过数据集成和共享提升供求对接的响应速度和精准性，通过压减信息传递中间环节和人财物管理成本等提高劳动生产率，最终提高有目的的生产活动在一定时间内的效率，导致凝结在使用了数据要素的商品中的对象化劳动少于没有数据要素加入生产时所需的社会平均必要劳动，从而产生超额利润。[1] 数据入表形成显性量化的数据资产，才能更好地与各种资本结合，形成数据资本，形成数据要素收益参与分配的依据。数据要素资本化是将数据要素资产具备资本属性并实现保值、增值、流通的过程。[2]

---

[1] 贾利军、郝启晨：《基于马克思地租理论的数据生产要素研究》，载于《经济纵横》2023 年第 8 期。

[2] 杨铭鑫、王建冬、窦悦：《数字经济背景下数据要素参与收入分配的制度进路研究》，载于《电子政务》2022 年第 2 期。

(二) 探索数据要素进入资本市场

数据入表将数据向可计量数据资产转化，有利于促进企业自身数据资产与其他要素的结合，有利于数据资产转化为数据要素并参与企业内部的收益分配。数据资产转化为数据要素，还可以与其他生产要素一样，以股权等形式参与社会化要素配置，与其他要素结合，提高要素运行效率，扩大社会再生产，产生数据要素的增值收益。数据资产转化为数据要素，与技术、知识产权等要素一样，可参与资本的分配，数据资产持有者可以通过参股、租赁、质押、转让等方式盘活数据资产，数据资产持有者进入资本市场，成为数据资本的持有者或运营者，成为数据要素增值收益的主体。随着数据资产价值的不断积累，可推进数据资产证券化。以积累起来的数据资产为基础、以数据要素预期驱动产生的未来增值收益为偿付，发行证券，从而加速数据要素进入资本市场，激活更大规模存量数据资产的价值。

第二节　数据要素收益权的关系人

数据收益可以分为作为数据产品的商品收益和作为生产资料的商品收益。在数据产权结构性分置的基础上，促进数据产品生产，促进数据商品交易，各参与主体从数据流通中获得的作为数据产品的商品收益；作为生产资料的商品驱动社会化分工协作，获得更大的增值收益，这一部分很难只通过市场化来解决，谁主导了这一收益的分配权，谁就享有数据要素收益权。必须厘清数据要素收益权，才能合理分配数据要素增值收益。

一、公共数据资源持有权人与数据要素收益权人

公共数据资源持有权人一般不拥有公共数据要素所有权。"公共数据资源是指国家机关、法律法规规章授权的具有管理公共事务职能的组织以及供水、供电、供气、公共交通等公共服务运营单位，在依法履行职责或者提供

公共服务过程中收集、产生的数据。"① 公共数据资源持有权人是采集、使用、管理公共数据的公共管理和服务机构。公共数据资源不能自动进入生产部门，应遵循开放共享原则，经公共数据资源持有权人同意，在保证数据安全的前提下，市场主体可以无偿或有偿地利用公共数据资源。公共数据资源持有权人不参与数据要素的生产，不拥有数据要素的所有权。但是，公共数据资源可以与其他数据相结合，进入生产过程并转化成数据要素的组成部分。

二、个人数据资源持有权人与数据要素收益权人

个人数据资源持有权人一般不拥有数据要素所有权。《中华人民共和国民法典》第1035条规定："在对个人信息进行处理时应征得自然人或其监护人同意"②，表明自然人拥有其个人数据资源的持有权。数据要素权属与数据资源权属不同，数据要素权属与数据要素的生产过程相联系。个人数据资源在未经加工处理、未进入生产之前，只是数据要素的潜在形态。随着数字经济的出现，形成了物质生产与数据生产的分工，个人数据资源的持有权人不一定参与到数据要素的生产中，因而无法独立完成个人数据资源向数据要素的转化，也就不一定拥有或至少无法完整拥有数据要素的所有权。

三、企业内部数据资源持有权人与数据要素收益权人

企业数据资源持有权人并不意味着其拥有企业数据要素所有权。传统企业中虽有丰富的数据资源，但未驱动企业内部的协作分工，并没有将其转化成为数据要素，也就不存在数据要素所有权，这时企业只是企业数据资源的持有人。只有在企业数字化和信息化转型后，企业数据资源转化为

---

① 《浙江省公共数据条例》，浙江省第十三届人民代表大会第六次会议通过，2022年1月21日。
② 《中华人民共和国民法典》，第十三届全国人民代表大会第三次会议通过，2020年5月28日。

生产要素，企业才拥有企业数据要素所有权。在企业数字化和信息化过程中，将主要来源于企业内部人员生产和管理活动以及从企业机器设备的传感器中生成的数据或直接购买的数据，与生产和管理结合，数据与其他物质生产资料相结合，参与企业内部的分工协作，提升了企业生产和管理效率，数据才转化成为企业的数据要素，所产生的数据价值增值主要发生在企业内部，相应地，企业的数据资源持有权、数据加工使用权、数据产品经营权和数据要素所有权主要局限在企业内部，并在企业内的各主体中分配。

四、平台数据资源持有权人与数据要素收益权人

平台数据要素的权属随着驱动社会分工的规模而改变，平台所驱动的社会化分工规模越大，平台数据要素所有权的社会化属性就越突出。在平台化经济中，生产与数据生产相分离，数据要素成为最核心的生产要素，数据突破了企业的边界。数字产业化使得数据进入商品运动中，同步反映商品运动的全过程，产业数字化则使数据驱动更大的社会分工协作。通常情况下，传统生产要素总是由供给端提供的，而在平台经济中数据要素的原始材料则更多地来源于需求端，生成的数据要素反映需求端的诉求，驱动了生产与消费更加统一在一起，经过平台的匹配促进商品价值生产并更容易在交换中实现价值。在平台经济中，生产要素占有方式从追求物质资料集中转向追求数据要素集中，由平台和算法协调线下的协作与分工、决定资源的分配与交换，数据要素倍增的价值不仅来源于生产管理数据的平台，还来源于提供原始数据的消费者和劳动者，也来源于使用数据的平台生态里的各个商家和小平台。数据来源、加工、使用和经营随着分工协作规模越大而越来越复杂，数据资源持有权、数据加工使用权、数据产品经营权和数据要素所有权无法简单地局限在一个平台企业中，因而整个社会分工协作的各主体均应参与数据要素增值收益的分配中。数据从自然属性进一步向社会属性转化，并越来越要求数据要素所有权安排反映其社会化的属性。

第三节 数据要素增值收益的分级管理

界定哪些数据开放、哪些数据共享、哪些数据交易的目的是界定哪些数据资源或产品应该纳入数据交易，构建数据产权结构性分置制度，应由市场机制主导，更好地促进数据流通，提高数据利用的效率。而本章节针对数据要素增值收益的分类分级分配管理，提出构建数据要素收益分配制度，不仅要按照"谁投入、谁贡献、谁受益"的原则，还要兼顾数据要素"涨价归公"原则，也要遵循支撑数字经济可持续性再生产原则。因此，数据要素收益分配应分类管理；平台数据要素收益分配应分级管理；应探索数据要素增值收益的再调节机制。

一、数据要素收益分配的原则

（一）"谁投资谁收益"原则

马克思并不否认在市场经济条件按要素分配的规律，他在《资本论》中指出："这个价值的一部分属于劳动力的所有者，另一部分属于或归于资本的所有者，第三部分属于或归于地产的所有者。因此，这就是分配的关系或形式，因为它们表示出新生产的总价值在不同生产要素的所有者之间进行分配的关系。"[①] 在社会主义市场经济条件，"各要素所有者参与收入分配是实现要素所有权的诉求，有着合理性与客观必然性"[②]。数据要素作为一种新的生产要素，与劳动、资本、土地、技术等多种要素结合产生的增值收益是各种要素共同创造的，应根据各类要素对增值收益的贡献按比例与其他生产要素一起参与增值收益分配。"数据二十条"明确了要"合理保护数据处

---

① 《资本论》第 3 卷，中共中央编译局译，人民出版社 2004 年版。
② 洪银兴：《中国特色社会主义政治经济学财富理论的探讨——基于马克思的财富理论的延展性思考》，载于《经济研究》2020 年第 5 期。

理者对依法依规持有的数据进行自主管控的权益",并于第三条提出要"在保障安全前提下,推动数据处理者依法依规对原始数据进行开发利用,支持数据处理者依法依规行使数据应用相关权利,促进数据使用价值复用与充分利用,促进数据使用权交换和市场化流通"。"数据二十条"支持"谁投资谁收益"原则,鼓励数据处理者投资数据要素生产、流通,激励数据要素融入社会再生产过程,调动各种生产要素,保护投资者从数据要素的增值收益中获得收益,激励更大规模的数据要素生产投资,驱动更大规模的社会生产力。"谁投资谁收益"原则按参与要素比例分配增值收益合乎市场经济的运行机制。

(二) 涨价归公原则

工业经济和农业经济都是生产者与消费者相对分离的生产方式,而在数字经济中,生产者可能也是消费者,消费者也更大程度地参与到生产过程中。"所有分散用户与平台企业构成数据要素所有权的复合主体,数据要素凭借无限性、裂变性和融通性可以极大增加剩余。遵循'共同生产—共有权利—共享剩余'的原则,所有分散用户、数据劳动者、平台企业应当拥有数据要素权利并借助这种权利分享剩余。"[1] 消费者不仅是数据要素生产的参与者,也应是数据要素权所有者,完善的数据产权制度和数据要素增值收益分配制度,符合马克思劳动价值论决定的按劳分配原则。另外,还应"给予资本所有者、劳动者和消费者以平等的权利保护,赋予他们通过数据生产资料获得相应收益的地位和权利"[2]。"数据二十条"的规定已然形成了"来源者数据所有权 + 处理者数据用益权"的两权分离模式。[3] 确定数据用益权主要关注"机会公平"的初次分配,市场经济条件下按数据要素分配,平等获取数据、使用数据、处置数据和获取相应收益的权利。同时,"数据

---

[1] 王宝珠、王朝科:《数据生产要素的政治经济学分析——兼论基于数据要素权利的共同富裕实现机制》,载于《南京大学学报(哲学·人文科学·社会科学)》2022 年第 5 期。

[2] 周文、韩文龙:《数字财富的创造、分配与共同富裕》,载于《中国社会科学》2023 年第 10 期。

[3] 申卫星:《论数据产权制度的层级性:"三三制"数据确权法》,载于《中国法学》2023 年第 4 期。

二十条"还要求，要"逐步建立保障公平的数据要素收益分配体制机制，更加关注公共利益和相对弱势群体"，关注数据来源者的权益。随着数据要素驱动的社会化生产规模越大，参与共同生产的规模也越大，数据要素产权的社会化程度也就越高，共同生产产生的数据要素增值收益也应按"涨价归公原则"归更广泛的全民所有。

（三）可持续再生产原则

在社会主义市场经济条件下，不仅要符合市场经济条件按要素分配的规律，还要符合马克思劳动价值论决定的按劳分配原则，才能保障数据要素生产与扩大再生产的可持续发展。"在数字劳动过程中，劳动者既参与商品的扩大再生产，也参与数据生产资料的扩大再生产；消费者既是数字商品和服务的购买者，也是部分数据生产资料的生产者。"[1] 在没有完善的数据产权制度和数据要素增值收益分配制度的保障下，分散的劳动者直接参与数据要素的生产，却难以获得回报，劳动者作为分散消费者参与的数据要素生产就更难以获得回报了。在数据要素驱动的线下劳动过程中，资本所有者不仅可能从劳动者的线下劳动中占有剩余价值，还占有了线下劳动者无偿提供的数据要素，数据要素又驱动更大规模的再生产，再生产不断扩大，数据要素产生的增值收益被平台所垄断，资本所有者与劳动者、资本所有者与消费者在数据要素增值收益分配上积累的矛盾就越来越明显。扩大的协作分工规模越大，数据要素分配越不合理，积累的线上与线下的矛盾就越为激烈，最终反过来将抑制线下的协作分工，甚至使得再生产难以持续。"流通过程的缩短"不仅被认为是再生产的效率来源，也被马克思视为产生经济危机的关键因素之一。"马克思在研究资本循环的过程中导入了一个新的因素，即'流通过程的缩短'，这一新的因素，可以被认作是马克思论证经济危机实现从可能向现实转化的决定性要素。"[2] 同样地，在没有完善的数据产权制度和数据要素

---

① 周文、韩文龙：《数字财富的创造、分配与共同富裕》，载于《中国社会科学》2023年第10期。

② 不破哲三：《マルクスと〈資本論〉——再生産論と恐慌》（中），新日本出版社2003年版，八八ページ。

增值收益分配制度的保障下，数据要素驱动的新质生产力是推动更大规模社会化大生产的"加速器"，同时也可能是再生产失稳的"加速器"。因此，只有兼顾按劳分配原则，抑制垄断，调整资本所有者与劳动者、资本所有者与消费者在数据要素增值收益中的分配，才能保障数据要素的可持续再生产。

二、数据要素收益分配的分级管理

以平台为中心配置数据要素，实际上垄断并支配了数据要素的所有权，占有了数据要素和劳动者的劳动力相结合所形成的生产力创造出来的相对剩余价值和超额剩余价值，是不合理的，也是不可持续的。应调整错配的平台数据要素权属，破解社会化大生产与平台数据要素垄断之间的矛盾。一要结合各方主体在数据要素形成过程中的作用，二要结合各方主体在数据要素使用上的能力，前者强调公平，后者强调效率。[①] 必须运用马克思关于产权统一与分离的原理，在数据资源持有权与数据要素所有权分离的基础上，探索数据要素分类分级管理，数据要素开发利用管理。

（一）数据资源持有权与数据要素所有权分离

1. 落实数据资源持有权

笔者主张数据资源持有权归拥有数据载体的所有权人所有，包括个人数据资源、公共数据资源和企业数据资源。任何主体开发使用数据时均需得到数据资源持有权人的同意，才能无偿或有偿获得数据加工使用权。为了落实数据资源持有权，鼓励技术创新，探索保护数据资源持有权的技术方案，数据资源持有权应包含标示权、同意权两个基本权项。标示权即表明权利人身份信息的权利，区块链、电子身份（e ID）确权认证等技术为数据确权提供了技术条件，让数据资源持有权回到数据载体的所有权人手中，且必须在数据资源持有权人行使其同意权的前提下才能进行数据开发利用。

---

① 闫境华、石先梅：《数据生产要素化与数据确权的政治经济学分析》，载于《内蒙古社会科学》2021 年第 9 期。

2. 落实数据要素所有权

在数据向数据要素转化过程中，我们已经知道数据与作为生产要素的数据是不同的，数据资源持有权与数据要素所有权不同。将数据资源持有权赋予拥有数据载体的所有权人，并不意味着也应将平台数据要素所有权赋予这些拥有数据载体的所有权人。比如消费者或劳动者，他们可能是数据载体的所有权人，是数据资源持有权人，但并不拥有数据要素所有权。数据资源持有权从数据载体的所有权人手中转移到平台，平台企业获得了实际的数据资源持有权，也并不意味着平台企业自然就拥有平台数据要素的所有权。越大的平台，其数据要素所有权越具有社会属性，必须兼顾平台、线下劳动者和消费者等各市场主体对数据要素转化和价值创造的贡献，合理分配数据要素增值收益。通过数据要素分类分级管理和构建数据要素开发利用管理制度，落实数据要素所有权。

（二） 数据要素收益分配的分级管理

不同分工形成了数据要素的不同权属，要落实数据资源持有权与数据要素所有权分离，就应对数据要素收益分配进行分类分级管理（见表 8 - 1）。

表 8 - 1 数据要素分类分级

企业	一般平台企业	超级平台企业
驱动企业内部分工的数据	驱动小规模社会分工的数据	驱动大规模社会分工的数据
企业支配数据要素所有权	平台企业支配数据要素所有权	数据要素所有权全民所有

1. 数据要素应分类管理

根据数据要素生产的过程和应用场景不同，以及相应的分工不同，数据要素可以分为企业数据要素和平台数据要素。企业数据要素主要来源于企业自身生产活动产生的数据，数据参与并驱动企业内部分工转化成的数据要素应归企业所有，在企业内部进行分配。平台数据要素是个人数据、企业数据和公共数据转化而来的，不仅来源企业自身，更多的是来源于社会，参与并驱动了整个社会化分工协作，更为重要的是，消费者、劳动者等其他市场主体共同参与了数据要素的转化，平台规模越大，其数据要素的社会化属性就越明显，所以应分类分级考虑不同权属规则。

2. 平台数据要素应分级管理

平台数据要素所有权的社会化属性与其驱动社会化分工的规模相联系。虽然平台企业可以由私人创造，却不一定意味着同时必须由私人拥有。一旦从公司发展为平台公司，也就开始了从私有公司逐渐向公有公司（public company）演化的进程。[①] 平台企业应进行分级管理，可以分为一般公司和超级公司，[②] 对于一般平台企业所形成的数据要素，参与并驱动整个社会化分工协作的规模较小，可参照企业数据要素进行管理，归企业支配；超级平台公司相当于欧盟《数字市场法》中的网络守门人平台企业，具有规模大、渗透高、影响面广的特征，具有公共属性。笔者主张超级平台数据要素的所有权归全民所有，国家授权的机构对其数据要素具有管理权，这种管理权包括数据要素开发备案和管理、数据用途管理和增值收益调节等，超级平台的数据要素所有权归全民所有，不但不排斥个人和企业数据资源持有权归拥有数据载体的所有权人所有，还要加强国家数据主权及个人数据权益保护。平台企业应进行分级管理，既要促进平台企业的创新发展，又可以抑制超级平台对数据要素的垄断。

三、数据要素开发利用管理制度

为了落实数据要素收益分配的分类分级管理，应构建数据要素开发利用管理制度，合理界定一般平台和超级平台公司的管理办法。当达到超级平台规模时，建议纳入数据要素开发利用管理。数据要素开发利用管理制度包括：数据要素开发备案制度、数据要素用途管理制度、数据要素收益调节制度。

---

① 赵燕菁：《平台经济与社会主义：兼论蚂蚁集团事件的本质》，载于《政治经济学报》2021年第1期。

② 施展：《破茧》，湖南文艺出版社2021年版，第228页。

（一）数据要素开发备案制度

当达到超级平台规模时，平台企业应向国家授权的机构报备，经数据资源持有权人同意，合规获得数据加工使用权，参与并驱动整个社会化分工协作，转化成平台数据要素，产生价值增值。数据要素开发备案制度不仅是一项监管制度，也是一项支持和激励制度，应鼓励更多社会力量参与数据要素的投资、开发、生产和利用，鼓励并保护平台或数据开发商从数据转化为数据要素中获得收益，使得受到重点关注并纳入管理的企业合规开发并利用数据要素，为这些企业可持续再生产提供帮助。

（二）数据要素用途管理制度

《网络数据安全管理条例（征求意见稿）》第十九条针对个人信息处理和应用过程，提出"限于实现处理目的最短周期、最低频次，采取对个人权益影响最小的方式"[①]。在平台数据要素开发利用管理制度中，应借鉴欧盟 GDPR 的"数据最小化原则"，规定数据要素开发利用的用途、范围、时效等，不得肆意扩大数据要素的使用范围。推动基于知情同意或存在法定事由的数据流通使用模式，保障数据来源者享有获取或复制转移由其促成产生数据的权益，同时合理保护数据处理者对依法依规持有的数据在明确数据要素开发利用的用途、范围、时效的条件下进行自主管控的权益。

（三）数据要素收益调节制度

避免平台以数据要素垄断寻求超额的"数据租"，应参考"土地涨价归公"原则，探索通过向垄断平台数据要素的超级平台收取数据税或对垄断数据要素的超级平台进行混改等方式，体现超级平台的数据要素所有权归全民所有的属性。鼓励大企业带头共享和开放数据，促进与中小微企业双向公平授权，共同合理使用数据，赋能中小微企业数字化转型，抑制数据要素垄

---

① 国家互联网信息办公室：《网络数据安全管理条例（征求意见稿）》，https：//www.cac.gov.cn/2021－11/14/c_1638501991577898.htm，2021 年 11 月 14 日。

断不断发展的趋势，调节数据要素收益分配，让参与各方共享数据要素产生的增值收益。数据要素收益调节制度应力图避免数据过度竞争与垄断，既要发挥竞争效应，促进数据流通；又能容忍适度的资源集中，发挥规模经济优势，提高数据组织化程度、降低生产成本、提升生产能力和供给水平。

第四章 本章小结

本章在充分理解数据与数据要素的本质差别、明确界定数据要素及其权属的基础上，运用马克思产权理论研究数据要素增值收益分配的分级管理制度。探索数字经济发展背景下生产资料新的社会化实现形式，丰富马克思主义产权理论的当代价值。

笔者在强调落实"谁投入、谁贡献、谁受益"原则的同时，提出了构建数据产权制度的构想。目前，平台尤其是超级平台对数据要素的垄断已导致数据产权的错配，必须构建完整的数据产权制度来调整错配的产权关系。数据与数据要素既不同又彼此联系，决定了数据权属与数据要素的权属既分置又统一的关系。数据产权制度应包括：数据资源持有权与数据要素所有权分离、数据要素分类分级管理制度、数据要素开发利用管理制度以及数据资源持有权、数据加工使用权、数据产品经营权分置。既包括数据产权结构性分置，又包括数据权属规则与流通规则的结合，它们构成了数据产权制度的有机整体。合理区分数据与作为生产要素的数据，并赋予它们不同的权属，数据资源持有权与数据要素所有权分离，既要保护数据资源持有权人的权益，又要反映超级平台数据要素全民所有的属性，构建数据要素开发利用管理制度，调节超级平台数据要素垄断性收益，加强国家数据主权及个人数据权益保护。对数据要素分类分级管理，既给予足够的创新空间，鼓励创新，又要建立必要的监管制度，约束恣意增长的平台数据要素垄断。落实数据持有权、数据加工使用权、数据经营权分置的数据产权运行机制，既要鼓励数据的流通、交换及更有效利用，又要保护数据加工使用者和数据产品经营者的权益，促进数据要素市场机制的形成。

第九章

数据共享与数据要素社会化的实现路径

前面两章分析了数据产权结构，完整的数据产权结构应该包括：数据资源持有权与数据要素所有权分离；数据资源持有权、数据加工使用权、数据产品经营权分置制度；数据要素分类分级管理制度；数据要素开发利用管理制度。数据要素分类分级管理制度和数据要素开发利用管理制度是数据产权分置的基础上对数据产权进一步规制。数据产权分配面临着数据共享与数据投资之间的权衡取舍，为了兼顾数据分享与数据投资，可引入"强制性数据共享"，允许规制者为数据交易设定价格上限，同时要求数据收集者不得拒绝其他厂商的数据交易请求。① 本章从马克思产权理论出发，研究数据共享与数据要素社会化，研究完善具有中国特色的社会主义数据产权制度。不同的所有制对应不同的产权关系，数据权力规定数据权利。归根到底，社会主义数据生产资料产权制度的实践是由社会主义制度属性决定的。本章将阐述数据要素社会化的必要性，并探讨数据共享与数据要素社会化的实现路径，其中包括公共数据开放的实施路径、企业数据共享的实施路径、平台数据分级管理的实施路径、数据共享与数据要素社会化技术实现路径以及数据主权保护与数据开放合作的实施路径。

第一节　数据共享与数据要素社会化的必要性

"与西方新制度经济学不同，所有制或产权问题在马克思那里首先是一

---

① 李三希、王泰茗、刘小鲁：《数据投资、数据共享与数据产权分配》，载于《经济研究》2023 年第 7 期。

个生产关系的概念，而不是交易概念。"① 经济关系决定法权关系，社会主义制度对生产资料社会化的要求决定了数据生产资料产权制度，只有这样，才能保障具有中国特色的社会主义数据产权制度的运行。化解数字经济基本矛盾要求数据共享与数据要素社会化，数字经济可持续再生产要求数据共享与数据要素社会化，实现共同富裕也要求数据共享与数据要素社会化。

一、数据要素社会化可以化解数字经济的基本矛盾

数字经济的发展要求数据大规模集中，只有数据大规模集中，才能更好地驱动更大规模的社会化大生产。而社会化大生产与数据被私人垄断将形成数字经济的基本矛盾，即线下协作分工的进一步社会化与线上决定分配交换的数据私人垄断占有之间的矛盾，必然衍生出线下劳动者与线上资本的矛盾，实体经济与数字经济的矛盾。反对数据垄断，克服数字经济基本矛盾，可以借鉴马克思对两种反对垄断力量的分析，一种是资本自我扬弃，另一种则是来自资本垄断的对立面——代表生产社会化的力量。数据垄断带来数字经济的限制，数据资本自身也存在扬弃垄断的力量，但这种力量是被动的，是通过破坏性的危机来实现的。在社会主义市场经济中，政府作为生产社会化的代表，是抑制数据垄断的核心力量。通过社会化的方式，可以打破数据孤岛，促进不同行业、不同领域之间的数据融合，从而提高整个社会的生产效率。数据要素社会化有助于形成多方参与的数据治理模式。政府、企业、公众等多方利益相关者共同参与到数据的管理和监督中，可以更好地平衡各方利益，促进数据资源的合理分配和有效利用。

二、数据要素社会化可以促进数字经济可持续再生产

数字产业化的数据生产为产业数字化的生产提供了前提条件，同时，产业数字化为扩大数字产业化再生产提供了动能。数字产业化与产业数字化必

---

① 林岗、张宇：《产权分析的两种范式》，载于《中国社会科学》2000 年第 1 期。

须按比例发展，不仅要求数据供需平衡，还要求数据要素产生的增值收益在数字产业化与产业数字化的分配中必须达到动态平衡。第一，只在市场作用下的数字经济，可能使数字经济可持续再生产难以稳定持续。像物质经济可持续再生产会存在不同部类之间比例失调的问题一样，数字经济可持续再生产也会碰到数字产业化与产业数字化比例失调的问题。不仅如此，不破哲三从再生产角度论证，新经济带来的"流通过程的缩短"这一新的因素是经济危机从可能向现实转化的决定性要素。① 也就是说，数字经济促进了资本的加速流转，也可能破坏再生产的持续稳定。第二，任由市场作用的数字经济，会加剧生产数据的劳动与控制数据的资本之间的对立。第三，任由市场作用的数字经济，会导致数字经济与实体经济的矛盾。以上这些问题都使得数字经济可持续再生产面临挑战。

马克思在分析资本主义再生产的同时，揭示了资本主义生产关系的基本矛盾，并提出了生产资料社会化的解决之道，对解决当下数字经济可持续再生产中存在的问题，提供了诸多启示。数据要素社会化有助于数字产业化与产业数字化的生产良性地按比例地协调发展，促进数字经济与实体经济深度融合。数据要素社会化有助于把数据转化为生产要素所产生的增值收益合理地分配给由数据驱动的新质劳动者以及相关参与各方。数据要素社会化也有助于激发创新活力，当数据资源可以被更广泛地获取和使用时，企业和创业者可以基于这些数据，开发新的产品、开发新的服务和商业模式，推动技术创新和产业升级。数据要素社会化还可以提高数据的开放性和透明度，使中小企业也能够获得必要的数据资源，提升它们的市场竞争力，从而增加整个社会的经济活力，推动数字经济健康可持续发展。

三、数据要素社会化可以促进共同富裕

2023 年 12 月，国家发展改革委、国家数据局印发《数字经济促进共同富裕实施方案》，提出到 2025 年以数字经济促进共同富裕在缩小区域、城

① 《马克思恩格斯文集》第 6 卷，人民出版社 2009 年版，第 557 页。

乡、群体、基本公共服务差距上取得积极进展，数字经济在促进共同富裕方面的积极作用开始显现。

（一）加快数据共享与数据要素社会化，推进区域协调发展

数据共享可以打破地域限制，使不同区域的企业和居民都能够获取并利用数据资源。数据要素社会化推动数据在各地区间有序流动，有利于缩小区域数据鸿沟和区域发展差距，促进实现共同富裕。"东数西算"工程就是数据共享与数据要素社会化的重要实践范例。"东数西算"将数据资源和算力集中于西部地区，实现数据共享与数据要素社会化，既满足东部地区数字经济发展对数据与算力的需求，又利用西部地区天然资源的优势，带动了西部数字经济产业集聚，将集中于西部的数据、算力与东部的应用场景相结合，促进东西部地区协同联动，助力缩小东西部地区之间的经济发展差距。

（二）加快数据要素社会化，促进城乡资源共享

加快数据要素社会化，可以促进资源、产业、公共服务和基础设施等在城乡之间的合理配置，促进城乡资源共享。将"互联网＋"延伸到乡村，弥合城乡之间的数据鸿沟，通过电商平台将城乡之间的供需对接起来，拉近了城乡间的距离，拉近了农产品与消费者餐桌的距离，小农户与城市消费者实现了去中间环节的对接，[1] 有助于推动农业现代化、推动农村电商等新型业态的发展，激活了农村沉睡的巨大潜在资源和生产。农业农村的数字化转型就是将反映城乡需求和供给的数据共享到平台，驱动农民新的行为选择和农业生产模式，发展与当地资源相契合的特色农业，驱动农产品与城市大市场的对接，促进农民的劳动以及乡村的价值在市场交换中实现更高价值，从而带动更充分就业，实现城乡融合融通和共建共享，促进生产要素在城乡之间更好地流动、资源在城乡之间更合理有效地配置，提高农村地区的经济社会发展水平。另外，应加强城市乡村联系，鼓励城乡互动，让资源、技术、

---

① 豆书龙、叶敬忠：《乡村振兴与脱贫攻坚的有机衔接及其机制构建》，载于《改革》2019 年第 1 期。

人才等要素在城乡间自由流动，加强数字基础设施建设，将城市交通、通讯、水利等基础设施数字化、智能化地延伸到农村，将城市的公共服务资源数字服务覆盖到农村，提升农村地区的基础设施水平和服务治理水平，以降低农村地区的生产成本、提高农业生产效率，吸引更多资金和人才，推出数字化共享民宿、共享田园、共享食堂等项目，盘活乡村闲置资源，促进城乡之间的优势互补和资源共享。

（三） 加快数据要素社会化，提升公共服务效率，增强社会治理能力

数据共享有利于提高公共服务的效率和质量。政府和社会组织可以利用大数据分析并预测公众需求，优化资源配置，提供更加精准和高效的公共服务。数据要素社会化有利于提升社会治理的智能化水平。通过对大量数据的分析，可以更好地理解社会现象，预测和解决社会问题，提高社会治理的科学性和有效性。数据共享和社会化还可以催生新的产业和服务模式，创造多样化的就业机会，吸纳不同层次的劳动力，提供更多的就业岗位，促进社会稳定和谐。

综上所述，加快数据共享与数据要素社会化对于实现共同富裕具有重要作用，不仅能够促进社会经济均衡发展，还能提升社会治理水平和公共服务效率，最终实现社会的全面进步和人民生活水平的整体提升。

第二节　数据共享与数据要素社会化的制度安排

为了实现数据共享和流通，欧盟数据设权立法经历了从"产权化"到"去产权化"的转型，最终创设数据访问权，以代替数据生产者权。我国则以两权分离和"三权分置"思路在"产权化"与"去产权化"之间采取了折中方案，并在此基础上为不同来源的数据设置不同的法定访问权，既保护数据产权，又促进数据流通和共享。数据包括公共数据、企业数据以及由平台收集、管理和使用的个人数据，因此，数据共享与数据要素社会化也应分类对待，采取不同的措施。

一、公共数据开放的实施路径

公共数据其属性本就是属于全社会，因此，数据共享与数据要素社会化应从公共数据开放开始，不仅要制定落实公共数据的开放与相关标准和制度的制定，大力建设公共数据基础设施和公共数据平台，还要积极鼓励并吸引社会力量参与到数据共享与数据要素社会化的进程中来。

（一）落实公共数据开放与相关标准制定

随着数据安全保护、数据开发利用、数据有序共享等规范制度的不断落地和施行，各地政府相继出台了较为详细的公共数据开放管理办法，部分省市推动了相关立法，其中包括浙江省、广东省、深圳市、上海市、江苏省、山东省、河北省、重庆市、黑龙江省、四川省、北京市等，截至 2022 年 12 月 31 日，我国有 21 个省份颁布了 25 个数据相关条例，地方数字立法省级覆盖率达到 67.74%。①

1. 落实公共数据开放

浙江省在落实公共数据开放方面行动较快，《浙江省公共数据条例》自 2022 年 3 月 1 日起施行，它是全国首部以公共数据为主题的地方性法规，提出统筹建设一体化智能化公共数据平台，实现公共数据跨层级、跨地域、跨系统、跨部门、跨业务有效流通和共享利用。《广东省公共数据管理办法》在国内首次明确把"具有公共服务职能的组织"在实施公共服务过程中制作或者获取的数据纳入公共数据范畴。《深圳经济特区数据条例》确认了公共数据以共享为原则，不共享为例外。

2. 制定公共数据开放标准

以《深圳经济特区数据条例》为例，不仅要求公共数据在法律法规允许范围内最大限度地开放，还根据需求导向、安全可控的原则对公共数据开

---

① 中国社会科学院法学研究所：《2023 年法治蓝皮书〈中国法治发展报告〉》，社会科学文献出版社 2023 年版。

放制定了分类分级标准。条例第四十八条规定，公共数据按照开放条件分为无条件开放、有条件开放和不予开放三类。除法律法规等要求不得开放的公共数据之外，公共数据的开放程度还会受到国家安全、商业秘密和个人隐私保护等要求的影响，受到公共数据加密保护措施和数据使用方式的影响，等等。目前公共数据开放还未有统一细化的标准，数据开放标准还有待在实践中进一步优化。

3. 规范公共数据开放管理

涉及个人信息的公共数据应如何管理是规范公共数据开放管理的重要课题。《山东省大数据发展促进条例》规定采集涉及个人信息的公共数据不得损害被采集人的合法权益。《江苏省公共数据管理办法》要求涉及个人信息的公共数据，应以实现应用目的的最小采集范围为原则，不得任意扩大范围过度采集；应尽量通过公共数据平台集中统一规划分工收集公共数据，避免多头收集、重复收集，通过共享方式获取公共数据。因此，建立统一的公共数据基础设施和平台、规范采集和开放使用流程成为规范公共数据开放管理的重要抓手。

（二）建立公共数据基础设施和平台

近年来，各地方政府、部分行业主管部门以建立公共数据开放平台为抓手，积极开展公共数据开放实践。截至 2022 年 10 月，208 个省市公共数据开放平台已上线。基于开放平台，各级政府开放了大量公共数据集，覆盖交通、公共设施、工商、市监、生态等多个领域，多个地区还建立了开放数据需求反馈机制，以便满足社会对公共数据的应用需求。以福建为例，《福建省一体化公共数据体系建设方案》从统筹管理、汇聚治理、共享应用、开放开发、流通服务、算力设施、标准规范、安全保障等八个方面，指导整合现有平台系统和公共数据资源，积极推进公共数据开放，逐步完善公共数据开发利用体系。[1] 福建省一体化公共数据体系包括四类平台：第一类平台是

---

[1] 福建省人民政府办公厅：《关于印发福建省一体化公共数据体系建设方案的通知》，http://fujian.gov.cn/zwgk/ztzl/tjzfznzb/zcwj/fj/202310/t20231012_6271762.htm，2023 年 9 月 30 日。

指省一体化公共数据平台，是全省公共数据管理的总枢纽、公共数据流转的总通道、公共数据服务的总门户；第二类平台是指省大数据交易平台，是全省数据要素流通和交易服务的总渠道，与省一体化公共数据平台实现互联互通；第三类平台是指 10 个地市级公共数据平台，支撑本地公共数据的目录编制、汇聚治理、共享应用等，与省一体化公共数据平台实现级联对接；第四类平台"N"是指省直部门业务系统/数据平台，支撑本部门本行业数据汇聚与供需对接，与省一体化公共数据平台实现互联互通。福建省一体化公共数据体系三大支撑包括管理机制、标准规范和安全保障三个方面。① 此外，一些行业主管部门也通过建设平台开放高质量数据。例如，中国气象局通过中国气象数据网开放气象数据，2024 年 5 月，在第七届数字中国建设峰会数字气象分论坛上发布第五批《基本气象数据开放共享目录》，此版目录在 2015 年版本基础上进行了大幅升级，数据种类由 5 类 17 种扩充至 12 类 52 种，这些气象数据在天气预报、农业指导、物流运输等应用场景中发挥着极为重要的作用。

人工智能的兴起对数据有了更新、更迫切的需求。为适应新的形势，2023 年 7 月，国家网信办等七部门联合公布《生成式人工智能服务管理暂行办法》，提出推动生成式人工智能基础设施和公共训练数据资源平台的建设。该办法鼓励采用安全可信的芯片、软件、工具、算力和数据资源；促进算力资源协同共享，提升算力资源利用效能；推动公共数据分类分级有序开放，扩展高质量的公共训练数据资源。②

（三）鼓励社会资本参与公共数据生产和使用

在实施公共数据开放的过程中，各地、各行业开始引入市场化和社会化力量探索公共数据授权运营路径。公共数据授权运营可以嵌入市场机制，调动更大规模的社会力量，鼓励社会资本参与公共数据生产和使用，共建共享

---

① 福建省人民政府办公厅：《福建省全省一体化公共数据体系总体架构》，http：//fujian. gov. cn/zwgk/zfxxgk/szfwj/fzsj/202310/P020231010653013173774. pdf，2023 年 10 月 10 日。

② 国家互联网信息办公室等：《生成式人工智能服务管理暂行办法》，https：//www. gov. cn/gongbao/2023/issue_10666/202308/content_6900864. html，2023 年 7 月 13 日。

公共数据，解决公共数据供给不足、开发利用质量不佳、与应用场景脱节等在公共数据开发开放利用中的痛点。

国内各地区、各行业积极开展授权运营实践。各个先进地区纷纷落实试点举措，在机制、平台建设等方面均取得成效。《北京市公共数据专区授权运营管理办法（试行）》明确指出，公共数据运营专区数据遵照"原始数据不出域，数据可用不可见"的总体要求，在保护个人隐私和确保公共安全的前提下开展授权运营。在收益分配上，该办法按应用场景的不同性质，提出了差异化的收益分配原则。鼓励公共数据专区探索市场自主定价模式，以模型、核验等产品和服务等形式向社会提供服务，按应用场景分有条件无偿使用和有条件有偿使用两种形式。涉及公共治理及公益事业相关应用场景按需采取有条件无偿使用；其他盈利性应用场景按需采取有条件有偿使用。[①]不少省市已在进行公共数据授权运营的相关探索，目前尚存许多待解决的问题，如授权主体如何确定、采用何种授权模式、收益如何分配，等等，这些问题仍需在研究和尝试中逐步得以解决。

各地推进探索各具特色的授权运营机制，以释放公共数据价值为核心，逐步形成了几类不同的发展模式。一是集中 1 对 1 模式，以浙江、安徽、贵州、成都、青岛等地为代表。地方政府集中统一授权某一机构承担该区域平台建设、数据运营、产业培育等公共数据运营相关工作。一方面，集中授权具有权威性，有利于通过地域数据整合实现价值最大化；另一方面，集中授权存在市场效率不够高的问题，单一运营主体响应市场需求变化的速度可能有限。二是分行业的 1 对 N 模式，以北京市的金融公共数据专区为代表。地方政府授权不同的行业属性机构，按照行业特点开展公共数据运营工作，专业性更强，有利于充分发挥行业属性作用，但统筹协调的难度也随之增大。2023 年 12 月，《北京市公共数据专区授权运营管理办法（试行）》发布，在金融场景的实践基础上推进专区制度体系建设，并深化交通、位置、空间、信用等各专区建设和应用。三是分散的 1 对 N 模式，以广东、上海、

---

① 北京市经济和信息化局：《北京市公共数据专区授权运营管理办法（试行）》，https://www.beijing.gov.cn/zhengce/zhengcefagui/202312/t20231211_3496032.html，2023 年 12 月 5 日。

武汉等地为代表。地方政府根据不同数据与不同机构特点进行匹配，授权各类型市场主体分别开展公共数据运营工作。分散授权的灵活性更好，有利于发挥市场主体的主观能动性，但在一定程度上也容易出现不合规的情况，对监管的要求更高。此外，由于地域数据未能完全整合，数据可发挥作用的价值目前还比较有限。

为弥合公共数据供需鸿沟，公共数据授权运营主体不仅需要扮演好"通讯员"的角色来传递供需信息，更需要发挥出"增值商"和"协调员"的作用来促进价值适配和降低对接成本。公共数据的供需匹配离不开持续稳定的"运营"工作，而"运营"工作不仅涉及到技术层面的运营，更需要包括信息传递、价值适配和降本协调等服务层面的运营。① 总之，实施公共数据开放的过程中，应积极探索社会资本参与公共数据生产和使用的体制机制，探索公共数据授权运营机制，充分释放公共数据价值；探索公共数据流通交易机制，让数据流向真正的应用场景；探索公共数据收益分配机制，让参与各方获得正向激励，让公共数据真正共享起来。

二、企业数据共享的实施路径

企业数据共享必须规范企业自身的数据以及企业在业务发展过程中获得的个人数据在企业之间的共享，探索适合不同场景的各种企业数据共享模式，完善企业数据共享制度。

（一）规范企业数据共享

企业数据共享不同于公共数据公开。2019 年 6 月，新加坡发布《可信数据共享框架》（Trusted Data Sharing Framework），② 明确规范个人和企业数据在企业之间的共享，进一步细化个人数据保护的合规要求。这里的"共

---

① 郑磊、侯铖铖：《信息传递、价值适配与降本协调：公共数据资源开发利用中的供需鸿沟研究》，载于《电子政务》2024 年第 10 期。

② 新加坡个人数据安全监管机构个人数据保护委员会（Personal Data Protection Commission, PDPC）：《可信数据共享框架》（Trusted Data Sharing Framework），2019 年 6 月 28 日。

享"是指当"数据提供者"将数据提供给一个或多个企业（每个企业都是"数据消费者"）时，并不涉及数据从一个位置到另一个位置的物理移动或对原始数据的访问。在我国，类似的个人数据和企业数据共享也有相应的规范，在国标文件《信息安全技术——个人信息安全规范》（GB/T 35273—2020）中，第3.13款明确定义，"共享是指个人信息控制者向其他控制者提供个人信息，且双方分别对个人信息拥有独立控制权的过程。"[①] 这意味着在个人数据"共享"的法律概念里，提供方和接收方是彼此独立的数据控制者。在"数据二十条"中，明确"鼓励探索企业数据授权使用新模式，发挥国有企业带头作用，引导行业龙头企业、互联网平台企业发挥带动作用，促进与中小微企业双向公平授权，共同合理使用数据，赋能中小微企业数字化转型"。

规范企业数据共享包括以下原则：（1）区别大小企业，"审慎适用必需设施原则"[②]。鼓励大企业带头共享和开放数据，谨慎适用必需设施原则，强制平台开放数据要素。对于中小企业则不强制要求共享或开放数据，鼓励中小企业开发和使用数据。应引入市场机制，激励企业之间通过双向授权共享数据，让各类企业在数据共享中互利。在竞争机制并未受到损害的情况下，审慎适用必需设施原则，不能将平台"一刀切"式地都认定为"必需设施"。（2）"最小必要原则"。采集、加工、生产数据时要遵循最小必要原则，包括权限申请、频率及类型最小化，在规范企业和个人数据共享时也应遵循最小必要原则。《个人信息保护法》和《网络安全法》均有所规制，如企业为实现特定目的确需向关联企业共享（提供/接收）个人数据的，虽不违反必要性，但应确保共享的个人数据范围为实现共享目的的最小范围，并采取对个人权益影响最小的方式。（3）"单独同意原则"。企业间共享个人数据的规范还包括从数据接收方履行"知情同意"义务，到数据提供方符合"单独同意"条件。一方面，数据提供方应通过单独弹窗、邮件通知等

---

① 全国信息安全标准化技术委员会：《信息安全技术——个人信息安全规范》，https：//ht. dsjfzj. gxzf. gov. cn/preview/gxzf/gggs/P020240131412805846933. pdf，2020年1月1日。

② 必要设施原则：如果某企业在市场中拥有其他企业无法复制或建造的必需设施，那么该企业有义务允许其他竞争者以合理的条件使用这些设施。它是反垄断的一项重要原则。

方式履行单独告知同意义务，充分披露关联企业间的个人数据共享行为；另一方面，接收方作为个人数据的收集主体，亦应在自身的个人信息收集规则中对以共享方式获取用户个人数据的情形予以显著披露。如涉及敏感个人数据共享的，接收方还应依照《个人信息保护法》要求履行单独告知同意义务。

（二）探索适合不同场景的各种企业数据共享模式

在《个人信息保护法》中所规定的个人信息对外合作的法律关系主要有共同处理（见"第二十条"）、委托处理（见"第二十一条"）、提供（见"第二十三条"）、受托处理（见"第五十九条"）。其中"共同处理"最接近共享模式，根据《个人信息保护法》第二十条，"共同处理"是指两个以上的个人数据处理者共同决定个人数据的处理目的和处理方式，共同处理个人数据。与"共享"不同的是，共同处理关系下的各处理者之间并非完全独立的数据控制者，所确定的个人数据处理目的仍应与共同向用户提供的对应产品服务直接相关，而不可用于自身的其他经营活动。如未超出特定产品业务功能，则"共同处理"更适用于关联企业的数据流通场景，可以满足公司管控的目的、实现彼此间的业务协同。在合规层面，"共同处理"模式无须用户"单独同意"，相较于"数据共享"也更易达成监管要求，可作为关联企业间个人数据流通的新出路。若超出了特定产品业务功能，如用于优化独立运营的其他关联产品，则关联企业间的数据流动仍构成"对外提供"的数据共享模式，应取得用户单独同意，这也是企业发展过程中所必须承担的合规成本。在产业关联、业务关联、价值关联的情况下，参与不同环节的不同主体，共同构建统一的数据平台，共同参与者成为基于该平台的共同控制者，形成"共同处理"模式。以此为基础，根据共同控制的程度不同，还派生出如数据共享伙伴关系、数据联盟、数据信托、数据合作社、联合数据分析等不同程度的共享数据模式。

市场交换与生产资料社会化并不一定抵触，只有因市场化导致数据垄断才会与数据生产资料社会化相抵触。必须通过市场交换，促进数据生产资料由更多人反复使用，这是数据社会化的重要路径。实体经济是数据的丰富载体和来源，实现实体经济与数字经济的深度融合来促进数据生产资料参与社会生产，是数据生产资料社会化在生产过程中实现社会化的具体体现。欧洲B2B 数据共享模式包括数据货币化、数据交易市场、工业数据平台、技术推动者、开放数据策略等，能够积极调动企业、第三方中介、同行业多个企业、技术类企业等多方共同参与社会化生产，通过市场机制实现数据共享，其中的不少经验是值得借鉴的。

（三）完善企业数据共享的制度

保障数据顺畅流通，提升数据使用效率，数据共享是释放数据价值要素的最优办法。必须持续完善企业数据共享的制度，包括构建跨部门、多主体和多流向的数据共享制度，建立数据共享的标准，加强数据互操作性，健全企业数据共享中的数据保护机制。

1. 构建跨部门、多主体和多流向的数据共享制度

为了实现实体经济与数字经济的融合发展，就必须构建跨部门、多主体和多流向的数据共享制度。不同的企业主体拥有不同的企业数据，只有通过数据共享，避免重复采集和加工数据，降低数据生产成本，才能实现产业融合，提高整个社会的效率。我国已陆续推出了一些鼓励企业数据共享的政策。例如，2018 年，国务院办公厅发布了《关于推进电子商务与快递物流协同发展的意见》，强调健全企业间数据共享制度，要完善电子商务与快递物流企业之间数据保护、开放共享规则，建立数据中断等风险评估、提前通知和事先报告制度。再例如，2024 年，国务院印发了《全面对接国际高标准经贸规则推进中国（上海）自由贸易试验区高水平制度型开放总体方案》，提出建立健全数据共享机制，支持企业依法依规共享数据，鼓励国际合作，促进数据资源跨境流动，促进大数据创新应用。

2. 建立数据共享的标准，加强数据互操作性

数据标准化和互操作性建设是企业数据共享和数据要素驱动社会化大生产的关键。数据共享的技术标准缺失可能造成数据共享的低效率，因此有必要促进建立数据共享的相关技术标准。数据共享的标准要注重不同行业企业

的广泛适用性，注重数据标准一致性和准确性，还要关注数据共享标准的可操作性可用性，其中数据互操作性就是重要的数据共享标准之一。数据互操作性要求规范数据的可访问可控制，但重视数据互操作性并不意味着强化标准的强制性和互操作义务，应根据企业自身需求，选择可适配或转换的、更灵活的数据互操作解决方案。

3. 健全企业数据共享中的数据保护机制

完善企业数据共享制度，必须根据不同企业的数据共享需求，尊重企业商业秘密保护要求，明确界定和保护数据资源持有权人以及相关参与者的相应权益。数据共享与数据确权和数据保护并不矛盾，应健全企业数据共享中的数据保护机制，包括利用与强化数据共享的访问控制技术，有效控制数据的实际使用目的、方式和次数，实现可控可计量的数据共享，在允许数据共享和访问的同时，有助于平衡各利益相关方之间的利益，兼顾数据资源持有权人的经济利益和数据主体的隐私权。确保数据资源持有权人以及相关参与者在共享数据中以他们的合法权益得到合理的回报，并保护他们的商业秘密。将共享数据的选择控制权交给企业，让企业在互利的前提下共享数据，越是健全数据保护机制，越是有利于企业之间的数据共享。

三、平台数据社会化的实施路径

平台数据，是指平台企业收集、加工或生产的数据，属于企业数据，但随着这些数据规模不断增大，其自身的属性也随之变化，其社会性会不断增强，因此，平台数据是介于公共数据与企业数据之间特殊的一类企业数据，必须根据平台具体规模分级监管，根据平台企业不同类别采用不同的所有制组合，以不同形式渐进地实现平台数据的社会化。

（一）平台数据分级监管

数据越集中，越会瓦解传统的私人资本；数据越集中，其社会化程度越高；但是数据集中又可能甚至更容易导致新的垄断，因此，数据越集中，越需要寻求数据生产资料新的社会化实现形式。不同类型的平台企业虽然对数据类型和要求各不相同，但决定其获取竞争优势的因素归根到底是数据集中的规模以及因其垄断而对市场形成的市场支配力。只有平衡市场和政府的作用，才能化解协作分工进一步社会化与数据要素私人垄断之间的矛盾，才能促进平台经济健康可持续地发展。

2021 年 2 月，国务院印发了《平台经济领域的反垄断指南》，认定了具有社会化属性的必需设施，主要的依据是"平台占有数据情况"，可见，平台是否具有社会化属性的必需设施特征，与它收集个人数据转化为生产要素的规模以及驱动社会化生产的规模有关。规模越大，其社会化属性越强，其越具有必需设施特征。欧盟《数字服务法》依据数字服务提供商的类型、性质和规模，将互联网平台区分为超级平台、大型平台和中小平台三级，规定了其应承担的不同义务，从而初步实现对数字服务提供商的精准监管。[①] 我国于 2021 年 10 月 29 日发布的《互联网平台分类分级指南（征求意见稿）》中指出了平台分级依据，"对平台进行分级，需要综合考虑用户规模、业务种类以及限制能力。"以用户规模和核心内容判断平台公共性的特征，将平台分为超级平台、大型平台和中小型平台。同时发布的《互联网平台落实主体责任指南（征求意见稿）》特别针对超级平台提出如公平竞争、平等治理、开放生态、数据管理等社会化的主体责任要求。结合以上平台分类分级指南、平台落实主体责任指南及平台经济领域反垄断指南的有关规定，依据数据资源、资本规模等关键要素在市场中的分布情况，主要基于平台对市场的支配情况，我国设置了高、中、低三级风险级别。对于高风险级的超级平台，应加大监管力度并设置更严格的行为规范，对于中风险级的大型平台则以预防为主，对于低风险级的中小型平台以促进发展为主，避免"一刀切"式的监管。

（二）平台企业分类组合

平台按照不同的商业模式可以划分为三大类：第一类是为双边市场用户

---

① 陈珍妮：《欧盟〈数字服务法案〉探析及对我国的启示》，载于《知识产权》2022 年第 6 期。

群体提供交易的中介类商品交易型平台；第二类是通过提供免费服务吸引大量用户、从增值业务和广告服务等获取收益的非交易型平台；第三类是兼采用上述多种商业模式形成的混合型平台①，目前还必须注意生成式人工智能平台这一类新型平台。从数据要素集中的规模上分类，可以分为提供应用的中小型或大型应用平台和集聚数据要素、服务于应用平台、驱动社会化分工的超级平台。企业最优的所有制结构取决于公平与效率之间的平衡。② 赵燕菁、宋涛（2023）分析了超级平台企业和中小型应用平台企业的所有制组合。如果超级平台企业和中小型应用平台企业均为私有制，在市场机制作用下，由于数据要素被超大平台企业垄断，超级平台企业在服务于中小型应用企业的同时，可能抑制中小型应用企业的发展。如果超级平台企业和中小型应用平台企业均为公有制，数据要素产权社会化，有利于避免贫富分化，但可能失去市场机制的作用，缺乏竞争机制，形成低效的产权制度组合。如果中小型应用企业为私有制，超级平台企业为公有制，如此所有制组合可能既能发挥市场作用，又避免数据要素被私人垄断，实现数据要素社会化。

平台企业所有制组合还与其发展阶段有关，赵燕菁、宋涛（2023）还分析了平台演进与数据要素社会化的过程。平台企业一开始都是中小型应用平台企业，随着经济规模的扩张，其中一部分企业分化出来，成为为其他应用企业服务的超大型平台企业，但一开始还是私有的。数据越集中，越需要寻求数据生产资料新的社会化实现形式。数据要素社会化的路径有两种：第一，拆分这些私有的平台企业，将其"降维"回到应用企业；第二，剥离自营业务后通过公有化升级这些私有的平台企业为公有平台。企业应当向私有制演化还是向公有制演化，并没有简单的最优标准，而是要看这个企业的演化是在向平台方向演进，还是向应用企业演进。③

（三）探索平台企业渐进混改

洪银兴指出，马克思主义所有制理论由单纯的所有制研究深入到产权

---

① 陈兵：《分类分级是推动平台互联互通的关键一步》，载于《第一财经日报》2022 年 8 月 17 日。

②③ 赵燕菁、宋涛：《平台经济的公共属性与市场边界》，载于《社会科学》2023 年第 11 期。

制度研究，明确完善产权制度成为我国经济体制改革的重点；由限于生产资料的所有制扩大到生产要素所有权，赋予居民财产权利和相应的财产收益。[①] "引导非公经济，在市场经济条件下，政府的直接介入当然不可取，而最佳的市场化引导方法正是通过国有企业的介入，通过国有资本的渗透、控制和影响来实现。"[②] 实行混合所有制成为生产资料产权社会化的实现形式。超级平台企业本身无法绝对分清是平台型还是应用型，因此，也不能完全以业务的形式采取不同的所有制组合，更何况随着平台的演进，数据要素不断集中，其社会化的属性也越来越凸显，单纯以全部公有或全部私有的所有制形式难以适应其动态的演进。随着数据生产分工的深化和数据产权结构性分置，在数据所有权与用益权两权分离的条件下，为超级平台选择"公众所有＋私人运营"混合所有制形态创造了条件。混合所有制形态的超级平台兼顾激发要素投资人的积极性和企业的运营效率，同时，超级平台企业的公有属性为公众监督并参与分享数据要素社会化红利提供了可能。平台混合所有制形态适用于已经发展起来的私有超级平台，可以采取公有资本参股控股的方式，体现其社会化属性；还适用于初入市场的初创民营平台，通过公有资本参股，扶持其发展壮大。[③] 可以对混合所有制中的公私比例进行更好的动态调节，以适应平台具体的业务形态和发展阶段。

第三节　数据共享与数据要素社会化技术的实现路径

数据产权制度运行必须有技术措施的保障，数据要素社会化也需要探索相应技术手段的支撑。

---

① 洪银兴：《马克思主义所有制理论中国化时代化的进展和实践检验》，载于《当代中国马克思主义研究》2023 年第 2 期。

② 吴文新：《以人民为中心　正确推进国企改革》，载于《海派经济学》2019 年第 4 期。

③ 吴文新、江永杰：《以公有资本控股改革破解平台经济相关主体利益失衡难题》，载于《政治经济学研究》2022 年第 3 期。

一、探索数据血缘追踪技术的拓展应用

数据共享与数据要素社会化离不开技术手段的支撑。明晰数据来源不仅不会抑制数据共享与数据要素社会化，反而可以为可控可计量的数据共享提供基础，进而促进数据共享与数据要素社会化。数据血缘追踪技术不仅是保障数据交易的技术，也是数据共享与数据要素社会化的技术基础。数据血缘是数据治理中的一个重要概念，是指在数据加工、流转过程中所产生的数据与数据之间的关系，是在数据溯源过程中所找到的相关数据之间的联系。数据血缘的核心要素包括数据节点、流转路径、流转规则等，可分为水平数据血缘和垂直数据血缘。数据血缘管控须贯穿于数据的全生命周期中。确保数据血缘管控的完整性与及时性，有助于追踪数据的上游来源和下游去向。同时，自动化工具提高了血缘管控的效率，在数据质量评估、个人信息追踪、应用程序迁移等应用场景中发挥着重要的作用。

数据血缘追踪技术有几种重要的应用场景。（1）异常数据排查。可以通过检查数据血缘链中的每个节点，追溯异常数据元素的血缘，确认数据的计算处理方式，分析与该异常数据有交互的业务用户行为，实现异常数据元素的排查，确认数据变更影响的下游数据对象，保证数据的准确性和完整性。（2）个人信息追踪。数据血缘可以追踪个人信息，将追踪到的个人信息扩展到数据报告层和数据库层，如果将报表中的特定数据元素进行标识，则能够在涉及该数据元素的所有血缘路径中找到标识元素所在列，并使用数据血缘工具控制数据传播范围。（3）迁移应用程序和报告。数据血缘不仅仅是数据流的简单映射，更体现了对实现业务流程的理解。在迁移应用程序和报告时，能持续监控未使用到的数据表和流程，发现并纠正在数据迁移过程中的不兼容性问题，实现可疑数据的提取，协助企业梳理并合理重构业务流程。血缘的管控分为自动管控与人工管控，自动管控方式主要有自动解析、系统跟踪和机器学习。数据血缘的自动管控是通过大规模扫描进行的。

通过数据血缘分析和监管，可以了解数据来源、数据加工和使用的情况，通过数据血缘挖掘业务价值链，则可能进一步了解数据生产过程各主体

对数据价值增值的贡献。目前数据血缘技术主要应用在企业内部的数据治理中，可将其拓展到数据共享的平台中，起到数据溯源的作用，为构建安全、可信、流通的数据共享环境打下基础。

二、探索基于区块链的数据要素参与分配方案

数据共享与数据要素社会化要求完善"数据可用不可见"的共享方案，基于区块链的数据要素参与分配方案是值得进一步探索的技术路径。区块链技术不同于传统的加密技术，它可以将数据产权的相关各方如数据资源持有权人、数据加工使用权人、数据产品经营权人以及数据资产登记人等聚合在一起，把他们对数据访问、使用、权属转移等所有记录都以区块链的形式保存起来，任何人都无法篡改记录。这样不仅确保数据本身在流通过程中安全可控，还提供了数据流通、使用过程中对数据操作行为的信用保障。区块链技术实质上是一种去中心化的技术，从技术上提供数据产权相关各方对数据共管的方式，避免了垄断和道德风险。去中心化方式是实现数据社会化的重要技术路径，应充分利用区块链技术优势，探索"我的数据我受益"的实现机制，让处于数据权力弱势又是众多分散数据来源者的个人和企业享有数据权益，确认他们在数据要素增值收益中的贡献，让去中心化的区块链技术为他们参与数据要素增值分配提供切实可行的技术方案。

（一）充分利用区块链技术优势

在明确数据权属基础上，进一步通过区块链技术可将数据权属凭证数字通证化、数字通证资产化，从而将数据资产转化为在区块链上流通的数字化数据权属凭证。其优势在于可解决三个问题：一是一致性问题，即证明权属凭证与数据资产的对应关系。使用区块链通证生成唯一标识，可指代任意的数据资产权属。二是真实性问题，即证明凭证的真实有效性。区块链通证作为权属凭证，具备不可伪造、不可篡改、可验证的特性。三是可支配性问题，即证明可支配资产的主体合法性。

此外，基于区块链技术获得的数据权属凭证还具备自动执行、可靠性、

可编程、可追溯、可流通等优势。一是使用智能合约技术，条件满足即可按代码规则自动执行权属变更，比传统权属更有效率、也更公平。二是区块链网络由分布式节点共同维护，避免了单一节点的故障和被恶意篡改，保证了网络的可靠性。三是在数字凭证上设计权属凭证的生命周期状态（如已使用、已过期、已注销等），权属变更规则采用区块链智能合约技术来实现，应用场景更加灵活。四是区块链上的每一次凭证权属变更、状态变更等都是一次"交易"，存储在区块中，形成了不可篡改的历史记录，便于追溯。五是区块链通证解决的是所有权转移的可信验证，原生就具备可交易性。因此，基于区块链技术实现的数据权属凭证是一种去中心化的信用共识架构，是一种可信可控自动化的数据产权管理方式。以此构建数据流通平台，可有效执行数据产权制度的安排，让各数据主体的各项权属可信安全地共享、流通和交易，为数据要素社会化提供了技术支持。

（二）去中心化实现数据社会化

数据社会化意味着数据来源是分散的，数据采集、加工和使用也是社会化地分工进行的，尽管如此，当需要数据时，又可以将这些数据聚合在一起加以使用，并且利用智能合约，分配各自的收益。在区块链去中心化的技术架构中，数据不需要集中存储，以去中心化的数据存储分散为基本原则，数据在物理上可保留在其所有者指定的存储位置上。数据资源可以被全面描述，包括其对应的数据源以及数据对其他公司的价值和可用性、元数据描述信息等。在此基础上，应开展基于区块链技术的数据权属凭证登记试点，规范数据确权和数据资产登记流程。要充分运用区块链去中心化、不可篡改的特点和基于区块链智能合约技术数据管理接口的标准化的特点，实现数据确权信息的唯一性和数据交易信息的可追溯性，为规范数据产权权属及其转移、分配提供有力的技术工具。此外，去中心化的数据共享平台还可以支持以数据中介或经纪人的方式自行加工数据产品，让他们提供更为丰富的数据服务。区块链去中心化的技术架构打破了"数据孤岛"和"数据垄断"，为数据社会化提供了技术实现的路径。

三、探索"我的数据我受益"的实现机制

资本主义私有制是对小私有制的否定，"但资本主义生产由于自然过程的必然性，造成了对自身的否定。这是否定的否定。这种否定不是重新建立私有制，而是在资本主义时代的成就的基础上，也就是说，在协作和对土地及靠劳动本身生产的生产资料的共同占有的基础上，重新建立个人所有制。"[①] 在我国社会主义制度下，数据要素社会化要求探索个人数据所有制的实现路径。国家或企业作为数据资源持有权人，拥有比较集中的数据资源，形成了较强的数据权力，从而拥有了较强的数据权利的行使能力。个人是数据要素生产的参与者，但个人数据往往是分散的，个人处于数据权力的弱势一方，最多可以换取所谓的免费网络服务。即使拥有个人数据所有权，也难以在数据要素增值收益分配中获得合理收益。党的十九届四中全会首次提出"将数据作为生产要素参与社会分配"，党的二十届三中全会指出，"健全劳动、资本、土地、知识、技术、管理、数据等生产要素由市场评价贡献、按贡献决定报酬的机制"。[②] 应让每个人凭借其对数据要素生产的贡献参与到数据要素收益分配中，探索实现"我的数据我受益"的实现机制。个人数据权属，目前存在三种实现机制，即"以给付换数据"的机制、征收数据税的机制和设立个人数据资产账户的机制。

（一）"以给付换数据"的机制

《中华人民共和国个人信息保护法》第十四条和第十五条规定个人对个人信息处理拥有同意和撤回的权力。数据生产者经个人同意，往往以"以服务换数据"和"以给付换数据"的方式获得个人信息处理权，加工使用个人信息，把个人信息转化为数据。这是目前最广泛实施的"我的数据我

---

① 《马克思恩格斯全集》第 23 卷，人民出版社 1975 年版，第 832 页。
② 新华社：《中共中央关于进一步全面深化改革 推进中国式现代化的决定》，https：//www.gov. cn/zhengce/202407/content_6963770. htm，2024 年 7 月 18 日。

受益"的实现机制。集聚大量个人数据的平台是个人数据的实际控制人。要集聚大量个人数据，平台最初的投入成本较大，但随着网络服务规模的扩大，集聚的个人数据越多，边际成本越低，甚至越接近于零，平台获得的收益就越大。在目前的数据产权制度下，个人信息人格权与个人数据所有权是分置的，也就是说，个人信息保护并不意味着个人在数据生产过程中拥有对个人数据的实际控制权，一旦经过个人同意，零星而分散的个人数据就进入了数据生产、加工、使用和交易中，在这些过程中个人难以再次实施控制，相当于个人实际上失去了个人数据所有权。更何况数据生产加工、使用、交易是一个复杂的过程，信息极不对称，尤其是转化为数据要素产生的增值收益，其中个人的贡献更难以计量，也就难以分配。因此，即便赋予个人对自身信息处理拥有同意和撤回的权力，以个人与平台形成的不对称关系，个人根本没有能力向平台索取补偿，也难以维护自身个人数据所有权。在具体实践过程中，"以服务换数据"和"以给付换数据"方式是无法充分体现"我的数据我受益"的。

（二）征收数据税的机制

为矫正平台企业垄断占有由个人数据集聚所产生的收益这种不合理的分配局面，学界呼吁向平台企业开征数据税，在二次分配中实现个人数据所有权参与数据要素增值收益分配。"数据税的征税对象是企业使用用户数据的行为，目的在于使企业支付数据使用对价。"[1] 但是，"征税是国家行为，个人不能至少不能直接受益，也无法根据每个人的网络行为量化对价。"[2] 因此，申卫星（2023）认为，毕竟征税和以数据换取对价的逻辑不同，税收是予以外部平衡的一种国家行为，所收取的数据税也是交由国家（政府）用于向社会提供公共产品、满足社会共同需要，与个人的"数字劳动"贡

---

① 张永忠、张宝山：《构建数据要素市场背景下数据确权与制度回应》，载于《上海政法学院学报（法治论丛）》2022 年第 4 期。

② 李夏旭：《论数据要素的分层课税机制》，载于《税务研究》2023 年第 3 期。

献多少并不相关。① 数据税可以对全社会的收入分配不平衡起到一定的调节作用，可以为数字劳动者编织社会保障网提供新的财政来源。然而，个人对数据要素生产的贡献，不仅体现在数字生活带来的数据，如持续不断的浏览、点阅、下单、支付等，还体现在线下的劳动者利用平台提供的服务从事"数字劳动"时为平台提供的数据。由数字生活和数字劳动产生的个人数据所带来的数据要素增值收益难以动态计量，不可能通过数据税获得精准的补偿，只能通过市场主体之间的数据利益分享机制来实现。

（三）设立个人数据资产账户的机制

互联网之父 Tim Berner Lee 提出了 Solid 项目，该项目建立在分布式存储技术之上，由用户自己控制其个人数据。Bergelson 则从提高社会整体福利的角度出发，主张将数据权利分配给数据主体，② 落实个人数据所有权，以实现数据要素社会化，让"我的数据我受益"真正落地。目前国内外均结合区块链技术探索通过设立个人数据资产账户的机制，实现"我的数据我受益"，在国外最为典型的有英国 Midata 项目和韩国 MyData 项目。个人数据分散、零星、管理复杂，难以有效行使个人数据所有权。必须将个人数据集中起来，形成具有数据权力的第三方机构，才能向数据生产加工使用者索取数据权利。集中个人数据的第三方机构为个人或其他数据所有权人设立专属的数据账户，将散落的个人数据集中起来，聚合到个人数据资产账户中，更好地集中管理个人数据，更好地提供数据交易，并为个人数据创造收益。更为重要的是，利用区块链技术赋予个人数据数字化权属凭证，个人据此数字化权属凭证，可以向实际数据控制者提供个人数据，有权且不受限制地将这些数据转移给其他数据控制者，由此将个人数据控制权回到数据主体——个人的手中，即实现个人数据可携权。任何利用个人数据加工、使用、交易的过程均可追溯、可控制、可计量，行使个人数据所有权的第三方

---

① 申卫星：《论数据产权制度的层级性："三三制"数据确权法》，载于《中国法学》2023 年第 4 期。

② Vear Bergelson. It's Personal but Is It Mine? Toward Property Rights in Personal Information. U. C. Davis Law Review, 2003 (37): 421－429.

机构的所有操作也都记录在区块链中，实现全过程对数据所有者信息透明。个人可以通过"我的数据我做主"有效控制自己的数据，也可以委托行使个人数据所有权的第三方机构依据个人数据利用情况，集中向数据使用方结算收益，并分发支付给个人数据资产账户所有人，实现"我的数据我受益"，这一切均运行在去中心化的信用共识架构中，从而真正实现个人数据个人所有制，实现数据要素社会化。

第四节　数据共享、数据要素社会化与数据安全

党的二十届三中全会指出，建设和运营国家数据基础设施，促进数据共享。① 数据共享、数据要素社会化必须建立在加强个人信息隐私保护和数据安全以及维护数据主权的基础上。数据共享、数据要素社会化不仅体现在国内，还体现在加强国际合作、促进数据的跨境流通上。加快建立数据产权归属认定、市场交易、权益分配、利益保护制度，提升数据安全治理监管能力，建立高效便利安全的数据跨境流动机制。②

一、个人信息隐私保护和数据共享

保护个人隐私信息是数据利用和共享的前提与基础，个人信息隐私保护包括法律保障和技术保障两个方面。

（一）个人信息隐私保护的法律保障

个人信息保护要求保存个人同意和撤回记录，落实保护个人同意和撤回的权利。《中华人民共和国民法典》第一百一十一条和《中华人民共和国个人信息保护法》第二十五条均对个人信息隐私保护提出要求：取得个人单

---

①② 新华社：《中共中央关于进一步全面深化改革 推进中国式现代化的决定》，https://www.gov.cn/zhengce/202407/content_6963770.htm，2024 年 7 月 18 日。

独同意的除外，不得提供或者公开他人个人信息。个人信息隐私保护也是数据安全的组成部分。个人信息处理必须遵守必需、最小和不得超出同意范围使用的原则。然而，个人信息保护并非越严格越好，必须平衡提供个人数据完整信息与保护个人隐私信息之间的关系。个人数据完整信息不仅包括基本个人信息，如姓名、性别、联系方式等，还包括衍生信息，即伴生个人信息，如行为信息、财产信息、账户信息、信用信息等。为最大可能地激活数据要素的全部潜能，必须满足个人信息转化为个人数据的完整可用性，而这样的完整可用性必然会牺牲个人信息隐私。实践证明，仅靠设置多个"个人同意"和"撤回"环节并不能解决个人信息隐私保护问题。《中华人民共和国个人信息保护法》第四条将个人信息定义为"以电子或其他方式记录的与已识别或可识别的自然人有关的各种信息，不包括匿名化处理后的信息"，它既从不可识别上要求个人信息隐私保护，又从法律上缩小了个人信息的范围，为匿名化处理后的信息流通和共享提供了法律依据。

（二）个人信息隐私保护的技术保障

个人信息隐私保护还需要技术保障。首先是匿名化处理技术。《中华人民共和国个人信息保护法》规定，匿名化处理后的信息不再归为个人信息范畴，因此，匿名化处理技术在个人信息隐私保护中大量使用。匿名化处理后的数据，破坏了个人信息的完整性，无法将同一个人在不同时间、不同空间产生的数据关联起来，达到了保护个人隐私信息的目的。但是，数据间关联性已被不可逆地破坏，散乱为数据碎片，将丧失绝大部分信息价值。① 数据要素价值降低或丧失，不利于开发利用数据，因而出现了去标识化处理技术。去标识化处理不是完全的匿名化处理，但满足了《个人信息保护法》规定的个人信息隐私保护对自然人有关信息的"不可识别"要求。经过去标识化处理之后的数据仍然保留了除个人信息以外的数据关联关系，数据在加工、处理过程中可以实现"可算不可识"，数据使用价值没有被破坏，在数据主体"授权"的情况下可被重新识别。与匿名化相比，去标识化更可

---

① 陈道富：《数字经济需发展隐私计算下的数据共享》，载于《证券时报》2021年4月16日。

能实现个人信息隐私保护与数据利用的平衡，相关的技术方案包括各种类型的隐私计算技术。隐私计算技术实现数据了"可用不可见""可算不可识"，从而为个人信息隐私保护提供了技术保障。

二、数据安全与数据开放

构建公共数据开放平台，必须互联互通、安全可控，必须平衡数据安全与数据开放的关系，而且必须从制度建构与技术实施两方面入手（见图9－1）。

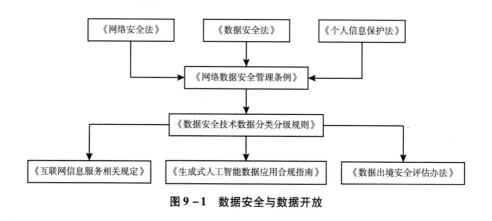

图9－1　数据安全与数据开放

（一）数据开发利用的安全规范

数据开发利用必须保障数据安全，《中华人民共和国数据安全法》第一条要求，"保护个人、组织的合法权益，维护国家主权、安全和发展利益"。数据安全是数据开发利用的保障，《中华人民共和国数据安全法》第十三条要求，"坚持以数据开发利用和产业发展促进数据安全，以数据安全保障数据开发利用和产业发展。"应该加强数据采集、汇聚、加工、流通、应用等全流程安全管理，大力推进公共数据开放体系建设，开展公共数据授权开发利用，形成以数据换数据、以数据换技术、以数据换服务的新机制。数据安全也离不开网络安全，网络空间不是法外之地，是国家主权和安全的延伸。任何传输数据的信息运营者必须依照《中华人民共和国网络安全法》，在运营服务中收集和产生的重要数据须符合出境安全管理。

为了促进数据开放、规范数据安全管理，出台了一系列法律法规。《个人信息保护法》《网络安全法》和《数据安全法》三部上位法提出了数据安全管理制度、明确了实施路径，在此基础上落实安全管理条例，细化原则性要求、给出进一步的明确规定。2021 年 11 月，公开征求《网络数据安全管理条例（征求意见稿）》，2024 年 5 月，国务院办公厅印发《国务院 2024 年度立法工作计划》的通知中，拟制定《网络数据安全管理条例》（国家网信办起草）。①

在第七章中，界定哪些数据开放、哪些数据共享、哪些数据交易的目的是对数据资源或产品进行分类，界定哪些应该纳入数据交易，构建数据产权结构性分置制度，须由市场机制主导，更好地促进数据流通，提高数据利用的效率。而本章则是应数据开发利用的需要，针对数据安全管理，提出分类分级的保护制度。数据安全的分类分级保护与数据要素增值收益分配的分类分级管理是不同的。数据要素分类分级分配管理的制度性建设仍在探索中，而针对数据安全管理的数据分类分级保护制度已正式纳入《数据安全法》的规范之中，不仅有利于数据保护，还有利于促进数据流通和数据市场化。第一，落实数据分类分级保护制度。《数据安全法》第二十一条要求"国家建立数据分类分级保护制度"，国家标准 GB/T 43697—2024《数据安全技术 数据分类分级规则》正式发布，并于 2024 年 10 月 1 日起正式实施。该规则将数据安全分类分级，对于一般数据、重要数据和核心数据这三类数据的开放提出不同的数据安全保护要求。识别核心数据、重要数据、一般数据的要件包括影响对象和影响程度，应该依据对国家政治安全、经济安全、社会秩序、公共利益等领域、群体、区域构成影响的程度进行分类分级管理。必须重点识别重要数据和核心数据，并针对它们落实相应的数据安全保护措施。第二，明确数据处理相关方的数据安全责任。《互联网信息服务算法推荐管理规定》和《互联网信息服务深度合成管理规定》明确了平台和算法控制

① 国务院办公厅：《国务院 2024 年度立法工作计划》，https：//www.gov.cn/yaowen/liebiao/202405/content_6950151.htm，2024 年 5 月 9 日。

人所承担的数据安全责任：建立相关数据处理的披露制度，接受监管单位和公众的监督；不得大数据杀熟、不得阻碍数据流通。保障数据互联互通，保证透明度，本身也是数据安全的重要措施之一。第三，不断更新数据合规要求。生成式人工智能的发展对数据开放和共享提出了更高要求，同时也带来了新的数据安全挑战。为促进生成式人工智能产业高质量健康发展，确保数据应用各个环节符合合规性要求，确保数据全生命周期的安全运行，2024年5月开始实施《生成式人工智能数据应用合规指南》，规定了生成式人工智能服务在数据采集、数据标注、训练数据预处理、模型训练与测试、内容生成服务等各个数据应用环节中应遵循的数据应用合规原则与合规要求，以及可供借鉴参考的具体合规手段与合规方法，指导生成式人工智能服务提供者向我国境内公众提供生成式人工智能内容生成服务过程中所开展的数据应用合规工作，探索完善与生成式人工智能发展相适应的数据安全管理规范。数据安全法规建设必须随着数字经济的不断发展与时俱进，不断调整，这也是落实数据产权制度、实现数据共享和数据要素社会化的前提条件。

（二）兼顾数据开发利用与安全的技术措施

按照"原始数据不出域、数据可用不可见"的要求，促进数据安全与数据开放。兼顾数据开发利用与安全的技术措施不断推陈出新，监管沙盒（Regulatory Sandbox）是2015年11月由英国金融监管局率先提出的创新监管理念。监管沙盒作为一个受监督的安全测试区，通过设立限制性条件和制定风险管理措施，允许企业在真实的市场环境中以真实的个人用户与企业用户为对象测试创新产品、服务和商业模式，有助于减少创新理念进入市场的时间与潜在成本，降低了监管的不确定性。欧盟《人工智能法》对AI监管沙盒的定义很宽泛，即由公共机关所建立的、在特定的时间内为AI安全开发、测试、验证和投入市场提供便利的受控环境。具体到AI的监管沙盒，由于AI技术所具有的快速动态变化、跨多个法律领域风险以及技术不确定性破坏等特点，通过监管和企业之间的这一信任机制的搭建，也有利于打破监管与市场的二元对立，促进监管与企业围绕创新风险管理目的的激励相容。

2023 年年底，北京市经信局、北京市委网信办联合印发了《北京市数据流通与安全治理监管沙盒通用实施方案》，其中人工智能大模型领域就是监管沙盒重点落地实施的领域之一。训练基地内制定了人工智能数据训练基地、监管沙盒运行规则，通过弱版权保护政策，通过移除规则、创新纠纷解决机制、风险补偿等创新政策，降低了数据版权风险。利用监管沙盒管理机制，帮助企业在合法合规的范围内规避数据风险，为大模型的规范训练和价值挖掘保驾护航。国家数据局发布了《可信数据空间发展行动计划（2024—2028 年）》，明确提出到 2028 年建成 100 个以上可信数据空间的目标。为实现这一目标，国家数据局将"组织开展使用控制、数据沙箱、智能合约、隐私计算、高性能密态计算、可信执行环境等可信管控技术攻关，推动数据标识、语义发现、元数据智能识别等数据互通技术集成应用，探索大模型与可信数据空间融合创新"[1]。

三、维护数据主权与加强国际合作

数据共享、数据要素社会化不仅涉及国内，还包括数据的跨境流通与共享，而数据主权要求所有的数据国际合作均要在维护数据主权与数据安全的前提下进行。

（一）维护数据主权

数据权属通常被划分为数据人格权、财产权和国家主权三大类别。数据主权是国家主权，是数据权力的最高表现，是数据权利分配与交换的基础。数据主权、网络主权已经成为国家主权的组成部分。对数据权力的掌控能力不仅是数据安全的要求，也是国家实力的表现。没有数据安全，没有网络安全，就没有国家安全。互联网国界已成一个国家新的国界，保障数据合规跨境流通、维护国家利益是数据安全的重要任务。《个人信息保护法》《网络

---

[1] 国家数据局：《可信数据空间发展行动计划（2024—2028 年）》，https://www.gov.cn/zhengce/zhengceku/202411/content_6996363.htm，2024 年 12 月 10 日。

安全法》和《数据安全法》均对数据跨境流通过程中维护国家的数据主权提出了明确要求。2022 年 5 月 19 日制定了《数据出境安全评估办法》，第四条明确数据处理者向境外提供重要数据处理的要求，其中规定提供重要数据、众多或累计众多的个人数据时，应当申报数据出境安全评估。该办法参考借鉴国际惯例，结合"属地主义 + 保护主义"的管辖模式，规定了数据出境安全评估的范围、条件和程序，为数据出境安全评估工作提供了具体指引，为维护数据主权与加强国际合作奠定了基础。

（二）加强国际合作

数据流通和共享不仅可以降低数据生产成本，还可以极大化增加数据要素收益，促进数据共享、数据要素社会化。因此，在维护数据主权的同时，必须积极加强国际合作，拓展数据流通的国际空间。国家互联网信息办公室 2024 年 3 月 22 日公布《促进和规范数据跨境流动规定》，在落实数据出境安全评估、个人信息出境标准合同、个人信息保护认证等数据出境制度基础上，第六条规定"自由贸易试验区在国家数据分类分级保护制度框架下，可以自行制定区内需要纳入数据出境安全评估、个人信息出境标准合同、个人信息保护认证管理范围的数据清单（简称负面清单）"[①]。该规定有利于促进数据领域的国际交流与合作，参与数据安全相关国际规则和标准的制定，促进数据跨境安全自由流动。2024 年，"数据跨境流动"首次写入政府工作报告中。应该对标国际高标准经贸规则，持续优化数据跨境流动监管措施，支持自由贸易试验区开展探索。2024 年 2 月 6 日，上海市印发了《上海市落实〈全面对接国际高标准经贸规则推进中国（上海）自由贸易试验区高水平制度型开放总体方案〉的实施方案》，在维护数据主权基础上提出促进数据开放共享的要求。按照数据分类分级管理及数据安全工作要求，建立健全数据共享机制，支持企业根据法律法规要求共享数据，在上海自贸试验区内探索建设国际开源促进机构，积极参与全球开源

---

① 国家互联网信息办公室：《促进和规范数据跨境流动规定》，https：//www.gov.cn/gongbao/2024/issue_11366/202405/content_6954192.html?xxgkhide =1，2024 年 3 月 22 日。

生态建设，鼓励行业协会等机构就促进中小企业参与数字经济与境外机构加强交流、合作。①

第五节 本章小结

本章从马克思产权理论出发，阐述了数据要素社会化的必要性及其实现路径。不同的所有制对应着不同的产权关系，数据权力规定了数据权利，数据生产资料产权制度是由社会制度决定的。

在介绍公共数据开放的实施路径、企业数据共享的实施路径基础上，特别强调平台数据分级管理的实施路径。平台数据是介于公共数据与企业数据之间的特殊一类企业数据，必须根据平台的具体规模进行分级监管，根据平台企业的不同类别采用不同的所有制组合，以不同形式渐进地实现平台数据的社会化。

数据共享与数据要素社会化技术的实现必须建立在保障数据产权制度运行的技术基础上，因而必须努力探索支持数据社会化转型的技术手段。数据共享、数据要素社会化、数据的跨境流通，都须在加强数据隐私保护、完善数据安全分级管理、维护数据主权与数据安全的前提下进行。

---

① 上海市人民政府：《上海市落实〈全面对接国际高标准经贸规则推进中国（上海）自由贸易试验区高水平制度型开放总体方案〉的实施方案》，https：//www. shanghai. gov. cn/nw12344/20240205/2af907af61cf4977866b7d377baf5d1d. html，2024 年 2 月 5 日。

———————| 第十章 |———————

结论与展望

第一节 研究结论

一、本书重新梳理了马克思产权理论的脉络和内容

本书重新梳理了马克思产权理论的脉络和内容，并对马克思产权理论与西方经济学的产权理论进行了比较，认为马克思产权理论与西方经济学的产权理论存在以下不同：第一，对产权来源的认识不同。马克思产权理论和西方经济学中的产权理论都认为劳动是财富的源泉，但是在西方产权理论中劳动是要素之一，马克思产权理论则是以劳动价值论为基础的。第二，对产权的关注点不同。西方产权理论将产权看作权利交换，侧重以"看不得见的手"自发调节市场，注重市场交换的效率；马克思产权理论则不仅将产权看作基于市场上的权利交换，还关注在不同所有制背景下的权力的作用，侧重以"看得见的手"调节不公平，其核心是研究生产要素驱动的社会再生产的可持续发展。第三，对产权的研究方法不同。西方产权理论强调个体性、交易性、自然性和法权性；马克思主义产权理论则强调产权的整体性、生产性、历史性和经济性。本著作秉承马克思产权理论基本核心并拓展对马克思产权理论的理解，从产品生产和分工过程剖析产权的源起，从生产资料生产与分配过程剖析产权的结构，从社会可持续再生产剖析产权的演进。

二、本书厘清了数据与数据要素及其权属

本书运用马克思关于产权形成的原理，厘清了数据与数据要素及其权属。不同的分工形态形成不同的数据形态，数据从劳动生产对象转化成了生产要素。从数据资源、数据产品、数据商品（资产）到数据要素（资本）整个生命周期中，考察数据的不同形态。不同的分工形态决定了不同的数据产权结构。数据权属主要包括数据资源持有权、数据加工使用权和数据产品经营权。数据要素不是孤立产生的，它是数字技术发展到一定阶段的产物，是数字经济协作模式和线上与线下新的分工模式的产物。随着数据要素参与社会化大生产，平台成为新的交换方式，数据要素的占有及其分配方式直接影响着数据产权的形成，反过来，也影响着数字技术的进一步发展。不同的所有制决定了不同的数据产权结构，要认识社会主义和资本主义制度的本质，可以借鉴一些国外数据产权安排的探索经验，探寻建立有中国特色的社会主义数据产权制度。

三、本书揭示了两种数据商品生产、流通以及扩大再生产的规律

本书运用马克思关于两种商品产权的原理，厘清作为数据产品的商品与作为数据资本的商品，揭示两种商品生产、流通以及扩大再生产的规律。数据不是一开始就是商品，数据商品产生的第一个条件是数据生产与物质生产的分工。数据商品产生的第二个条件是数据产权的形成。数字产业化使得数据进入商品运动中，同步反映商品运动的全过程，生产和流通着作为数据产品的商品；产业数字化则使数据驱动更大的社会化协作分工，经过平台的匹配促进商品价值的生产，并更容易在交换中实现价值，数据要素参与生产过程，形成了作为数据资本的商品。数字产业化的数据生产为产业数字化的生产提供了前提条件。产业数字化扩大再生产的条件不仅要求数据供需平衡，还要求数据要素产生的增值收益在需求端和供给端的分配达到动态平衡。也就是说，利用新质生产力将数据转化成生产要素所产生的增值收益必须大于

非数字化生产所产生的收益，只有这样，数据转化为生产要素的应用场景才能被创造出来。不仅如此，产业数字化还要支付数据商品的生产和流通成本，数据转化成生产要素，其所产生的增值收益也应合理地分配给由数据驱动的新质劳动者及相关参与各方。只有完善数据产权制度，才能保障数据要素价值的可持续扩大再生产。

四、本书揭示了数据要素与劳动产权的不对称关系

本书运用马克思关于劳动产权的原理，揭示数据要素与劳动产权相结合的必要性以及两者不对称的关系。以劳动价值论为基础，坚持马克思产权理论，拓展对劳动创造财富的理解。劳动不仅调整和控制人和自然之间的物质变换，劳动还产生人、自然和社会的数据关系，只有劳动——人参与的活动，才能产生不断更新的数据，才是包括人工智能在内的新质生产力的价值源泉。数据是劳动创造的，也只有与劳动结合才能创造价值。社会化的数据生产资料被私人垄断而导致数字要素作用的强化和劳动者作用的弱化，呈现出集中的数据对劳动产权的不对等关系。新质劳动工具进一步异化，降低了劳动直接参与社会生产的比例，加剧了数据资本与劳动的对立。应探索新质劳动者再生产机制，构建劳动者分享数据要素增值收益的机制。

五、本书揭示现阶段数据要素产权配置中的矛盾

本书运用马克思关于经济关系决定法权关系的原理，揭示现阶段数据要素产权配置中的矛盾。马克思产权理论中关于经济关系决定法权关系的原理，可以帮助我们更好地理解为什么在数据要素权属安排尚未定型，但在数字经济协作分工形态下的经济关系业已发生作用；可以更好地理解以平台为中心支配数据要素增值收益分配及其矛盾。第一，研究以平台为中心支配数据要素增值收益的形成机理。在数字经济新的协作分工方式中，物质生产要素与数据要素分离，生产资料占有方式从追求物质生产要素集

中转向追求数据要素集中，平台集中数据要素，主导分配交换，驱动物质生产要素与线下协作分工。本书从考察平台为中心的数据要素生产过程，分析以平台为中心支配数据要素增值收益的形成机理。第二，揭示数据要素权属错配引发的问题。目前数据要素权属界定不明，所有权人缺失。以平台为中心配置数据要素，平台虽不是数据要素的所有权人却拥有实际控制权，引发了数据要素权属错配，形成数据要素垄断，数据要素参与分配机制不合理，数据要素监管体系不完善。第三，揭示线下协作分工的进一步社会化与线上决定分配交换的数据要素垄断之间的矛盾。以平台为中心配置数据要素，比起传统的物质生产要素集中，更容易形成垄断。数据要素的垄断越来越严重，扩大的协作分工规模越大，积累的线上与线下的矛盾就越激烈，最终反过来将抑制线下的协作分工，甚至达到使之无法持续的地步。本书揭示数据要素配置中的矛盾，为进一步完善数据要素收益分配制度打下基础。

六、本书揭示了数据权力和数据权利的本质

本书运用马克思关于产权是人与人关系的原理，揭示数据权力和数据权利的本质。数据记录了人的日常活动以及与人的活动相关的物的状态，更好地明确了市场中主体之间的供求状态，透过算法将需求端与供给端匹配起来，提高了市场的交易效率。数据还记录了物与人的关系，使得产权的状态更为明晰，信息更加透明。数字经济扬弃了对物质生产资料的集中，转向了对数据生产资料的集中。当数据转化而来的生产资料被一方占有，就会像资本一样，左右着生产和交换过程中的分配，数据生产占有关系最终反映了人与人的关系。因此，数据产权一样反映着人与人的关系。数据集中，在算法驱动下生成信息和知识，信息与知识的优势形成了信息不对称，这种不对称就会形成一定的权力关系。数据权力需要人们通过个体数据权利的出让才能形成。同时，形成的数据权力又规定和支配了数据权利的分配与交换。

七、本书提出了构建数据产权结构性分置制度的设想

本书运用马克思关于产权统一与分离的原理，构建数据产权结构性分置制度。数据要素的生产起源于某一特定应用场景，最初数据与数据要素是难以分离的，平台既是数据资源的采集者，又是数据的加工使用者，也是数据产品的经营者，还是数据要素的转化者。另外，为谋求竞争优势，一些平台刻意将数据要素的生产与应用场景绑定，将数据资源开发过程与数据要素的转化过程集于一身，形成竞争壁垒，更好地垄断数据要素产生的增值收益，这一局面不利于数据互联互通，也不利于数据要素市场化。为促进数据交换和利用，规范数据流通规则，必须落实数据资源持有权、数据加工使用权、数据产品经营权分置的产权运行机制，促进数据产品生产、流通和商品化，进而促进数据资产化，驱动社会分工转化为数据要素。

八、本书提出了建立数据要素增值收益分配分级管理制度的思路并探索了数据要素产权社会化的实现路径

本书运用马克思关于产权社会化的原理，探索数据要素增值收益分配的分级管理制度，探索数据要素产权社会化的实现路径。合理区分数据与作为生产要素的数据，并赋予它们不同的权属，数据资源持有权与数据要素所有权分离，既要保护数据资源持有权人的权益，又要反映超级平台数据要素全民所有的属性，构建数据要素开发利用管理制度，调节超级平台数据要素垄断性收益，加强国家数据主权及个人数据权益保护。对数据要素分类分级管理，既给予足够的创新空间，鼓励创新，又要建立必要的监管制度，约束恣意增长的平台数据要素垄断。从马克思产权理论出发可知，交换也是分配，分配取决于生产资料的所有权。归根到底，社会主义数据生产资料产权制度的实践是由社会主义制度属性决定的，探讨数据要素社会化的必要性，研究数据共享与数据要素社会化的实现路径。其中包括：公共数据开放的实施路

径、企业数据共享的实施路径、平台数据分级管理的实施路径、数据共享与数据要素社会化技术的实现路径以及数据主权保护与数据开放合作的实施路径。

九、本书探讨了通过技术和制度创新不断完善数据产权制度

本书运用马克思关于产权变革的原理，研究通过技术创新、制度创新不断完善数据产权制度。运用马克思关于产权变革的原理，坚持以化解生产资料私人占有与生产社会化之间的矛盾为目标，激励企业和个人利用数据推动技术进步和经济增长，鼓励创新和发展，为数据的开发和应用创造有利的环境，以促进数据的流通和合作，平衡数据使用者和数据提供者之间的利益。研究保障数据产权制度运行的技术手段，夯实数据要素增值收益分配分级管理的技术基础，探索支持数据社会化转型的技术路径。实现数据要素生产过程可追溯，更好地确定各主体的贡献和权益，兼顾线下劳动者和消费者对数据要素转化的贡献，让更多市场主体在分享数据中获得红利，促进数字经济可持续发展。

总之，马克思产权理论为研究具有中国特色的社会主义数据产权制度提供了理论指导。我国数据产权制度应包括产权结构以及与之相适应的收益结构和治理结构，三者相互作用，形成统一的有机整体。

产权结构除了数据资源持有权、数据加工使用权、数据产品经营权三权分置以外，还应包括数据要素收益权。收益结构主要包括两种获得收益的途径，通过市场交换获得收益和增值收益的分级分配。以效率为目标，各主体凭借数据资源持有权、数据加工使用权、数据产品经营权通过市场机制交换获得相应的收益；明确数据收益权人，以兼顾公平为目标，通过再分配机制，实施数据要素增值收益分配分级管理。治理结构包括构建完整的数据产权法律体系和技术保障体系（见图 10-1）。不仅涉及个人数据隐私保护，维护数据主权安全，还应设立数据经济权益的专项法律，治理结构应包括支撑数据产权运行的一系列相应的技术手段。

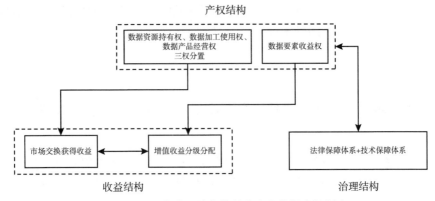

图 10－1　具有中国特色的社会主义数据产权制度

第二节　未来研究方向与展望

在马克思产权理论和方法的指导下，笔者对数据与数据要素及其权属、数据要素产权配置中的矛盾及其化解、数据产权结构性分置制度的构建、数据要素增值收益分配的分级管理制度和数据要素产权社会化的实现路径等问题进行了初步探索，旨在为数据产权的研究添砖加瓦，推进我国数字经济的可持续发展。通过这些研究，笔者认为以下问题值得进一步深化研究。

一、深化对数据专项立法的研究

数据已经成为数字经济发展不可或缺的生产要素，是驱动新质生产力高质量发展的重要原料。只有完善数据产权结构和收益分配制度，才能促进数据生产、流通，实现数字经济与实体经济深度融合，推动数字经济可持续发展。目前规范信息合规和数据安全的法律主要有《网络安全法》《数据安全法》和《个人信息保护法》，规范流通规则的法律包括《电子商务法》《消费者权益保护法》《反不正当竞争法》和《反垄断法》等。全国各地各部门还陆续出台了地方性法规或规范性文件，探索构建数据登记制度，例如，《浙江省数据知识产权登记办法（试行）》《北京市数据知识产权登记管理办法（试行）》和《深圳市数据产权登记管理暂行办法》等。数据确权的探索实践已经开启。因此，应借鉴《民法》《知识产权法》《土地法》等立法的历史经验，在中国特色社会主义产权理论研究基础上，通过一系列相关政策指导，再经过具体实践，适时研究推动数据专项立法。当前，尽管有数据政策确认了数据权益，但是在全国性立法层面上并没有对数据确权作出规定，数据生产、流通、使用过程中各参与方的权利保障和责任承担均缺少法律依据。因此，应该深化对数据专项立法的研究。

二、深化对数据税收和财政问题的研究

数据要素的社会化属性，决定了对促进数据产权社会化新实现路径的研究，决定了必须深化对数据税收和财政问题的研究。数据与土地有相似性，数据要素是新的核心要素，可以借鉴土地出让金等相关财政税收政策，充分利用和管理数据要素，使数据要素收入作为财政收入的重要来源。作为生产要素的土地和数据均可资产化。2023 年，财政部正式印发《企业数据资源相关会计处理暂行规定》，从 2024 年 1 月 1 日起开始施行，标志着数据要素资产化和数据资产入表进入实质性阶段。数据与土地一样，都具有社会化属性。土地的增值收益归公，并转化为财政的一部分，作为公共支出的一部分。数据要素增值收益也应归公，也应转化为财政的一部分，并作为公共支出的一部分。数据要素增值收益转化为财政收入，可以由以下两方面构成：一是通过数据市场交易获得税收。以市场竞争为主导，数据交易所、经纪人、服务商等企业和个人通过各种形式参与，形成数据流转交易市场，政府从数据市场交易中获得税收。二是公共数据资产获得收入。由政府主导，完成数据的归集、加工处理、合规登记，实现数据资源向数据资产转化，获得授权及出售收入。政府还可以公共数据资产抵押融资，融资收入形成财政的组成部分，用于地方公共事务。土地与数据两种要素管理思路可以相互借鉴。土地产权分置，促进土地合理流转，与土地公有和加强土地财税利用管理并行，同样地，应该探索数据产权分置条件下，数据要素的产权社会化和加强数据财税利用管理并行的路径。

三、深化对人工智能引发的产权问题的研究

人工智能的发展对数据质量提出了更高要求，也对数据形式提出了更新要求。人工智能所需的数据集生产出现了新的生产流程和细化的分工形态，人工智能的发展不仅需要更大规模的数据，还需要更大规模的数据流通市场、更流畅开放的数据共享平台，人工智能的发展强化了数据要素社会化的趋势。人工智能带来的技术变革必然对数据产权及其结构带来冲击，也给完善数据产权研究带来新的问题和挑战。

（一）人工智能产生数据生产的新流程

人工智能产生数据生产的新流程，带来了新的分工和新的岗位，必然会产生更多更加细分的数据生产主体和数据权属主体。人工智能带来了传统生产流程之外新的数据生产流程。建立数据集的流程主要包括数据采集、数据清洗、数据标注、训练数据预处理、模型训练与测试、数据评估等各个数据生产与应用环节。其中数据采集还可以用传统方式进行，但数据标注、训练数据预处理、模型训练与测试、数据评估就是人工智能所产生的数据生产新流程。

人工智能产生数据生产的新流程，催生了新的岗位和企业。（1）数据标注。数据标注是人工智能发展的基石。在大模型的训练过程中，尽管大模型大部分数据无须标注，可以使用互联网上的公开数据，但这些公开数据质量参差不齐。为了特定任务进行微调训练，需要对数据进行分类和标注。（2）提示工程师。提示工程师负责设计、改进和测试提示，以引导 AI 模型产生期望的响应。提示工程在 AI 系统中起着至关重要的作用，因为它直接影响到整个系统的功能和性能。提示工程师与数据科学家和开发人员合作，了解特定 AI 系统的目标，创建符合这些目标的提示。虽然他们不直接生产数据，但他们对数据的评估直接影响着数据的生产。（3）仿真合成数据生产。仿真合成数据的生产是在计算机仿真的场景中生成数据，包括声音、2D 图像、3D 图像、视频或文本等多模态数据。仿真合成数据无须人工采集

和标记数据，省时省工，把合成数据和实际数据结合起来训练 AI 模型，可以大幅节省时间和成本，还可以大大缩短解决问题所需的时间。

（二）人工智能对数据质量提出更高要求

数据已经成为左右人工智能发展的重要因素，数据质量直接决定了最终模型本身及其输出成果的优劣，不同质量的数据具有不同的价值，创造这些价值会带来相应的权属问题。例如，与 GPT－2 相比，GPT－3 对模型架构只进行了微小的修改，就必须花费更大精力收集更高质量的数据集对模型进行训练。数据对于算法模型训练非常重要，数据越丰富、代表性越强、数据质量越高，其训练效果就越好，算法的稳健性也就越强。简而言之，高质量的 AI 训练数据越多，模型的准确度和质量就越好。高质量数据包含了多方面的因素，包括数据的准确性、完整性和一致性等。数据的时效性也是一个重要因素，尤其是从快速变化的资讯，如新闻、社交媒体等转化而来的数据，应及时反映当前实际情况，才能确保模型输出结果的准确性。不同阶段的训练对数据质量要求也不尽相同，预训练、任务微调以及评测联调测试，等等，都需要相应的高质量数据，尤其是对于需要标注的数据集，例如，监督学习中使用的数据，任何错误或偏差都将直接影响到模型的性能和可靠性。另外，人工智能的发展本身也会提高数据质量。在人工智能出现之前，数据采集、整理和加工过程避免不了人为因素产生的大量错误，无法确保数据质量。人工智能技术应用到数据生产过程中，可以消除人为因素，显著提高数据质量。2023 年 8 月 15 日颁布《生成式人工智能服务管理暂行办法》，对应用生成式人工智能中的标注数据提出了新的要求，包括清晰、具体、可操作的标注规则、标注质量评估和标注内容的准确性核验等。

数据多样性导致 AI 产生幻觉，是创意还是误导？如何解决人工智能的对齐问题？这些都对数据质量提出了新的要求。在不同的生产关系条件下，有不同的上层建筑，有不同的意识形态，有不同的价值观念，有人工智能对齐的不同标准，从而产生对数据质量的不同价值判断。人工智能的对齐问题反映了数据产权制度下数据生产关系应适应数据生产力发展的要求，数据生产关系又会反作用于数据生产力。这是人工智能发展带来的新课题。

（三）人工智能需要多模态和合成的数据

人工智能需要多模态和合成的数据，多模态和合成的数据必然引发数据权属产生更多不同的组合，由此带来更为复杂的数据结构和产权结构。

多模态大模型需要更复杂的数据集进行预训练。过去数年中，多模态大模型参数量及数据量持续提升。例如，2022 年，Stability AI 发布的 Stable Diffusion 多模态数据集是 2021 年 OpenAI 发布的 DALL‐E 数据集的 23 倍。模态是事物的一种表现形式，事物必须由是多模态来表达，完整表征事物的数据必须是多模态的，包括文本、图像、视频、音频等。据预测，语言数据将于 2030～2040 年耗尽，其中，能训练出更好性能的高质量语言数据将于 2026 年耗尽。视觉数据将于 2030～2060 年耗尽。[①] 仿真合成数据是弥补未来数据不足的可行路径。仿真合成数据是计算机模拟或算法生成的带有注释的信息，可以替代真实数据。它可以用于模拟实际情况，补充真实数据的不足，提高数据的质量和数量，降低数据的采集处理成本。OpenAI 在 GPT‐4 的技术文档中重点提到了仿真合成数据的应用，可见其重要性。根据 Gartner 的预测，2024 年用于训练大模型的数据中有 60% 将是仿真合成数据，到 2030 年绝大部分大模型使用的数据将由仿真场景生成并由人工智能合成，这一趋势对于"数据是由劳动创造的"这一论断带来了冲击，如何理解这种现象，是值得进一步研究的。

（四）人工智能需要更大规模的数据开放和更顺畅的数据流通

随着人工智能进入大模型时代，大量数据的收集和处理将成为实现先进人工智能应用的关键，会显著推动对上游数据需求的增长，同时赋能下游应用场景提升数据使用效果。由于开放数据资源较少，数据无法在市场上自由流通，难以满足人工智能发展对优质数据集的需求。因此，需要更大规模的

---

① Villalobos, Pablo; Sevilla, Jaime; Heim, Lennart; Besiroglu, Tamay; Hobbhahn, Marius; Ho, Anson. Will We Run out ff Data? An Analysis of the Limits of Scaling Datasets in Machine Learning. arXiv Working Paper, 2022.

数据开放和更顺畅的数据流通体系。必须进一步研究落实并完善数据产权制度，培育数据要素市场，促进数据要素价格机制的形成，鼓励数据生产商、数据交易服务商从数据的生产、流通、交换中获得收益，加大数据供给。

人工智能的核心要素包括数据、算法和算力，它们可能是分离的，但必须相互结合才能涌现出智能。人工智能的生成从根本上是一个涉及多个利益相关者分工协作的过程。例如，数据生产商、数据服务商进行数据训练并提供训练过的数据，算法和模型开发商提供人工智能服务，算力企业为模型的训练和测试提供算力支持。此外，人工智能应用方结合自己的场景和特定的数据进行任务微调，才能使人工智能真正落地。人工智能离不开拥有共享的数据、算法和算力的生态系统。因此，更需要针对人工智能发展的新形势，完善相关数据确权细则，建立可信赖的技术框架，为数据开放、共享和流通提供安全可靠的制度和技术保障。

（五）人工智能对数据产权提出新课题

人工智能面对数量上"井喷式"增长的数据需要，对数据产权提出了新的课题。用于人工智能训练的数据一样存在合规问题，应充分考虑其自身特点，进行合规管理。例如，对于非公开个人信息的人工智能训练数据，应进行数据生产、流通和使用全流程合规管理，包括获取同意、数据收集、存储、训练和共享过程中的合规管理。推进数据匿名化标准是实现个人信息合规的关键路径。又例如，在一定限度下公开数据的爬取一般不构成侵权，但如果爬取行为过分，达到替代他人服务的程度，并且未获得原数据所有者的同意或授权，此种爬取行为则被视为不正当。但为了扩大人工智能训练数据的来源，在获得原数据所有者同意或授权的条件下，是否可以考虑适当放宽公开数据爬取的限制？又例如，版权数据难以获得，这已经成为人工智能发展的瓶颈之一，在模型训练中，单个生成作品的价值往往远低于获取版权数据授权的成本，因此，版权数据交易难以达成，导致模型训练需要的高质量版权数据严重供给不足。

人工智能创造的成果也存在权属问题。人工通过特定的 Prompts 引导人工智能大模型输出成果，与版权作品高度相似时可能引发侵权。AI 模型在根据用户要求模拟其风格生成作品时，若生成作品质量低下，虽不构成版权作品侵权，但可能损害原作者的名誉。人工智能生成内容的能力，不仅改变了传统的内容消费模式，也让普通消费者可能介入创作过程。消费者对内容进行反馈，形成的数据直接影响着人工智能生成作品的成果，人工智能生成不仅局限于处理内容本身，还需要考虑到与业务相关的上下游数据需求，因此，要形成版权归属并获得作者认定，情况就变得很复杂了。由于人类行为不同程度的介入，人工智能从被喂养的数据中生成新的内容，从而表现出一定程度的创造性。人工智能生成作品是人类行为、被喂养的数据和算法模型协同作用的结果。因此，以上问题是人工智能生成作品权属问题还是数据来源的权属问题呢？这些都是新情况下面临的新课题，需要进一步研究。

参 考 文 献

[1]《马克思恩格斯全集》第 23 卷，人民出版社 1975 年版，第 102、200～202、370 页。

[2]《马克思恩格斯全集》第 31 卷，人民出版社 1998 年版，第 221～222、349 页。

[3]《马克思恩格斯全集》第 42 卷，人民出版社 2016 年版，第 88 页。

[4]《马克思恩格斯全集》第 46 卷，人民出版社 2016 年版，第 1016 页。

[5]《马克思恩格斯全集》第 25 卷，人民出版社 1974 年版，第 674、717 页。

[6]《马克思恩格斯全集》第 16 卷，人民出版社 1964 年版，第 652 页。

[7]《马克思恩格斯全集》第 13 卷，人民出版社 1962 年版，第 8～9 页。

[8]《马克思恩格斯全集》第 30 卷，人民出版社 1974 年版，第 107、608 页。

[9]《马克思恩格斯全集》第 24 卷，人民出版社 1972 年版，第 40 页。

[10]《马克思恩格斯全集》第 4 卷，人民出版社 1965 年版，第 365 页。

[11]《马克思恩格斯全集》第 2 卷，人民出版社 1995 年版，第 44 页。

[12]《马克思恩格斯全集》第 26 卷Ⅱ，人民出版社 1973 年版，第 111 页。

[13]《马克思恩格斯全集》第 4 卷，人民出版社 1958 年版，第 87 页。

[14]《马克思恩格斯全集》第 23 卷，人民出版社 1972 年版，第 53、362、367 页。

[15]《马克思恩格斯全集》第 26 卷Ⅰ，人民出版社 1972 年版，第 440 页。

[16]《马克思恩格斯全集》第 30 卷，人民出版社 1995 年版，第 95、

156、587~590页。

[17]《马克思恩格斯全集》第46卷（上），人民出版社1979年版，第104、108、502页。

[18]《马克思恩格斯全集》第46卷（下），人民出版社1974年版，第11页。

[19]《马克思恩格斯文集》第5卷，人民出版社2009年版，第56、396、407页。

[20]《马克思恩格斯文集》第7卷，人民出版社2009年版，第370页。

[21]《马克思恩格斯文集》第3卷，人民出版社2009年版，第561页。

[22]《马克思恩格斯文集》第32卷，人民出版社1998年版，第302页。

[23]《马克思恩格斯文集》第6卷，人民出版社2009年版，第557页。

[24]《马克思恩格斯选集》第2卷，人民出版社1972年版，第100页。

[25]《马克思恩格斯选集》第1卷，人民出版社2012年版，第404页。

[26]《马克思恩格斯选集》第1卷，人民出版社1995年版，第177、178、345页。

[27]《马克思恩格斯选集》第1卷，人民出版社1972年版，第26、37、132、153页。

[28]《马克思恩格斯选集》第4卷，人民出版社1995年版，第580页。

[29]《马克思恩格斯选集》第2卷，人民出版社1995年版，第71页。

[30]《马克思恩格斯选集》第2卷，人民出版社2012年版，第2页。

[31]马克思：《哥达纲领批判》，人民出版社2015年版，第16页。

[32]马克思：《1844年经济学哲学手稿》，人民出版社2014年版，第47页。

[33]《资本论》第1卷，人民出版社2018年版，第54页。

[34]《资本论》第3卷，人民出版社2018年版，第54、695、875页。

[35]《资本论》第3卷，人民出版社2004年版，第495页。

[36]《资本论》第1卷，人民出版社2004年版，第127、210、374、733、874页。

[37]安筱鹏：《数据生产力的崛起》，见《数据要素领导干部读本》，

国家行政管理出版社 2021 年版。

[38] 白重恩、阮志华:《技术与新经济》,上海远东出版社 2010 年版。

[39] 成素梅、张帆等:《人工智能的哲学问题》,上海人民出版社 2020 年版。

[40] 洪银兴、葛扬:《〈资本论〉的现代解析》,经济科学出版社 2011 年版。

[41] 姜浩:《数据化:由内而外的智能》,中国传媒大学出版社 2017 年版。

[42] 蓝江:《一般数据、虚体与数字资本——历史唯物主义视域下的数字资本主义批判》,江苏人民出版社 2022 年版。

[43] 刘方喜:《技术、劳动与经济奇点:通用人工智能时代的到来》,中国工人出版社 2024 年版。

[44] 戎珂、陆志鹏:《数据要素论》,人民出版社 2022 年版。

[45] 盛洪:《现代制度经济学(上卷)》,北京大学出版社 2003 年版。

[46] 施展:《破茧》,湖南文艺出版社 2021 年版。

[47] 吴军:《智能时代:大数据与智能革命重新定义未来》,中信出版社 2016 年版。

[48] 吴宣恭等:《产权理论比较——马克思主义与西方现代产权学派》,经济科学出版社 2000 年版。

[49] 徐晋:《大数据经济学》,上海交通大学出版社 2014 年版。

[50] 曾铮、王磊:《数据市场治理:构建基础性制度的理论与政策》,社会科学文献出版社 2021 年版。

[51] 张维迎:《企业的企业家—契约理论(前言)》,上海三联书店、上海人民出版社 1995 年版。

[52] [法] 路易·阿尔都塞:《论再生产》,吴子枫译,西北大学出版社 2019 年版。

[53] [美] 奥利弗·哈特等:《不完全合同、产权和企业理论》,费方域、蒋士成译,格致出版社 2016 年版。

[54] [美] 奥利弗·威廉姆森:《资本主义经济制度——论企业签约与

市场签约》，段毅才、王伟译，商务印书馆 2002 年版。

[55]［美］道格拉斯·C. 诺思：《经济史中的结构与变迁》，上海人民出版社 2003 年版。

[56]［美］约瑟夫·S. 奈：《硬权力与软权力》，门洪华译，北京大学出版社 2005 年版。

[57]［日］不破哲三：《マルクスと〈資本論〉——再生産論と恐慌》（中），新日本出版社 2003 年版。

[58]［日］藤田昌久，［比］雅克-弗朗科斯：《集聚经济学——城市、产业区位与区域增长》，西南财经大学出版社 2004 年版。

[59]［匈］卢卡奇：《历史与阶级意识》，杜章智等译，商务印书馆 1999 年版。

[60]［以］尤瓦尔·赫拉利：《智人之上：从石器时代到 AI 时代的信息网络简史》，林俊宏译，中信出版社 2024 年版。

[61]［印］阿鲁·萨丹拉彻：《分享经济的爆发》，文汇出版社 2017 年版。

[62]［英］阿弗里德·马歇尔：《经济学原理》，华夏出版社 2005 年版。

[63]［英］阿里尔·扎拉奇、［美］莫里斯·E. 斯图克：《算法的陷阱：超级平台、算法垄断与场景欺骗》，中信出版社 2018 年版。

[64]［英］埃里克·拜因霍克：《财富的起源》，浙江人民出版社 2019 年版。

[65] 白永秀、李嘉雯、王泽润：《数据要素：特征、作用机理与高质量发展》，载于《电子政务》2022 年第 6 期。

[66] 蔡跃洲、刘悦欣：《数据流动交易模式分类与规模估算初探》，载于《中国经济学人》2022 年第 6 期。

[67] 蔡跃洲、马文君：《数据要素对高质量发展影响与数据流动制约》，载于《数量经济技术经济研究》2021 年第 3 期。

[68] 陈兵：《互联网平台互联互通边界及规制方向》，载于《数字法治》2023 年第 5 期。

[69] 陈道富：《数字经济需发展隐私计算下的数据共享》，载于《证券时报》2021 年 4 月 16 日。

[70] 陈虹宇:《主体性哲学视域下〈1844 年经济学哲学手稿〉对私有财产的批判》，载于《马克思主义经典著作研究》2024 年第 4 期。

[71] 陈建兵:《马克思产权社会化思想研究及启示》，载于《当代财经》2013 年第 6 期。

[72] 陈龙:《"数字控制"下的劳动秩序——外卖骑手的劳动控制研究》，载于《社会学研究》2020 年第 6 期。

[73] 陈朦、蓝江:《数据、劳动与平台资本——历史唯物主义视阈下的数字资本主义研究》，载于《国外理论动态》2024 年第 1 期。

[74] 陈珍妮:《欧盟〈数字服务法案〉探析及对我国的启示》，载于《知识产权》2022 年第 6 期。

[75] 程保平:《科斯案例及定理与马克思案例及定理——重读〈资本论〉第一卷的一点体会》，载于《当代经济研究》2000 年第 7 期。

[76] 程启智:《物的依赖关系与马克思主义产权经济学之当代重建》，载于《马克思主义研究》2007 年第 4 期。

[77] 崔国斌:《大数据有限排他权的基础理论》，载于《法学研究》2019 年第 5 期。

[78] 杜振华:《大数据应用中数据确权问题探究》，载于《移动通信》2015 年第 13 期。

[79] 范卫红、郑国涛:《数字经济时代下劳动者数据参与分配研究》，载于《重庆大学学报（社会科学版)》2023 年第 2 期。

[80] 冯晓青:《数字经济时代数据产权结构及其制度构建》，载于《比较法研究》2023 年第 6 期。

[81] 盖凯程、胡鹏:《平台经济、数字空间与数字地租——一个马克思地租理论范式的拓展分析》，载于《当代经济研究》2022 年第 9 期。

[82] 高富平:《数据持有者的权利配置——数据产权结构性分置的法律实现》，载于《比较法研究》2023 年第 5 期。

[83] 何苏燕:《数据生产要素化及其价值创造机制研究》，载于《企业经济》2023 年第 1 期。

[84] 何宇:《马克思企业理论的产权视角:一个不完全合约框架》，载

于《经济学家》2004 年第 4 期。

[85] 洪银兴：《马克思主义所有制理论中国化时代化的进展和实践检验》，载于《当代中国马克思主义研究》2023 年第 2 期。

[86] 洪银兴：《中国特色社会主义政治经济学财富理论的探讨——基于马克思的财富理论的延展性思考》，载于《经济研究》2020 年第 5 期。

[87] 胡锴、熊焰、梁玲玲、邵志清、汤奇峰：《数据知识产权交易市场的理论源起、概念内涵与设计借鉴》，载于《电子政务》2023 年第 1 期。

[88] 黄丽华、杜万里、吴蔽余：《基于数据要素流通价值链的数据产权结构性分置》，载于《大数据》2023 年第 2 期。

[89] 黄鹏、陈靓：《数字经济全球化下的世界经济运行机制与规则构建：基于要素流动理论的视角》，载于《世界经济研究》2021 年第 3 期。

[90] 黄倩倩、王建冬、陈东、莫心瑶：《超大规模数据要素市场体系下数据价格生成机制研究》，载于《电子政务》2022 年第 2 期。

[91] 黄少安：《关于"数字化经济"的基本理论》，载于《经济学动态》2023 年第 3 期。

[92] 黄阳华：《基于多场景的数字经济微观理论及其应用》，载于《中国社会科学》2023 年第 2 期。

[93] 贾利军、郝启晨：《基于马克思地租理论的数据生产要素研究》，载于《经济纵横》2023 年第 8 期。

[94] 蒋永穆：《数据作为生产要素参与分配的现实路径》，载于《国家治理》2020 年第 31 期。

[95] 克里斯蒂安·福克斯：《大数据资本主义时代的马克思》，载于《国外理论动态》2020 年第 4 期。

[96] 孔祥俊：《商业数据权：数字时代的新型工业产权——工业产权的归入与权属界定三原则》，载于《比较法研究》2022 年第 1 期。

[97] 孔艳芳、刘建旭、赵忠秀：《数据要素市场化配置研究：内涵解构、运行机理与实践路径》，载于《经济学家》2021 年第 11 期。

[98] 赖立、谭培文：《马克思所有权理论视域下数据确权难题破析》，载于《高校马克思主义理论研究》2022 年第 4 期。

[99] 蓝江:《外主体的诞生——数字时代下主体形态的流变》,载于《求索》2021 年第 3 期。

[100] 李海俊:《数据生产力:主体异化与解放的生产力》,载于《西北民族大学学报(哲学社会科学版)》2021 年第 5 期。

[101] 李三希、李嘉琦、刘小鲁:《数据要素市场高质量发展的内涵特征与推进路径》,载于《改革》2023 年第 5 期。

[102] 李三希、王泰茗、刘小鲁:《数据投资、数据共享与数据产权分配》,载于《经济研究》2023 年第 7 期。

[103] 李夏旭:《论数据要素的分层课税机制》,载于《税务研究》2023 年第 3 期。

[104] 李勇坚:《数据要素的经济学含义及相关政策建议》,载于《江西社会科学》2022 年第 3 期。

[105] 李云海:《产权理论的微观基础——西方产权理论与马克思产权理论的差异分析》,载于《生产力研究》2010 年第 11 期。

[106] 林彬、马恩斯:《大数据确权的法律经济学分析》,载于《东北师范大学学报》2018 年第 2 期。

[107] 林岗、张宇:《产权分析的两种范式》,载于《中国社会科学》2000 年第 1 期。

[108] 林志杰等:《数据生产要素的结合机制——互补性资产视角》,载于《北京交通大学学报(社会科学版)》2021 年第 2 期。

[109] 刘凯:《数字平台公共性的理论重塑及其生态治理路径》,载于《比较法研究》2023 年第 6 期。

[110] 刘清生、黄文杰:《论数据权利的社会权本质》,载于《科技与法律(中英文)》2023 年第 1 期。

[111] 刘涛雄、李若菲、戎珂:《基于生成场景的数据确权理论与分级授权》,载于《管理世界》2023 年第 2 期。

[112] 刘允秀、夏庆波:《数字资本主义视域下数据驱动机制的批判——基于马克思劳动过程理论》,载于《西安电子科技大学学报(社会科学版)》2023 年第 3 期。

［113］刘震、张立榕：《马克思主义视角下数据所有权结构探析》，载于《教学与研究》2022 年第 12 期。

［114］龙荣远、杨官华：《数权、数权制度与数权法研究》，载于《科技与法律》2018 年第 5 期。

［115］龙卫球：《数据新型财产权构建及其体系研究》，载于《政法论坛》2017 年第 4 期。

［116］欧阳日辉、杜青青：《数据要素定价机制研究进展》，载于《经济学动态》2022 年第 2 期。

［117］欧阳日辉、刘昱宏：《数据要素发挥倍增效应的理论机制、制约因素与政策建议》，载于《财经问题研究》2023 年第 11 期。

［118］商建刚：《数据要素权益配置的中国方案》，载于《上海师范大学学报（哲学社会科学版）》2023 年第 3 期。

［119］申晨：《论数据产权的构成要件——基于交易成本理论》，载于《中外法学》2024 年第 2 期。

［120］申卫星：《论数据产权制度的层级性："三三制"数据确权法》，载于《中国法学》2023 年第 4 期。

［121］申卫星：《论数据用益权》，载于《中国社会科学》2020 年第 11 期。

［122］宋冬林、孙尚斌、范欣：《数据成为现代生产要素的政治经济学分析》，载于《经济学家》2021 年第 7 期。

［123］宋文静：《数据商品的生成逻辑与资本化过程探析——基于政治经济学的视角》，载于《天府新论》2024 年第 3 期。

［124］孙新波、孙浩博、钱雨：《数字化与数据化——概念界定与辨析》，载于《创新科技》2022 年第 6 期。

［125］唐要家：《数据产权的经济分析》，载于《社会科学辑刊》2021 年第 1 期。

［126］唐正东：《马克思的两种商品概念及其哲学启示》，载于《哲学研究》2017 年第 4 期。

［127］王宝珠、王朝科：《数据生产要素的政治经济学分析——兼论基于数据要素权利的共同富裕实现机制》，载于《南京大学学报》2022 年

第 5 期。

[128] 王传智：《数据要素及其生产的政治经济学分析》，载于《当代经济研究》2022 年第 11 期。

[129] 王春晖、方兴东：《构建数据产权制度的核心要义》，载于《南京邮电大学学报（社会科学版）》2023 年第 2 期。

[130] 王建冬、童楠楠：《数字经济背景下数据与其他生产要素的协同联动机制研究》，载于《电子政务》2020 年第 3 期。

[131] 王建冬、于施洋、黄倩倩：《数据要素基础理论与制度体系总体设计探究》，载于《电子政务》2022 年第 2 期。

[132] 王俊、苏立君：《论数字租金的产生、分配与共享——基于数据要素商品二因素的视角》，载于《财经科学》2024 年第 1 期。

[133] 王利明：《论数据权益：以"权利束"为视角》，载于《政治与法律》2022 年第 7 期。

[134] 王谦、付晓东：《数据要素赋能经济增长机制探究》，载于《上海经济研究》2021 年第 4 期。

[135] 王颂吉、李怡璇、高伊凡：《数据要素的产权界定与收入分配机制》，载于《福建论坛（人文社会科学版）》2020 年第 12 期。

[136] 王玉林、高富平：《大数据的财产属性研究》，载于《图书与情报》2016 年第 1 期。

[137] 王赞新：《数据生产力：形成、属性与理论深化》，载于《海南大学学报（人文社会科学版）》2022 年第 5 期。

[138] 王泽宇、吕艾临、闫树：《数据要素形成与价值释放规律研究》，载于《大数据》2023 年第 2 期。

[139] 温旭：《ChatGPT 的马克思劳动价值论解读》，载于《东南学术》2023 年第 4 期。

[140] 吴理财、王为：《大数据治理：基于权力与权利的双向度理解》，载于《学术界》2020 年第 10 期。

[141] 吴清军、李贞：《分享经济下的劳动控制与工作自主性——关于网约车司机工作的混合研究》，载于《社会学研究》2018 年第 4 期。

[142] 吴易风：《产权理论：马克思和科斯的比较》，载于《中国社会科学》2007 年第 2 期。

[143] 谢富胜、江楠、吴越：《数字平台收入的来源与获取机制——基于马克思主义流通理论的分析》，载于《经济学家》2022 年第 1 期。

[144] 谢康、夏正豪、肖静华：《大数据成为现实生产要素的企业实现机制产品创新视角》，载于《中国工业经济》2020 年第 5 期。

[145] 邢媛：《评吉登斯对马克思的"两种商品化"理论的分析》，载于《现代哲学》2009 年第 3 期。

[146] 徐翔等：《基于"技术——经济"分析框架的数字经济生产函数研究》，载于《经济社会体制比较》2022 年第 5 期。

[147] 徐翔、赵墨非、李涛、李帅臻：《数据要素与企业创新：基于研发竞争的视角》，载于《经济研究》2023 年第 2 期。

[148] 徐翔、赵墨非：《数据资本与经济增长路径》，载于《经济研究》2020 年第 10 期。

[149] 许可：《数据权利：范式统合与规范分殊》，载于《政法论坛》2021 年第 4 期。

[150] 许宪春、张钟文、胡亚茹：《数据资产统计与核算问题研究》，载于《管理世界》2022 年第 2 期。

[151] 闫境华、石先梅：《数据生产要素化与数据确权的政治经济学分析》，载于《内蒙古社会科学》2021 年第 9 期。

[152] 杨东：《构建数据产权、突出收益分配、强化安全治理 助力数字经济和实体经济深度融合》，载于《经营管理者》2023 年第 4 期。

[153] 杨继国、黄文义：《"产权"新论：基于"马克思定理"的分析》，载于《当代经济研究》2017 年第 12 期。

[154] 杨时革：《马克思二维产权观——一个经济思想史视阈的梳理与评价》，载于《社会科学动态》2018 年第 8 期。

[155] 杨艳、王理、李雨佳、廖祖君：《中国经济增长：数据要素的"双维驱动"》，载于《统计研究》2023 年第 4 期。

[156] 尧清、吴瑾、王蕊：《数据要素基础制度的价值取向与框架》，

载于《数字图书馆论坛》2022 年第 10 期。

[157] 俞凤雷、张阁：《大数据知识产权法保护路径研究——以商业秘密为视角》，载于《广西社会科学》2020 年第 1 期。

[158] 张存刚、杨晔：《数据要素所有者参与价值收益分配的理论依据》，载于《兰州财经大学学报》2021 年第 8 期。

[159] 张琪：《三重维度探析马克思主义的产权理论》，载于《新经济》2023 年第 1 期。

[160] 张玮斌：《企业数据如何跨过六道门坎？从数据资源跳跃到数据资产》，载于《建筑设计管理》2023 年第 5 期。

[161] 张文魁：《数据治理的底层逻辑与基础构架》，载于《新视野》2023 年第 6 期。

[162] 张夏恒、刘彩霞：《数据要素推进新质生产力实现的内在机制与路径研究》，载于《产业经济评论》2024 年第 3 期。

[163] 张昕蔚、蒋长流：《数据的要素化过程及其与传统产业数字化的融合机制研究》，载于《上海经济研究》2021 年第 3 期。

[164] 张昕蔚、刘刚：《数字经济中劳动过程变革与劳动方式演化》，载于《上海经济研究》2022 年第 5 期。

[165] 张永忠、张宝山：《构建数据要素市场背景下数据确权与制度回应》，载于《上海政法学院学报（法治论丛）》2022 年第 4 期。

[166] 赵鑫：《数据要素市场面临的数据确权困境及其化解方案》，载于《上海金融》2022 年第 4 期。

[167] 赵燕菁：《平台经济与社会主义：兼论蚂蚁集团事件的本质》，载于《政治经济学报》2021 年第 1 期。

[168] 郑磊、侯铖铖：《信息传递、价值适配与降本协调：公共数据资源开发利用中的供需鸿沟研究》，载于《电子政务》2024 年第 10 期。

[169] 周文、韩文龙：《数字财富的创造、分配与共同富裕》，载于《中国社会科学》2023 年第 10 期。

[170] 朱宝丽：《数据产权界定：多维视角与体系建构》，载于《法学论坛》2019 年第 5 期。

［171］朱巧玲、杨剑刚：《数字资本演化路径、无序扩张与应对策略》，载于《政治经济学》2020 年第 3 期。

［172］A. Agrawal, J. Gans, and A. Goldfarb. Prediction Machines: The Simple Economics of Artificial Intelligence. Cambridge, US: Harvard Business Press, 2018.

［173］Albert - László Barabási. Network Science. Cambridge, U. K.: Cambridge University Press, 2016.

［174］Brret Frischmann. Infrastructure: The Social Value of Shared Resources. London: Oxford University Press, 2012.

［175］Clough D. R., Wu A. Artificial Intelligence, Data-driven Learning, and the Decentralized Structure of Platform Ecosystems. Academy of Management Review, 2020 (10).

［176］Danxia, X., Longtian, Z. Data in Growth Model. Social Science Research Network Electronic Journal, 2020 (1): 1 – 35.

［177］Farboodi M., Veldkamp L. A Growth Model of the Data Economy. Social Science Electronic Publishing, 2020, 28 (4): 27 – 35.

［178］Gregory R. W., Henfridsson O., Kaganer E., et al. The Role of Artificial Intelligence and Data Network Effects for Creating User Value. Academy of Management Review, 2021, 46 (3): 2 – 40.

［179］Jones C. I., Tonetti C. Nonrivalry and the Economics of Data. American Economic Review, 2020, 110 (9): 2819 – 2858.

［180］Josef Drexl. Designing Competitive Markets for Industrial Data: between Propertisation and Access. Information Technology and Electronic Commerce Law, 2017 (4): 257 – 292.

［181］LW Cong, D Xie, L Zhang. Knowledge Accumulation, Privacy, and Growth in a Data Economy. Management Science, 2020 (9).

［182］Perrons R. K., Jensen J. W. Data as an Asset: What the Oil and Gas Sector can Learn from Other Industries about "Big Data". Energy Policy, 2015, 81: 117 – 121.

［183］ Peter K. Yu. Data Producer's Right and the Protection of Machine – Generated Data. Tulane Law Review, 2019 (4): 859 – 929.

［184］ Short, J. E. , S. Todd. What's Your Data Worth? . MIT Sloan Management Review, 2017 (3): 17 – 19.

［185］ S. Pejovich. Karl Marx. Property Rights School and the Process of Social Change In Karl Marx's Economics: Critical Assessments. ed. by J. C. Wood, London: Croom Helm Ltd. , 1988.

［186］ Vera Bergelson, It's Personal but Is It Mine? Toward Property Rights in Personal Information, U. C. Davis Law Review, 2003, 37: 421 – 429.

［187］ Zikopoulos, P. , Eaton, C. Understanding Big Data: Analytics for Enterprise Class Hadoop and Streaming Data. New York: McGraw – HilOsborne Media, 2011.

后　记

　　大学学习物理时，从爱因斯坦质能方程中我得知物质与能量是可以转化的，本科后期我着迷于热力学统计力学，了解到负熵与信息的联系，了解到经济系统与生命系统一样以负熵而生。当我开始从事信息化的具体工作和在经济学研究过程中，越来越真切地感受到信息对企业、财富和经济的意义。财富是物质和能量，其本质上是有序的物质和能量形态。直到前些年看到兰道尔原理（Landauer's Principle）关于信息与能量转换的表达式：消除信息熵＝获取信息＝消耗能量，我终于完整地认识到物质、能量和信息三者之间的联系。在本书的写作中，我将三者以数据为中介联系起来：数据表征物质及其运动，数据产生的生产力来源于负熵的生产，而负熵的生产需要投入能量。数据反映劳动，又驱动劳动，数据来源于智能，又开始生成智能，智能需要数据与算力驱动，而算力的尽头是能源。一直以来，人们只关注物质和能量形态的有形的产权，而数字经济的发展越来越将物质、能量和信息联系起来，让我们不能不开始关注无形的数据产权。本书尝试将马克思主义理论延伸到非物质的数据要素驱动的新质生产力与再生产研究领域，丰富和拓展了马克思主义政治经济学的新境界。

　　在本书完成并即将出版之际，我首先要感谢我的老友陈文平董事长，是他在2009年给我机会、让我参与了福州开睿动力通信科技有限公司的工作，申请了国家发明专利"一种基于智能手机的POI数据采集系统及方法"，并运用该专利完善了电子地图，展开了地理数据的采集工作，拓展了数据应用，我第一次感受到了数据的使用价值和交换价值，这些成果无疑也转为了公司的数据资产。

　　我要特别感谢我的博士导师李建建教授，是他将我引导到关于数据作为要素的理论思考上来。在他的悉心指导下，我最初的研究方向是从土地这一物理空间里的传统要素开始的，在博士论文中强调必须合理界定归公的土地增值收益比例，只有将土地出让金平衡地投入到农村和城市两个区域，保护农民权益，才能统筹城乡协调发展。随着数字经济的崛起，数据作为虚拟空间里新生的生产要素，越来越引起关注。本书强调应探索数据产权社会化的路径，将数据要素增值收益平衡地分配到实体经济和数字经济两个部门中，促进数字产业化和产业数字化再生产，才能兼顾数据驱动的新质劳动者以及相关参与各方的权益。李老师是我的良师益友，多年来始终关心关注着我的学术研究，无论是撰写学术文章、完成课题研究还是本书的写作，李老师总是不吝赐教，每次与他的探讨都给了我许多有益的启发。

　　我还要感谢我太太廖萍萍博士，我们志同道合，在温馨的家庭氛围中探讨学术，只为热爱。她不仅是我生活中的知心伴侣，也是我科研上的好搭档。她直接参与了"马克思产权理论视域下的数据生产要素产权分置研究"课题研究报告部分内容的写作，对本书的助力亦不小。我作为她主持的2023年国家社科理论经济项目"数字经济与实体经济深度融合与可持续研究"的主要成员，将延续本书的研究成果，继续深入研究数据产权社会化对数字经济与实体经济深度融合的积极作用，进一步探讨数据产权社会化对资本的发展与否定的作用，探讨人工智能背景下数据驱动人的普遍交往的异化与解放。

　　本书能顺利出版，我要诚挚感谢经济科学出版社编辑的辛苦付出。

　　感谢生活给予的一切！

于福州屏东城

2024 年 12 月 30 日